Your Life as Art

自分の人生を
創り出すレッスン

ロバート・フリッツ＝著
田村洋一＝訳

Evolving

Your Life as Art
by Robert Fritz

Your Life as Art

Robert Fritz

日本の読者の皆さんへ

この本が日本で読まれることを大変嬉しく思っている。

これは特別な本だ。こんな本は他に存在しない。過去のどんな本にも書かれたことのない領域を初めて探求している。たとえば、構造力学が創造プロセスとの組み合わせによって私たちの人生をアートとして生きることを可能にすることなどだ。

本書の読者はよくある自己啓発書とはまったく違う読書体験をすることになる。この50年でポピュラーになったポジティブ思考や積極的な態度を持てという本とは違う。その種の書物は(たいてい善意に満ちているものの)読者が本当に自分の創り出したい人生を生きるためには間違った方向に導いてしまう。人生に前向きな姿勢を持ち、最高にポジティブな思考をめぐらせ、宇宙と合一し、カルマを解消し、高次のパワーに心を開放し、トラウマを追体験して解消し、あらゆることをやった挙げ句、自分の生きたい人生をどうやって創り出したらいいのかがわからない。こうしたことを一生懸命やったところでピアノを弾けるようにならないのと同じだ。ピアノのレッスンはピアノの弾き方を教えてくれる。態度は関係ない。本書は自分の人生を創り出すレッスンだ。ピアノを弾きたいならピアノのレッスンがいいように、人生を創り出したいなら人生のレッスンがいい。生きる態度を変えようが変えまいが、読者は自分が生きたい人生を創り出すことができる。それが大事なことではないだろうか。

親がどの子供を一番好きかと言えないのと同じように、著者にとって自分のどの著書が一番好きかというのは公言しにくいものだ。私は自分のすべての著書をそれぞれとても気に入っている。しかし、もし真実を述べると宣誓して証言台に立って正直に告白するなら、本書『Your Life as Art』が一番好きな著書である。

本書は、今回の翻訳チームによる3冊目の日本語訳であり、翻訳者の洋一とそのチームに深く感謝している。彼らは原著の意味やニュアンスにぴったりした言葉遣いとトーンを見つけ出すことに極めて長けている。翻訳中には、原著の表現や内容について細かな問い合わせや提案を受け、そのプロセスから翻訳者のチームが正確に内容を理解していることや、本書全体の細部に至るまで最高の翻訳に仕上げていることが伝わってきた。この日本語版は翻訳チームのたゆまぬ努力と創意工夫の賜物である。ありがとう。

本書で紹介されたアイデアは普遍的なものだ。アートが普遍的なのと同じである。あらゆる文化にはアートがあり、あらゆる文化にはアーティストがいる。したがって、あらゆる文化には創造プロセスが存在する。創造プロセスは、何かを成し遂げることにおいて、人類の歴史上最も成功したプロセスだ。本書の紹介する原則を読者の人生に応用し、実践していくことで、あなたがこう生きたいと思う人生を創り出す最高のチャンスが生まれる。

いまさら隠すまでもなく、私は日本と日本文化が大好きだ。だから本書が日本語で読めるようになったことに深く感謝している。この本によって日本の皆さんの人生が好転することがわかっているからだ。私はいま、わくわくしている。

２０２０年７月

ロバート・フリッツ

Your Life as Art —— Robert Fritz ○ contents

第1部
人生のキャンバス
Your Life Canvas

第3章 愛と欲望

本当に大切なことを選択する
選択とは何か
行動に移すこと
短い期間の創造
言葉の役割と本質
いまの現実は何か
行動ステップを書き出す
最後の仕上げ
目標を創造すること

第7章 人生を長い目で見て創り出す

問題解決 VS 創造行為
あなたの頭に仕事をさせること
何が本当に大切かを決めること
本当に大事なことを選ぶ
シンプルになると人生の詩が姿を現す
長い目で人生を見る
内側のスケッチ
ふたつの道
悔い
もうひとつの後悔
緊張構造で人生の内側を創造する
セカンドスケッチ
人生の外側を長い目で見る

第4部
アートが動き出す
Artistry in Action

＊本文中に出てくる引用の訳はすべて本書の訳者によるものです。
＊原著者の了解を得たうえで、原著にはない小見出しを追加しました。
＊訳者による注は〔　〕内に記しました。

イントロダクション

自分の人生をアートとして見る。そう、本書のタイトルにある通りだ。アーティストがアートを創り出すように、あなたは自分の人生を創り出すことができる。

自分の人生をそうやって捉えられるようになると、世界は一変する。人生を構築するプロセスにもっと主体的に関わるようになる。本当に創り出したいことをもっと創り出せる。人生経験の質を拡大することができる。

「こんな人生にしたい」と思うことを、ちょうどアーティストが「こんな作品にしたい」と思うように心に抱く。そして、実際にそういう人生を生み出すときに、画家が絵画を描き出すような戦術を用いて実行できる。そして画家が自作品を壁に飾って味わうように、生み出した人生を実際に生きることができるのだ。

別の言い方をするなら、あなたは人生という演目を創り出すとき、脚本家になり、主演俳優になり、そして同時に上演作品の観客にもなれるのである。

人生が作品であるなら、あなた自身がその作者になれる。アーティスト、作家、脚本家、映画監督、作曲家にとってそうであるように、創造プロセスをあなたの人生の基本習慣にすることができる。

創造プロセス

アート作品は創造プロセスの産物である。創造プロセスは、何かを成し遂げることにおいて、歴史上最も成功したプロセスだ。ところが残念なことに、私たちが創造プロセスの基礎を学ぶことは少ない。ましてや日常の基本習慣としてマスターしている人など滅多にいない。しかし、優れたやり方を使うに越したことはない。それが本書の狙いだ。創造プロセスを、どうやってあなたの人生を構築する基本習慣にするかがテーマである。そのためにさまざまなことを本書で学んでいくことになる。

- 自分が創り出したいものについてどうやって考えるか。
- 出発点をどう定めるか。
- 創造の旅を歩むための活力や勢いをどうやって創り出すのか。
- 自分の失敗や成功や、他人の体験からどうやって学ぶか。
- 生き生きした精神をもっと人生にもたらすにはどうしたらいいか。
- 時間、選択、フォーカス、主体的に関わること。

●自分のリズムや自分のパターンを使うこと。

本書を通じて、読者は創造プロセスの基本を学ぶ。**手順、姿勢、精神**の3つである。自己分析し、内省し、重要な人生の決断を下し、自己を客観的かつ生産的に見つめ直すチャンスを得ることになる。

アートが教えてくれること

人類は、原始時代からアート制作に勤しんでいた。洞窟に暮らしながら壁画を描いていたのだ。以来、創造プロセスは、欠かせない人間的資質のひとつになっている。創造プロセスを、人間を他の動物と分かつ最大の特徴のひとつだとまで言う人もいる。

ネアンデルタール人と人類の祖先は同時期に生存していた。人類学上の論争では、両者の違いはアートの有無にあると言う。ホモ・サピエンスはアートに勤しみ、ネアンデルタール人はアートを知らなかったというのだ。

文明の歴史を通じて、アートは常に形を変えて存在してきた。どんな文化にも絵画があり、音楽、建築、ファッション、物語、料理などがある。特定の文化の最も優れた要素はしばしばアートの中に見出される。文明を決定づけるもの、それは政治、権力構造、支配組織であると同時に、創り出す人間たちでもあるのだ。

すべてが忘れ去られても、アートと科学という遺産だけは記憶に刻まれていることが数多くある。ナポレオンのことは忘れていても、ベートーヴェンの音楽を聴いて崇高さに触れる。歴史家でもなければエリザベス女王1世の影響について考えたりしないが、シェイクスピアは決して無視できない。常に作品が上演される脚本家としてはもちろんのこと、引用され、研究され、心に刻まれる言葉を発した思想家として。

そう、そしてあなたも、**アーティストが作品を創り出すように、自分の人生を創り出せる。それによって、いままで知らなかった可能性に到達できる。**人生が発展し、最も偉大なアートの質や範囲に達しうるのである。

人間の本領発揮を可能にする

アートがしばしば直面するのは、真実であり、人間の根本的葛藤であり、普遍的構造の形式であり、アイロニーであり、愛と喪失、そして死という宿命である。

アートには、混沌から秩序を生み出す力がある。アートは私たちを人生に深く関わらせる働きをしつつ、同時にまた客観的に距離を置いて世界を見るための視座をも与えてくれる。

アートはまた生命の神秘も扱う。哲学とは違って、なぜ私たちは存在するのか、私たちはどこから来たのか、といった問いに回答しようとする代わりに、説明も解決もできない人生の謎を映し出してみせるのだ。大いなる宇宙とつながろうとする人間の願いを追いかけつつ、同時にまたその願いが満たされない深い理由をも暴き出そうとするのである。

あの煌めき

アートにもいろいろな形があって、崇高で深遠なものばかりではない。ある日、自宅でテレビを観ていた。362チャンネルの中から、まずCNN、次にCNBC、そしてFOXニュースを観る。どれも悲惨な報道だ。次々とチャンネルを変えても悲惨なニュースの連続だ。そこで、ふとリモコンを操作して、ティーンエイジのダンス番組にしてみた。ロック音楽に合わせて10代の子供たちが踊っているだけの番組だ。MTVで観るようなプロの振付による凝りに凝ったプロのダンスではない。かわいい子供たちが自分なりに一生懸命踊っているだけだ。その日に各放送局が流していた深刻な報道と同じくらい、いや、それ以上に、ティーンエイジャーたちのダンスには私たちを圧倒する真実味が感じられたのである。

よくあるのはこういうパターンだ。歳をとるにつれて深刻ぶり、退屈になる。幼い頃のように生きることを楽しまなくなり、若い頃のあの煌めき（しばしば自分で幼稚だと決めつけている、あの煌めき）を忘れてしまう。歳をとるにつれて、経済的なプレッシャーを感じ、健康の不安を感じ、どんどん時間がなくなっていくように感じ、じわじわと事態が悪化するように感じる。実際に悪化していたり、あるいは停滞していたりする。それでも本能的には「まだ何かある」「人生にはもっと何かある」ということがわかっている。

サミュエル・ベケットの戯曲『クラップの最後のテープ』に、クラップという老人がテープレコーダーに日々の出来事の日記を口述で吹き込むシーンがある。気難しい皮肉屋で、支離滅裂で役立たずの年寄りだ。老人がその日のことを口にするのを聞くと、その生活に対する不快ぶりが窺い知れる。

劇が進行するうちに、老人が過去に吹き込んだ日記を再生し始める。すると、男がかつてはどんな人だったのかがわかり、どうやっていまの姿に成り果てたのかがわかってくる。

昔の日記には、男が若い頃の恋愛について口述している。かつて男がどんなに優しく愛に満ちた人だったかがわかる。そしてかけがえのない女性にどれほど恋に落ちていたかも。老人は自分の声の日記を聞き、若い頃の愚かな自分を笑う。

これが『クラップの最後のテープ』だ。彼の寿命は尽きようとしており、いま吹き込んでいるのが男の人生最後のコメントになる。戯曲の劇的なクライマックスで、老人は録音を止め、若い頃の恋愛の日記のテープを入れて、また再生する。老人は自分が恋をしていた若い頃の声を聴きながら死んでいく。老人は自分自身の冷笑的な態度によって生き生きとした煌めきを失っている。ところが最も深い本能のレベルでは命や愛とつながっていたのだ。彼の人生の後悔は、若気の至りの恋愛沙汰ではなく、老年の孤独と引きこもりだったのである。

人生をアートとして生きると、かつて若い頃にあった煌めきを取り戻すことになる。かつて愛した煌めき、いまや懐かしんでいるかもしれない煌めきを。

煌めきを取り戻す

のちに映画化された戯曲『シャーリー・バレンタイン』がこの煌めきをよく伝えている。主人公シャーリー・ブラッドショウは中年女性で、イングランド北部の家庭の主婦として退屈でありふれた暮らしを送っている。観客の私たちは、生き生きとした若い頃のシャーリーを垣間見る。素晴らしい機知とユーモアにあふれ、冷徹な視線で世間の偽善や欺瞞を見抜き、因習を撃ち破る異端児だったのだ。どうしていつのまにかかつての自分自身を失ったのだろう。観客はシャーリーがどういう遍歴を経ていまに至ったのかを知ることになる。

物語の重要な転換点で、シャーリーにギリシャへ行くチャンスが訪れる。シャーリーの夫もまた、歳を重ねるごとに石頭になり、積極的に生きることがなくなっていて、シャーリーをまったく理解できない。さらに悪いことに、シャーリーの娘が「冒険するにはおかあさんは歳をとりすぎている」と言ってくる。シャーリーは、もう時間切れだとあきらめかけるが、最終的にはギリシャへ行くことになる。

ギリシャでシャーリーは自分自身を再発見していく。少女の頃の自分が、成熟した女性としてようやく完成するのだ。シャーリーは煌めきを取り戻し、大人としてそれをフルに表現できるようになる。

自分本来の煌めきを失ってしまうと、自分自身を失う羽目になりかねない。豊かで快適ですべてがうまくいっているように見えながらも、何か大切なものが欠けていると感じるのだ。

何かが足りない……。そう感じる人たちの多くが、自分の外にそれを探し始める。ショッピングや冒険旅行、娯楽や職業的野望、そういう穴埋め作戦は決して長期的な満足をもたらさない。（もちろん、買い物や旅行が悪いわけではない、煌めきを失っているときに煌めきの代わりにはならないということだ）

自分本来の性質と再びつながる方法はある。それは創り出すことだ。創作者たち全体について共通して言えるのは、創り出そうとする特別なファクターを持っているということだ。私たち一人ひとりが創作者となって自分自身の人生をアートとして創り出すとき、かつての「煌めき」を取り戻し、生きることに深く関わる体験をするようになっていく。

人生のセカンドチャンス（人生はやり直せる）

著書『人生の波――変化の中でわくわくする暮らしと成功を創り出す（Chapters：Create a Life of Exhilaration and Accomplishment in the Face of Change)』（未邦訳）の中で、キャンディス・カーペンターは人生の大きな波について語っている。人生は必ずしも真っすぐな経路をたどらない。ときには、螺旋状にカーブを描いて上っていき、コースを外れた人生が突然また元のコースに戻っていく。企業のエグゼクティブで素晴らしい実業家である著者は、iVillage.com の共同創業者であり、アメリカン・エクスプレスで新規事業を経営し、タイムワーナー（当時）でドキュメンタリーを撮ってエミー賞を受賞し、自身が多くの人生の波を体験している。

著書の中には、最も一般的に見られる過渡期《トランジション》の体験パターンが描写されている。最初の段階は「幕引き」というステージだ。自分がいままでやってきたことが一段落して完了したということがわかってしまう。直観的にわかることもあれば、自覚的にわかることもある。いずれにしても「終わった」ということがはっきりわかる。これまで取り組んできた人生がもうこのまま続くことはない。根本的なレベルで終わりなのだ。

「幕引き」になったのに、まだなんとかしようとしてこれまでの仕事やキャリア、関係や状況や人生の方向性にしがみつこうとすることがある。そうすればするほど、新しい変化が力を増してのしかかってくる。しがみつけばしがみつくほど、強力な嵐に吹かれるようにして現状から引き離される。

次の段階は「墜落」である。墜落とは、名前や肩書きや所属を外されて落胆し、混乱に陥ることだ。人生の波の中で最も恐ろしい波である。

そして「砂漠を歩く」段階がやってくる。人生の実存的課題について振り返るステージだ。

次に「感動の渦」が来る。これまでの人生のすべての糸が一反の織物となり、熟練のクリエイターになっていく。

続いて「杭を打つ」段階、改めて新しい生き方にフォーカスして覚悟を決める。

キャンディスはさらにその先の段階を記述し、こうした人生の波を知ることで、新しい生き方を築けることを示している。変わっていくことの中には大いなる知恵と真実がある。このような変化は、くり返される死と再生の一種なのである。

新しいものを創り出すためには、古いものが終わらなくてはならない。それが人生構築プロセスの性質だ。易経はこの原則を「脱皮」にたとえている。動物が成長する過程で古い表皮を脱ぎ捨てるように、変化にはリズムがある。人生のリズムを理解すると、音楽で言うグルーヴに乗ることができる。グルーヴに乗ればすべてがうまくいく。グルーヴに乗らないとすべてがうまくいかない。本書は、読者が自分の人生のリズムを見つけて、自分のグルーヴに乗り、自分の人生にふさわしい変化の波を創り出す手伝いをするものだ。

画家が作品を仕上げたとき、その仕事は終了する。そして次の絵を描くことになる。この瞬間こそ超越体験の本質だ。過去がどんなものであれ、いつも新たに始められる。これまでどんなパターンにはまっていても、いつも新しい可能性がある。これは天の恵みのようなものだ。過去を超え、新しいページをめくるのだ。

クリエイターのあなたの役割

クリエイターとしてのあなたの役割は、生み出すことだ。あなたが生み出すオリジナルの形と中身には、それ自体に存在するべき素晴らしい理由があり、生命があり、目的があり、固有の価値がある。

クリエイターであることは、生きることの本質のレベルで、深い真実や豊かな表現と関わっていくことだ。クリエイターであることに勝るものはない。

人生自体がクリエイションだ。進行中の制作物だ。生み出され、創り出される中間成果物だ。私たちは人生というクリエイションの一部で、その究極的な創造プロセスの神秘には独自のリズムと調和と叙情性がある。その奏でる楽曲がいつも聞こえているわけではない。しかし楽曲は常にそこにあって、耳を傾ければ聴くことができる。それどころか、私たちは曲に合わせて自分の声で歌うこともできる。人生という音楽の観客から演奏者へとシフトすることができるのだ。

私たちは好むと好まざるとにかかわらず、常に創造している。ひげを剃っても、メイクをしても、服を選んでも、レストランで注文しても、運転しても、仕事をしても、家庭を持っても、何をしていても、人生にインパクトを与える何らかの意思決定をしている。こうした日常の行為を「創造プロセス」と捉えていなかったかもしれないが、実際にそうなのだ。

人生をアートとして創り出すということをもっと探求していくと、あなたは自分の小さな決定の一つひとつが自分の人生における成果を決定していることに気づくだろう。戦略的に決定できればできるほど、アーティストが作品を創り出すように人生を創り出すことができるようになっていく。いままでは何も知らず無計画に創り出していたかもしれないが、これからは自覚して計画的に創り出せるようになるのだ。

構造力学

私の過去25年で最も重要な発見のひとつが構造の領域に関することだ。人生の構造こそが成功の度合いを決定するのである。構造という言葉はいろいろな文脈で使われているので、私がどういう意味で使っているかを定義しておこう。

構造は全体として成り立つものだ。自動車は構造である。ロッキングチェアも構造である。建物も人体も構造だ。まず押さえておくべきなのは、構造とはバラバラではなく、完全で、全体的なものだということである。あなたの人生は構造だ。すべての構造がそうであるように、その構造独特のふるまいをする。たとえば、自動車はロッキングチェアとはまるで違うふるまいをする。建物は人体とはまるで違うふるまいをする。あなたの人生は、他の人の人生とは非常に異なるふるまいをする。あなたの人生構造は、あなたの利益にかなうふるまいをしているだろうか。それともあなた自身の努力を踏みにじるようなふるまいをしているだろうか。

人生の構造には、ふたつの基本パターンがある。前進と揺り戻しだ。

前進とは、創り出した成果がさらなる成果のための土台になっていくパターンである。時間をかけて勢いを増していき、人生全体の積み重ねがあなたを前に進めてくれる。

揺り戻しとは、せっかくの成果が台無しになってしまうパターンだ。一歩進んでは一歩後退する。この構造の中では成功が長続きしない。

人生を変えようとしても、あなたが揺り戻す構造の中にいたら、その変化は一時的なもので終わる。新しいことに挑戦して、成功したかに思っても、また元に戻ってしまい、あなたの努力は水の泡だ。本書で人生をアートとして扱うときは、あなたの人生の根底にある構造を扱うことになる。もし自滅的なパターンがあるなら、その下にある構造を変えるのだ。前進するためにもっと優れた構造を創り出す必要がある。

単に目標を達成することは本書の目的ではない。多くの人たちが人生の目標を創り出し、頑張って成果を上げても、また元に戻ってしまう。本書で学んでほしいのは、創り出した成果を土台にしてさらなる成果を創り出し、次々と成功していく構造のつくり方だ。

そして目標達成を超えて、人生のクオリティ、精神、意味を探求していきたい。自由、制御、アイデンティティ、志、価値について探求していきたい。私たちの本当の希望とそうでないものについても吟味していきたい。

手順、姿勢、精神の3本柱

アートを創るのは、その手順だけではなく、手順の背後にあるアーティストの姿勢と精神なのだ。アーティストは単一の次元で創造しないし、アートは単一の次元で創造されない。あなたの人生にも多くの次元がある。音楽のカウンターポイント［音楽用語。独立した複数の旋律を調和するように重ね合わせることで、それぞれが引き立て合って美しい作品を生み出す技法である「対位法」の意］のように、同時に複数のテーマが進行し、異なる旋律を奏でる中で、調和を生み出す瞬間があなたの人生にも訪れる。アート作品には、たいてい一見してわかる以上のものがある。同じ作品が時を経るごとに姿を変え、鑑賞する人が新しい関係性や新しい理解や新しい意味を受け取るようになる。そう、1回で全部わかるとは限らない。アートとは長く付き合う必要があるのだ。私たちの理解力が増すこともある。作品にあまりにも多くのものが含まれていて、少しずつしか受け取れない。ひと目見ただけではわからない深みがある。人生に深く分け入っていくと、新しい発見、洞察、価値、志を見出し、「あなた」という作品の完成にとって重要な深みに到達する。

もちろん、創造プロセスの手順を習得する必要がある。しかるべき手順がないと、希望や欲求を実現できる可能性は低くなる。しかし手順やテクニックだけでは足りない。あなた自身のありようの最も本質的な面を表現する必要がある。創造して学び、学んで成長する。精神の次元で成長するのである。

本書の4部構成

本書は4部構成になっている。第1部「人生のキャンバス」、第2部「人生を創り出す」、第3部「構造の刷り込み」、そして第4部「アートが動き出す」である。

第1部「人生のキャンバス」では、創造プロセスの基本を紹介する。手順、姿勢、精神の三位一体によって人生を構築するプロセスである。

第2部「人生を創り出す」では、あなたの本当の望みを実現するために、どうやって創造プロセスを構造化したらいいかを追求していく。

第3部「構造の刷り込み」では、自滅的な揺り戻しパターンから効果的な前進パターンへと移行するために必要な課題を扱う。それによって本当に大切な前進や構造の強化が可能になる。このセクションでは、人間や世界について世間に広まっている通念を扱うことになる。

最後に第4部「アートが動き出す」では、創造プロセスを拡大し、学ぶことや健康を創り出すことまで含めていく。私たちの人生に登場する人たちが人生の環境を形づくっていることを見ていき、人間関係のダイナミクスを探求する。

これまでに私の他の著書を読んできた読者は、同じ原理原則が紹介されていることに気づくだろう。同じ原理原則であっても、本書では新たに発展させ、拡大し、アップデートしている。私の本を読むのが初めての読者にも、本書を読んだだけで過去30年分の私たちの研究成果の基礎が十分に理解できるようになっている。

本書は、クリエイターたちが自分たちのフィールドで培っている特別な理解を通じて人生構築プロセスを探求する本である。これに勝る方法を私は知らない。創造プロセスは、さまざまな知恵を融合している。それは、スピリチュアルな深み、実践的で戦略的な思想、学習、探求、発見、イマジネーション、構造、即興性、そして豊かで可能性に満ちた人生経験への情熱だ。人生の波をナビゲートしていくために最もエキサイティングで主体的なメソッドだ。宇宙のエネルギーと力を合わせつつ、同時に自分の決断で舵を切っていく。私たちに制御できるエネルギーもあれば、制御不能なエネルギーもある。冒険であり、旅なのだ。私たちのありようが姿を表す様は、人間的でありながら同時に神聖で、時の流れの中にありながら時間を超越しているのである。

第1部

人生のキャンバス

Your Life Canvas

第1章　創造プロセスの実際

私と妻のロザリンドが司会をしているテレビ番組『クリエイティング』では、創造プロセスの達人たちをゲストに招いている。画家、作曲家、著述家、映画製作者、料理家、人の健康を生み出す専門家など、こうした人たちには多くの共通点がある一方で、一人ひとり特有の個性がある。

即興性を重視するクリエイターもいる。たとえば、ウルフ・カーン、スーザン・オスグッド、ルイーゼ・ジャルバートのような画家たちだ。明確な形式とビジョンを定義したうえで即興性を許すタイプのクリエイターもいる。洋服デザイナーのルイーズ・ダウスト、写真家のギルス・デリーズル、指揮者のイワン・エドワーズなどだ。素晴らしいポスターアーティストのヴィットリオ・フィオルッチは創造プロセスを「組み立ての妙」と呼んでいる。歌手のダニエル・テイラーとピアニストのアラン・ルフェーヴルは、作曲家の作品を深く表現したときに聴衆たちが感動する体験の延長として創造プロセスを見ている。エミー賞受賞の脚本家アーネスト・キノイ（『ルーツ』、ゴア・ヴィダルの『リンカーン』）は、説明できないことが起こる特別な瞬間と、自分の腕を磨き上げてきた歳月について語っている。『もつれ』（東京創元社）の著者ピーター・ムーア・スミスは自分の執筆スケジュールについて、毎朝7時から9時まで執筆すると言う。『シリコンバレーの強者（Champions of Silicon Valley）』（未邦訳）の著者チャールズ・G・ジギスムントは名だたる技術の先駆者たち（ネットスケープやシリコングラフィックスのジム・クラーク、ヤフーのティム・クーグルなど）に取材し、彼らすべてにとって大切なのがビジョンの明快さとビジョンを実現する手段を生み出す力であると述べている。

長期にわたって何かを創り出すクリエイターの場合、構造的で形を持った創造プロセスを使うことが多い。たとえば、小説執筆、映画脚本・制作、オペラ作曲、事業開発などである。短期的な創作に携わるクリエイターは、もっと気楽で、即興的なプロセスを使うことが多い。風景画、スケッチ、詩や歌などである。創作が長期にわたって複雑であるほど、プロセスも構造的で形式化する。時間が短く範囲が狭いほど、プロセスは気楽なものになる。

あなたの人生においては、短期と長期の両方の目的がある。人生全体のディレクションは長期的な創作になり、構造的な形式化が必要になる。一方で、日々の生活の質の中には即興性や流動性がふさわしいものもある。人生をアートとして探求していくなら、私たちは「即興のスキル」と「構造化の規律」の両方を身につけていく必要がある。両者は正反対のように感じられるかもしれないが、実際には相乗効果があるのだ。もしあなたが几帳面な性格だったら、ときどき気まぐれなことをしてもいいだろう。もしあなたが衝動的で即興的で本能的なタイプだったなら、ちょっと構造を取り入れても悪くないだろう。それによって自由が損なわれるどころか、むしろ自由闊達な精神にフォーカスと方向性を与えて良い効果が生まれる。

つまり、人生をアートとして創り出すのは、人それぞれの旅なのだ。決まったやり方はない。成功の方程式は存在しない。自分自身のプロセスを生み出さなくてはならない。自分にとってうまくいくやり方を創造プロセスとして生み出すのである。

決まったやり方はないと言ったが、あなたの道具箱に入れておくべき原理原則は存在する。たいていのクリエイターが共有している実践方法だと思ったらいい。それは、創造プロセスの**手順**、クリエイターの**姿勢**、そして人生創造のディレクションに火を灯す**精神**である。

音楽において、リズム・メロディ・ハーモニーの3要素は現実に一体のものだ。音楽を聴くとき、私たちはリズム・メロディ・ハーモニーをバラバラにならない不可分の聴覚体験として受け取る。しかし、作曲家が作曲をするときは3つの要素を別々に切り離すことができる。まずリズムの主題を書き、次にハーモニーの中身を考え、あとからメロディ、主旋律、カウンターポイント（対位法）などを書き加えていく。創作の結果は、ひとつに統一された体験となるが、創作過程では作曲者が構成要素を切り離すことで生み出されたのだ。

同じように、手順・姿勢・精神は、創造プロセスにおいて切り離せない一体のものだ。と同時に私たちは、それらをバラバラにして人生を作曲することができる。人生における創造プロセスをフル活用するためには、それぞれの要素をたっぷりと発展させる必要がある。

手順――スマートなデザインと優れた実行

創造プロセスの手順は、**デザイン**と**実行**のふたつから成っている。

青写真なしに家を建てるのは難しい。設計図によって建築チームの行動がガイドされる。デザインが悪いと実行は阻害される。労力は無駄になり、足を引っ張り合い、窮地に陥る。デザインは戦略的に行うか、有機的に行うことができる。

長期的な目標や志があるときは戦略的な選択が重要になる。戦略が良いものかどうかは、「それを実行することで、さらなる実行がたやすくなるか」と問うことでわかる。どういうことか説明しよう。

優れた戦略は、簡単なステップから始まり、手早く手応えがあって、次のステップにつながる。次のステップはより深く、より広く進展し、それによって当初は困難か不可能と思われた複雑なステップが可能になっていく。簡単なことから始め、少しずつ複雑なことや困難なことに進めるのである。

有機的なアプローチのほうがふさわしいこともある。有機的なプロセスでは、自然な流れの中で物事が推移していく。これもどういうことか説明しよう。

典型的な農家の建物を例にとろう。農家は家を建てるとき、まずは小さい家を建てる。小さな居間と台所と寝室だけ。そして家族が増えてくるにつれて新しい部屋を建て増していく。母屋につなげる形で建て増すが、形状は似ていない。子供がさらに増えて、どんどん新しい部屋が増えていく。やがて家は大きくなって納屋ともつなげる。

北アメリカは土地が広く、こうした農家がたくさん存在している。家族が大きくなるにつれて家が大きくなった様子が窺い知れる、美しい光景だ。

農家の建物のような人生もある。あれよあれよという間にいろいろなことが続いて起こり、人生が展開していく。これは有機的な発展であって、無軌道な発展ではない。各段階でしっかりと考え、決め、建築し、規律と覚悟を持って仕事をしていくのだ。

創造プロセスにおける戦略的展開と有機的展開の違いは何かというと、時間軸である。長期的な志を持っている場合は戦略を要する。一方、生活の質が大切となると、有機的なアプローチがふさわしい。

都市計画を例にとって、有機的ではなく戦略的アプローチが必要となることを説明しよう。先日、私が都市計画家たちに向けて講演したとき、彼らは自分の都市の成長について話し合っていた。都市が急成長していって上下水道や電気のインフラに圧力がかかっている場合、有機的なアプローチではあっという間に混沌を生じかねない。インフラの不整備が成長を制限し、既存のシステムに負担をかけてしまう。だからこそ、都市計画家が非常に必要とされているのだ。戦略的観点から公共政策をデザインし、コミュニティ全体の利益を図らなくてはならない。有機的アプローチは農場には向いていても、都市計画の複雑さには向いていないのだ。

私たちの人生においても、志によっては明快な戦略が必要だ。総合的なアプローチなしには目標達成できないことがある。一方、有機的アプローチが向いている場合もある。食事の支度、週末の遠足、ジョークを飛ばす、メールを書く、部屋を装飾する、写真を撮る、など。そういうときは、気まぐれやひらめきが求められる。

アプローチを有機的にするか戦略的にするかは、デザインの問題だ。デザインがどんなに優れていても、実行されなくては意味がない。計画だけで実行しない人がどれほど多いことだろうか。

創造プロセスは行動が不可欠

計画を立てても行動しない人が多いのはなぜか。それは、行動する前に計画が完璧でなければならないと思い込んでいるからである。完璧主義にさいなまれているのだ。クリエイターの実生活に完璧は要らない。十分であればいい。不完全な計画によって映画が制作され、建物が建築され、技術が構築され、製品がマーケティングされ、庭園がつくられ、月にロケットまで飛ばされている。

計画を立てることは必要だが、行動も必要なのだ。いつ行動をとるのか。それは計画が完成する前である。なぜかと言えば、行動することによって初めて現実がわかるからだ。行動と計画は車の両輪のようにフィードバックシステムになる。まず計画を下書きする。そして最初の行動をとる。それによって計画の実行可能性がわかる。計画を立てる段階の想定に間違いはなかったか。もし間違いがあれば訂正するのである。

間違った行動をとってしまってもいい。それによって勢いが生まれるからだ。じっとしているよりも動いているほうが計画の訂正もしやすい。だから行動するのだ。その最初の行動によってゴールに近づかなかったとしても、動くことで活力が生まれるのである。

計画をデザインして実行するにはたくさんのスキルが必要になる。

- ゴールを決めてビジョンを展開するスキル
- 現在の状況を把握するスキル
- 的確な戦略や戦術を策定するスキル
- 現実からのフィードバックによって行動を調整するスキル
- 勢いを生み出し、牽引するスキル

こうした具体的スキルは本書の中で詳しく紹介する。これらのスキルは創造プロセスの手順を実行するうえで非常に重要だ。スキルを使うことで人生構築の創造プロセスを発展させ、マスターすることができるのである。

姿勢――どんな世界に住んでいるのか

創造する姿勢、心の持ち方も大切だというのが、長年の観察からの最大の発見のひとつだ。創造プロセスにおける姿勢とは何かというと、言ってみれば「どんな世界に住んでいるか」である。

例をあげて説明しよう。大いなる志を持っているのに、心のどこかに不安があって、成功したら何か悪いことが起こると心配する人たちがいる。幸運や成功はただでは手に入らないと信じているのだ。だから、何か大切なことがうまくいくと、必ずそれを相殺するような悪いことが起こるという。そういう思い込みのある人たちは、成功を素直に喜べない。良いことの裏にはマイナスがある、と心配するのである。私の友人の中には「あまりにいいことすぎて耐えられない！」と悲鳴を上げる人がいる。

こういう人たちは「あまり成功しすぎると、どこかでしっぺ返しを食う」という独自の法則のある世界に住んでいる。これはよくある姿勢、心の持ち方の一例だ。「成功は必ずしもいいものとは限らない、想定外の悪い結果を伴うからだ」というのである。その結果どうなるかといえば、大切な目標に向かいながらも、心の片隅では目標達成を怖れているのだ。

これはたくさんの姿勢の一例にすぎない。本書では姿勢についてもっと掘り下げて探求していく。ここでは単に、手順と精神が合っていても、姿勢が間違っているとうまくいかないということだけをおぼえておこう。いまの自分の姿勢がどうなっているかを確かめて、もし創造にふさわしくないなら、変えることだ。

状況から自由になること

自分の創造プロセスに熟達し、人生に応用していくと、大きな姿勢の変化が起こる。それは、状況に反応したり対応したりする姿勢から、状況がどうであろうと関係なく創造的でいる姿勢への変化だ。

私たちは状況を重視し、状況にうまく対応するのが大事だと教えられている。自分にとって何が大切かではなく、いかに状況にうまく対応できるかが大切だというのだ。適切な対応というものを拒絶した者たちは反抗したり反応したりするだけだ。私たちの社会では、自動反応から状況対応へと移行できれば進歩だと見なされている。しかし、対応も反応も状況が人生を牛耳っている点では同じだ。

一方で、創造的な姿勢においては、状況が主導権を握るのではなく、あなた自身が主導権を握るのである。もちろん状況はひとつの要素だ。しかしそれは出発点にすぎない。旅に出かけるときの出発点と同じだ。ニューヨークに行きたいとき、いまはボストンにいると知っていることはどのくらい役立つだろうか。ボストンにいるのにアトランタにいると思い込んでいたらどうなるだろうか。もちろん出発点を知っている必要がある。

あなたが人生をアートとして創り出そうとするなら、状況ではなく創造を姿勢にすることが決定的に大切だ。

昨今では、自分を状況の犠牲者と捉えることが流行している。子供の頃から自分が犠牲になってきたということを中心にして生きている大人たちがいる。過去に悲劇的な体験を重ねた人は数多くいるが、そのすべてが過去に縛られているわけではない。小さい頃に虐待を受けたことをずっと根に持って暮らしている人たちがいる。そこから出てこられずにいるのだ。好んでそうしているわけではない。犠牲者の姿勢からでは創り出したい人生を創り出すことができない。しかし彼らは出てくることができる。過去は過去として、現在に生きることができるのだ。これはとてもグラグラする体験だ。清算したい過去があるのに清算することができず、そのままになっているからである。過去は過去、清算などできないのだ。

現実療法《リアリティーセラピー》と選択理論《チョイスセラピー》を開発した精神科医ウィリアム・グラッサーはくり返し言っている。「自分のニーズを満たせなかった過去の事例をどんなに参照しても、いまの自分のニーズを満たすことはできない」と。

そういう発言を聞くと、犠牲者モードの人たちはひどく誤解されたと感じて腹を立てるが、これは共感の欠如からきている発言などではない。もし魔法の杖があって過去を変えることができたなら、喜んで魔法の杖を振るうだろう。しかし過去は過去だ。過去は過ぎ去っている。新しい未来を創り出せる瞬間は過去にはなく、いまにしかないのだ。

ウガンダ農村開発訓練プログラムの会長ムワリム・ムシシは、自由と民主主義を支持していたために、ウガンダのオボテ独裁政権下で投獄され、拷問を受けていた。

ある晩、看守たちがムシシを牢から出して殺そうと企んだことがある。このくわだてに気づいた囚人仲間たちはムシシの名を叫び始めた。彼らは傷だらけになったムシシが生きて牢に入るまで叫び続けたのである。

オボテ政権が打倒されて釈放されたムシシは、国家建設に生涯を捧げると決め、政治家ではなく、農村開発の指導者として活動を始めた。私はムシシが牢獄で拷問を受けていたことを知らずにいた。顔に深い傷があるのは見ればわかる。しかしムシシがいつも屈託のない笑顔で心を開き、楽しそうに笑い声を上げるので、顔の傷などにほとんど気づかずにいたのだ。近年のウガンダの状況を見れば投獄や拷問は驚くに値しない。しかしムシシの受けた虐待とムシシのいまのありようとは容易に合致しない。人づてにこのことを知った私はすぐに思った。これは真に偉大な男だ、と。

私たちの友人アンドレ・ジャルベールは数年前に死刑宣告を受けた。がんの宣告だ。彼女は精いっぱい生きようと決め、実際に生きた。最期の日の前日に私とロザリンドは病院を訪れた。死の間際に至るまで彼女は機知とユーモアと生きる意志を失わなかった。「何かやってあげられることはある？」と私たちが尋ねると、「あるわ」と彼女がささやく。私たちが近づくと彼女は大きな声で「ここから出して！」と言って笑う。私たちも笑った。涙を抑えながら。彼女は死ぬくらいのことで元気を失わず、生き生きとしている。彼女の元の夫が見舞いに来て、感情が昂ぶって泣き始めたとき、アンドレは言った。「頼むから、泣くのはお葬式にとっておいて」

病院に誰が見舞いに来ても、アンドレは自分が慰められるのと同じくらい見舞客を慰めた。そして最期の日、彼女は穏やかに逝った。最後の最後まで精いっぱい生き、旅立ったのだ。

最悪の人生状況においても生きようとする衝動が存在する。そうでなければ、ムシシやアンドレのような人たちをどう理解したらいいというのだろうか。人間には、目の前の状況をはるかに超えて驚異的なものを創り出そうとする力が備わっていると認めざるを得ないだろう。

苦しみではなく、勝利の栄光にしがみついて過去に生きる人たちもいる。アーサー・ミラーの古典的戯曲『セールスマンの死』に登場する主人公の息子ビフは高校のアメフト部のスター選手だったが、当初の大活躍のために膨れ上がった大きな期待に応えることができなかった。ビフの父親ウィリー・ローマンもまた息子の現状から目を背け、ビフの過去の栄光に浸るばかりだった。ローマンは悲劇の主人公だ。かつての栄光、それが本物でも空想でも、栄光の中に生きようとし、現実を生きることができないためのつらい結末は、物語の最も悲しい要素だ。

望もうと望むまいと、時間は流れていく。今日はやがて過去になる。時の流れに抗うことはできない。創造プロセスはいまこの瞬間の事実だ。過去に遡って創造することはできない。未来に備えることはできるが、未来に飛んでいって創造することはできない。創造プロセスはいまこの瞬間のリアルタイムで起こるのだ。創造プロセスに必要な姿勢は、現在に生きる姿勢なのである。

精神――何も見つけようとしないで探求する

3つ目の要素は精神である。人間の最も深い側面に関わるものだ。精神は、一般的に哲学、形而上学、宗教の領域と見なされていることが多い。しかし、信条や信念や信仰や教義などに制約されることのない、別の見方がある。何も見つけようとしないで探求することだ。その探求によって創造プロセスの最も深い源泉への扉が開くことがある。人生をアートにしたいなら、自分自身の深いところにある生命力の源泉を無視することはできなくなる。創造プロセスによって、あなた自身の真の精神、本質が表現されていく。この精神に通じていると、いろいろな個人的変容が起こる。人生の方向が変わり、自分にとって最も大切なことへの理解が変わり、人生のクオリティが変わる。新しい立脚点が生まれ、最も深い価値と高い志のための試金石となる。内なる力の源泉となり、途方もない内在的創造力の泉となる。

創造行為によって、私たちは自分自身の最も深い精神とつながることになる。この体験は、思いがけず自然に訪れることも多いが、自覚してつながっていくこともできる。人生の中で、精神が支配的な位置を占め、信じられないほど豊かな働きをすることもできるのだ。

私たちはたいてい、水面下に潜んだ力があって、顔を出したがっているのを感じている。それを表現することができないでいるうちは、何かが欠けていると感じるものだ。そう、何かが欠けているのだ。人生をアートとして探求するとき、自分だけの精神の深みを見出すことを求められるようになるだろう。その体験は、驚き、喜び、気づき、広がり、そして感動をもたらすかもしれない。

創造プロセスの3要素

手順、姿勢、精神。それぞれ探求され、開発される必要がある。3要素は分かちがたく結びついている。いくら手順に熟達したところで、もし姿勢や精神が揃っていなかったら、ただ手順通りやっているだけになってしまう。そうなると、せっかくの成果もあなたの真の創造意欲を反映しないものになってしまう。

素晴らしい姿勢を持っていても、手順に不慣れであっては十分な成果を上げることができない。

精神があっても、姿勢が間違っていたり、手順の理解が不足していたりしたら、内在する知恵を現実世界に表現することができずにフラストレーションを抱えることになるだろう。

次の章では画家の創造プロセスから重要な教訓を学ぶ。創造プロセスの手順、姿勢、精神が形と構造を持つのである。創造プロセスにおける最も強力なダイナミクスに焦点を当てる。

第2章 アーティストに学ぶ

前述したように、クリエイターがすべて同じ道を歩むわけではないし、あらゆる規律が同じわけでもない。作家と作曲家とではやり方がずいぶん違う。映画製作のプロセスは発明家やプログラマーのそれとはまた違う。あなたのプロセスは私のプロセスとは違うし、あなたの友だちのとも違うし、誰のものとも違う。

そうはいっても、共通の予備訓練を受けるのも悪くないだろう。そのほうが、いきなり砂漠に放り出されるよりいい。アウトワード・バウンド教育［非日常的な環境でのチャレンジングな体験を通して、そこから自己に秘められた可能性や他人を思いやる気持ちなどの豊かな人間性を育むことを目的とする活動］でも、まず野生サバイバルの訓練を受ける。あなたもクリエイターの基礎訓練を受けるのがいい。

従わなければいけないルールはない。だが、理解しておくといい原則がある。基本原理を理解したら、あとは自分で自分のルールをつくったらいい。場合によってはルールを変えてもいい。

画家の仕事を例にして、創造プロセスの主要原則を見ていこう。人生をアートとして創り出すうえでベストな方法だ。画家は創造プロセスのあらゆる原則を使っているからである。

ビジョンを創り出す

あなた自身が画家だと想像してみてほしい。あなたの人生はあなたの描く絵である。あなたは静かなアトリエの真ん中に立っていて、窓から柔らかく優しい光が差し込んでいる。目の前にはまっさらなキャンバス。右手には絵具の乗ったパレット。筆は大きさと種類ごとに並べてある。絵具の匂いがして、静けさを感じ、ひとりでいる。支度は整った。

さて、どうする？

ここであなたは「**自分は何を創り出したいのか**」という、創造プロセスの最初の問いに直面する。

この問いは決断を要する。あなたは心の眼で見始める。心に絵を見るのだ。静物、肖像、スポーツ場面、風景（自分がキャンバスに何を描くかについてとても明確なイメージを持っている画家は多い）。あるいは具体的な絵そのものよりも色彩や触感をイメージしているかもしれない（絵が実際の事物を表現するよりも、視覚的インパクトを与える抽象表現に関心がある画家もいる）。

具象画だろうと抽象画だろうと、画家のあなたは何かを心に描いている。人生をアートとして創り出す際の原則は、どんな結果を生み出したいのか、アイデアを心に抱くことだ。あなたはどんな人生を築き上げたいのだろうか。

望みの人生をスケッチする

ひらめきが得意な人たちがいる。突如として自分は何が欲しいのか悟るのだ。最初から最後まで自分のビジョンがはっきりしている。これは稀有な特質だ。対象が自分自身の人生となると特に稀だ。

たいていはもっと時間がかかる。小さな着想の種から始まって、だんだんと形をなしてくる。時間をかけてビジョンが明らかになっていく。主体的にビジョンを描き出せば描き出すほど、その正体がどんどん明らかになる。

画家が着想を展開していくとき、まずスケッチをするのがひとつのやり方だ。キャンバスに本番の絵を展開する前に、たくさんのスケッチを描いていく。そうやって最終形を見定めていくのだ。同じように、あなたが自分の人生のビジョンを描いていくとき、アーティストのスケッチのような小さな実験をしてみるといい。たとえば、あなたがファッション写真家になりたいと思ったとしよう。ひとつできることは、プロの写真家のクラスを受講することだ。または、友人をファッションモデルのように撮影して練習をするのもいい。地元のショップに頼んでディスプレイの写真を撮らせてもらってもいい。そういう具体的な実験の積み重ねが学びとなり、経験となり、自分が求める人生経験を知っていくことになる。一つひとつの行動がビジョンのスケッチをしていくようなものになる。

あるいは、あなたがフランスに住みたいと思ったとする。いきなりリスクをとって移住するのではなく、フランスで余暇を過ごしてみればいい。フランス語を勉強して、フランス語を喋る仲間のいるクラブに入れてもらうといい。フランスの文化、歴史、雇用市場、生活費などを知るべく学んだらいい。試しにいろいろやってみることで自分の着想について理解を深めることができる。そう、スケッチをするのだ。ビジョンが発展してでき上がっていくようにする。スケッチ、つまり実験を重ねるたびに、自分の創り出したい成果についての理解が深まっていく。

アーティストのジャネット・フィッシュは自分の絵画作品の着想を展開するプロセスについて語っている。「私は実際に何が見えているのかを本当に知りたいの。それは手をつけてみないと何だかわからないのよ」と。

スケッチや練習を重ねていくことから、画家の心の中でビジョンが明確になっていく。同じように、あなたも時間をかけて自分の人生のビジョンを展開していくことができる。たちまちひらめくこともあるが、そうでないほうが多い。着想を部分的に理解し、別の部分を理解し、だんだんと部分が全体をなしていき、最終的に人生全体の総合的なビジョンができ上がるのである。

ビジョンについて学ぶこと

画家は自分の作品のビジョンを段階的に発展させていくことが多い。同じように、あなたの人生のビジョンも段階的に発展させていくことができる。

画家のウィリアム・ベックマンは言う。「もしあなたの肖像画をいまここで描いたなら、1回目よりも3回目か4回目のほうが強力な作品になるだろう。描くたびにあなたの顔をよく知ることになるのだから」と。

スケッチやデッサンによって画家は自作品のビジョンを探求するのである。時間と経験を経てビジョンが発展していく。一発のひらめきで決まるというわけではないのだ。

ミケランジェロがダビデ像を彫ったときの有名な逸話がある。巨大な大理石を彫っていたミケランジェロの様子を見た人が、「どこを彫ったらいいのかをどうやって知るのか」と尋ねた。言い伝えによるとミケランジェロは「大理石の中にダビデ像がいるのだ」と答えたという。「ただダビデ像を大理石の中から彫り出しているだけさ」と。

この逸話は、創造プロセスは無用なものを取り除く作業だ、と言わんとしている。この話を真に受けるとなると、人生にとって無用なものをすべて削ぎ落とせということになる。ということは、人生のかたまりの中に完璧な像が隠されていて、私たちはそれを見つければいいというわけだ。これはビジョンをつくり上げる作業とはだいぶ違う話だ。ビジョンが突然降りてくることは稀にあるにせよ、たいていは時間をかけて発展し、進化し、動き回って、成熟するものだ。

ミケランジェロではなく、ベートーヴェンを例にとってみよう。ある日、ベートーヴェンは巨大な黒い紙の前に座っていた。手にはホワイト修正液のボトルを持っている。ベートーヴェンは黒い紙にホワイトを乗せ始める。それを見た人が何をしているのかと尋ねると、ベートーヴェンは「《交響曲第9番》を削り出しているだけさ」と答える……。そんなわけはあるまい。

おわかりだろうか。ミケランジェロの伝説はつくり話なのだ。ダビデ像という傑作をつくり上げるために、実際のミケランジェロはさまざまなスケッチをしていたし、最終的に大きなダビデ像を完成させる前に、ミケランジェロは小さなダビデ像をいくつも試作していたのだ。

ミケランジェロもまた、他のアーティストと同じように、時間と経験を費やしてビジョンを練り上げるというプロセスを経ていたのだ。ミケランジェロの才能は、実践的な作業戦略に支えられ、着想が全体プロセスの中で育つようになっていた。あなたもまた、自分の人生のビジョンを発見するというよりも、時間をかけて発展させていくことが多いだろう。画家がスケッチやデッサンをくり返すように、あなたもまた人生のビジョンをスケッチし、デッサンして、最終形をつくり上げるのだ。自分のビジョンが完成したときの見た目や手触りを表現するためにたくさん下絵を描くといい。

ビジョンをガイドにする

画家は絵を描くときに常にビジョンを持っている。ビジョンを見失って細部に埋没したりしては作品を台無しにする間違いを犯しかねないからだ。ビジョンは常にガイドであり、ターゲットになる。それは狙いを定める対象であり、進捗を測る物差しでもある。

画家にとってビジョンとは、頭の片隅にありながら、同時に目の前の目標でもある。同じように、あなたが自分の人生をアートとして考えるとき、人生のビジョンは頭の片隅に置いてある。と同時に、ときには剃刀《かみそり》のような集中力でビジョンに取り組むこともある。それによって創作の活力が生まれ、創作の意欲が高まるのだ。

緊張のパワー

さあ、アトリエに戻ってきた。絵のビジョンもできた。まだ１００パーセントではないが、スタートできる。次は何をしたらいいのだろうか。

真っ白いキャンバスを見つめる。まだ何も描かれていない。キャンバスを見ているうちに、心の中で描いた絵を想像し始める。これが創造プロセスで最も重要な力学のひとつを確立することになる。それは、**緊張**である。

ここで「緊張」というのは心の不安のことではない。ストレスやプレッシャーのことでもない。ここで緊張というのは、ひとつの構造の中でふたつの要素が織りなすコントラストのことである。ひとつの要素は完成した絵のビジョンだ。もうひとつの要素は作品のいまの状態、つまりいまの時点では真っ白なキャンバスである。

この緊張は活力と勢いを生む力だ。緊張は必ず解消に向かう。緊張は変化をもたらす。ふたつの要素に差があって合致しない状態から、差が解消されて合致した状態への変化だ。

創造プロセスの初期段階では、キャンバスとビジョンは異なる。プロセスの最終段階では、キャンバスとビジョンは合致する。つまり、それは絵が描き終わって、「この絵は私のビジョンの完成を意味する」と画家が作品に署名するときだ。

創造プロセスの初期段階では、創り出したい成果のビジョンと、その成果から見たいまの現実のあいだにコントラストが存在する。もしうまくいけば、創造プロセスの最後にはビジョンと現実が合致し、コントラストは消え、緊張が解消されることになる。

緊張解消システムを理解するために、私たちが誰でも経験する「空腹」という現象で説明しよう。ここでもふたつの要素のコントラストから始まる。ひとつは身体が欲する食べ物の量だ。もうひとつは実際に体内にある食べ物の量だ。ふたつの差がある種の行為に傾く。「食べる」という行為だ。空腹なときの自然な傾向は、この緊張が解消されるまで食べることだ。欲している量と体内の量が合致したとき、緊張は解消される（正確に言うともう少し複雑だが、ここでは大まかな説明に留めておく）。

アートにおいて、緊張は創作を前進させる最も強力なパワーだ。映画の中のヒーローと悪役のあいだのコントラストを思い浮かべてほしい。音楽が前に進んでいく感覚は、音の強弱・ピッチの高低・リズムの速さ・演奏の濃淡など、さまざまなコントラストによって創り出される。絵画においては、明暗・輝度・暖色と寒色などのコントラストだ。どんなクリエイターでも、コントラストや差異を使って創作する。そして最も大きなコントラストが最終ビジョンといまの現実のコントラストだ。この緊張がつくり出されるとき、クリエイターは**構造を創り出している**のだ。

構造が行動を決定づける

人生をアートとして創り出すときに大切なことのひとつは、創造をサポートする構造を創り出すことだ。いかに生きるか、いかに成功するかを左右する決定的な要素のひとつが構造なのである。ここで「構造」という言葉が非常に誤解されている。というのも、構造という言葉はいろいろな文脈でいろいろな意味で使われているのだ。

構造という言葉を正確に理解すれば、それが何なのか、どう機能するものか、なぜ機能するのかがわかる。ここで言う構造とは次の意味である。

> 構造は実体であり、全体であり、構成物である。構造について最初に言えるのは、有機的統一性があることだ。構造は複数というより単一である。しかし単一の全体構造の中に複数の部分が存在する。複数の部分は「構造の要素」と呼ぶことができる。各要素は相互に結びついており、相互に影響し合う。

古典的映画『カサブランカ』を例にとって、構造内の各要素が相互に影響し合う様を見てみよう。

映画の筋書きは愛の三角関係にまつわるものだ。リックとビクターというふたりの男性がイルザというひとりの女性を愛していて、イルザはイルザでふたりを愛している。

これは素晴らしい劇的葛藤だ（映画としては、だが）。観客の我々は、どうやって葛藤が解消されるのかを観たくなる。イルザはリックを選ぶのか。それともビクターを選ぶのか。選ばれなかった男はどうなるのか。イルザはどうやって選ぶのか。選ばなかった男への愛はどうなるのか。

緊張は映画のクライマックスで解消する。映画史上で最も有名で人気のある場面のひとつだ。イルザが誰を選ぶかが明らかになる。この映画を私は少なくとも400回は観たが、観るたびに私は「今回こそイルザはリックとともにカサブランカに残るのではないか、ビクターとともにリスボンに飛ばないのではないか」と思ってしまう。それほど映画の構造がパワフルなのだ。

映画の最初のほうで、リックは自分のバーであるリックスカフェアメリカンにいる。リックは一匹狼で、アルコール依存症の過去があり、哀愁と謎めきをまとっている。（ハンフリー・ボガートが演じてるんだからね）

彼のバーに、イルザとビクターが入店する。

リックが一緒に飲まないかと誘われ、かつてイルザとリックが付き合っていたことがわかると、緊張が高まる。

この場面で、それぞれのキャラクターが他のキャラクターに影響を与えている。もしひとりでも除いたら状況は様変わりし、各人のふるまいも変わってしまう。

たとえば、リックがバーにいる夜、イルザがひとりで入ってきたらどうか。その後のふたりのふるまいは変わるだろうか。もちろんだ。（イングリッド・バーグマンがイルザを演じてるんだしね）

あるいは、リックがバーにいる夜、ビクターがひとりで入ってきたらどうか。ふたりのふるまいは変わるだろうか。もちろんだ。

はたまたイルザとビクターがバーに入店したとき、リックはひと月前にニューヨークに旅立っていたとしたらどうか。ふたりのふるまいは変わるだろうか。もちろんだ。

こんなふうに、ひとつの構造の中の要素は互いに特別な関係にあって、ひとつでも変えたなら構造自体が変わってしまう。

構造の中には創造プロセスに向いたものもあれば、向かないものもある。本書の中で見ていくように、構造が間違っていたら、すべてが台無しになる。意図・志・ビジョン・価値がきちんと揃っていても無駄だ。一度は成果を上げても、振り子が揺り戻すように元に戻ってしまう。だから創造プロセスの中で重要なことのひとつは、成功が逆戻りしない構造を打ち立てることだ。この教訓を人生に応用するだけで成功の確率は劇的に高まる。

人生をアートとして創り出すときのこの緊張は、構造的な緊張だ。**緊張構造**と呼ぶことにする。

緊張構造は、創造プロセスの中で最もパワフルな構造だ。人生をアートとして創り出すには、創造プロセス全体を通して緊張構造を生み出して使っていくことだ。そのためには成果のビジョンを見て、そのビジョンに照らしたいまの現実を見る能力を高めることである。

画家は常にこの能力を駆使している。完成した絵のビジョンと、未完成のキャンバスというふたつのデータポイントを管理するのだ。このふたつを心の中で同時に見ること。望みのビジョンといまの現実。これが人生をアートとして創り出すための重要な鍵だ。

射手は緊張構造の原理を知っていて、その原理を活用しようとする。緊張は解消に向かう。矢を放す前にしっかりと緊張を確立し、的《まと》に届くチャンスを最大化するのだ。射手が矢をつがえて弓を引くように、私たちは緊張構造を自分の目標に向けることができる。

緊張構造を使うことによって、あなたは驚くべき成果を上げることができる。緊張構造によって、矢が弓から放たれるように、あなたは自分の目標へと放たれる。緊張構造によって、あなたは自然の力を敵に回すことなく、味方につける。緊張構造によって、あなたは成功が成功し続けるパターンを築き上げることができる。

緊張構造を確立する

手順のレベルで言うと、緊張構造を確立するにはふたつの行動が要る。目標・成果・目的などのビジョンを定義すること。そしてビジョンに照らしたいまの現実を観察することだ。

これを行うには２種類のスキルが要る。ひとつは**ビジョンを描くこと**。もうひとつは**関連する現実を客観視すること**。このふたつのスキルは練習と実践で磨かれる。本書の後半の部分でスキルの磨き方を探求する。

創造プロセスにおいて手順は必須だ。同じように、姿勢と精神も不可欠だ。

姿勢のレベルで言うと、**緊張構造は単なる形式ではなく、生き方そのものになる**。

姿勢とは、どこで主に時間を使うか、ということだ。言い換えると、どこに住んで、どう暮らすのか、である。もし緊張構造があなたのメインの住所なら、ビジョンと現在地が明確に見える場所に住んでいることになる。ときどき見えることがあるのではなく、そのふたつが常に見えているということだ。

画家にとって緊張構造は単なる機械的な手順ではなく、自分の中に統合された生き方そのものだ。サーファーが完璧な波に乗るように、あるいはハンググライダーが完璧な風に乗るように、画家は創造プロセスの中で緊張構造の波に乗るのだ。緊張構造はアーティストの中に取り込まれ、意識の中に埋め込まれている。深く埋め込まれているほど波風に乗る力が高くなる。

ところで、緊張構造を機械的な手順として取り入れるのはとても効果的だ。私たちはこれまで何十年ものあいだ、何万人もの人たちや何千もの組織に緊張構造を教えてきて、このシンプルな方法の驚くべき威力を目の当たりにしてきた。目標を知り、現状を知り、作戦を練って実行する。こんな初歩的な使い方でもスタートとしては悪くない。創造プロセスには機械的な手順以上のものがあるが、機械的な手順を軽んじてはいけない。手順は創造プロセスにおいて非常に重要な基礎となるのだ。そして、あなたが緊張構造を自分の中に取り入れていくことから、手順と姿勢は互いに強化し合うようになり、創造プロセスをマスターしていくことになる。

優れた手順は素晴らしい。しかしもっとやれることがある！　成果のビジョンといまの現実を自分の中に取り込んでいくと、緊張構造は人生の中でもっとパワフルな力になっていく。行動の意欲はますます強まり、創意工夫が増していく。あなたの創造性や才能が開花する。あなた自身が全体として整って、ビジョン実現のために自分が総動員されるかのようになっていく。緊張構造が姿勢の中心に根付いていく。そしてさらに特別なことが起こるようになる。

緊張構造を取り入れると特別なことがついてくる

その特別なことを説明するのは少し難しい。緊張構造を取り入れたことで生じるインパクトには、ほとんど神秘的とも言える何かがある。運のいいことが日常的に起きる。ちょうどいいチャンスが訪れて物事が前に進む。ふだんは滅多に読まない雑誌の記事を読んでいて、そこにちょうどもってこいの情報が飛び込んでくる。パーティに呼ばれて行ってみると、ちょうど助けを借りるのにぴったりな人物に出会う。物事が次々とうまくいき始める。まるで宇宙が味方してくれるかのように、目標に向かって後押ししてくれる。

こういう幸運な偶然は合理的で物質的な観点だけでは説明がつかない。しかしどんなに論理的に疑ってみたところで、実際に特別な偶然は起こるのだ。これはとてもありふれた現象で、たいていの人が数多くそういう体験をしている。緊張構造を自分の中に取り込むと、奇妙で素晴らしいことが起こり、ビジョン実現を助けてくれるのだ。

さて、こうした特別な偶然はありふれているものの、幸運だけで成果は実現しない。大きな目標を実現しようと思えば、努力・学習・スキル・能力・才能・エネルギー・抜かりのない意思決定・注意深い評価・戦略的調整など、たくさんの実践的活動が必要となる。

もし緊張構造にフォーカスするだけで家でごろごろしていたら、重要な目標の大半は実現せずに終わってしまうだろう。ただ、自分が一生懸命に努力するだけでなく、機械的な次元を超えた特別な幸運が助けてくれると知るのもまた悪いことではないだろう。

緊張構造のおかげでこういう特別な出来事があなたに起こり始めたら、ひと言だけ釘を刺しておこう。そういう特別な体験を賛美しないことだ。体験を美化してしまうと、創造プロセス以外のところに気が散ってしまうからだ。

プロセスの良さはその結果の良さでしかない。プロセスそのものを崇めたり讃えたり誇張したり信仰したりしてはならない。そのプロセスが優れているかどうかはあなたの価値観に照らしてどれだけ効果的かで見るしかない。優れたプロセスには普通の手段も特別な手段も含まれうる。最終的に自分が創り出したい成果をどれだけうまく創り出せるかだけが大切なのだ。

この点は強調しておく。あまりにも多くの人が呪術思考に陥ってしまうからだ。魔法のような出来事を体験して、どんどん迷信深くなってしまうのである。迷信深くなるごとに実践的でなくなっていき、シンボルやメタファーに溺れてしまうようになる。決定的に重要なデータポイントである現実がその意義を失い、現実を客観視する代わりに勝手な解釈が行われ、超常的な意味づけがされ、象徴や暗号や吉兆や凶兆に変えられてしまう。

あなたが画家で、緊張構造を自分の中に取り入れていたら、絵の制作中にたくさんの特別な幸運を体験するだろう。ちょっとしたアクシデントのおかげで意図的に描くよりも良い結果が生まれるとか、絵具がこぼれてしまったおかげで表現したかったことが見事に表現できたとか。こういう幸運な偶然は当たり前のように創造プロセスの一部となる。もちろん幸運を喜びはするが、だからといって画家としてのキャリアを運任せにするわけではない。特別の出来事を美化することなく、ただ単に歓迎し、自分の作戦の一部と認めるだけでいい。プロセスそのものが重要なのではない。**大切なのは、どんなことが起ころうとも、すべて自分の人生を創り出すために使うことだ。**それが平凡なことでも途方もない幸運でも同じことだ。

ひと晩寝かせる

クリエイターの多くにとって、眠りと夢見は創造プロセスを深めるものになる。緊張構造を自分の中に取り込んだら、潜在意識の出番だ。私が作曲や執筆、テレビ番組や著書について、ある程度の期間にわたって考えているとき、夜寝ているあいだに着想や答えを得ることがある。

私は枕もとにメモを置かない（もちろん置く人がいてもいいのだが）。私の場合、気づきを記憶するように頭を鍛えてあるのだ。夢を見たり考えが浮かんだりして、寝返りを打ち、うとうとしていると、突如として洞察を得る。朝起きると、眠っているときに得た気づきは結構はっきりしている。

起きてから4、5時間のうちに新しいアイデアについて何かすればそれは定着する。放っておくと消えていく。しかしアイデアが消えていっても、もし緊張構造が解消を求めてそこにありさえすれば、必要なアイデアは戻ってくる。次の朝か、誰かの発言中か、またはテレビを観ているときにでも戻ってくるのだ。だから夜の気づきを後生大事に捕まえておかなくても大丈夫だ。必要なときにはそこにある。常にそこにあるのだから。

創造プロセスの精神

手順と姿勢は創造プロセスの3本柱のうちの2本だ。3本目は精神である。緊張構造の精神は、人生における最もパワフルなふたつの力から来ている。それは、愛と真実だ。

なぜあなたは何かを創り出すのか。それはその何かをこの目で見たいと思うほどの愛があるからだ。

この愛は対応的な愛ではない。対応的な愛とは、誰かに出会って恋に落ちるように、状況に遭遇して愛が生まれることだ。

クリエイターの愛は、対象が存在する前に存在している。ロバート・フロストが詩について言っているように、詩は胸がいっぱいになることから始まる。画家は、絵画が存在する前からその絵画を愛している。映画製作者は、撮影や役者のキャスティングよりも前から映画作品を愛している。作曲家は、作品が演奏されるより前から作品を愛している。アーティストが創造プロセスで体験する愛は、状況対応的ではなく、創造的な愛なのだ。

アーティストは自分の作品への愛をあまり語らない。語ることがたやすくないのだ。それに、特別な愛とはいえ、アーティストにとってはあまりに日常的でありふれたことなので、語ろうと思わないのだ。

愛にはいろいろな形がある。インスピレーションを伴うものとも限らない。さまざまな体験が起こりうる状態だ。アーティストの作品愛は、雨の日も晴れの日も、いい日にも悪い日にも、好調のときも不調のときも、勝利の日にも敗北の日にも、いつもそこに存在する。創造的な愛は創作プロセス全体を通してそこにあるのだ。

人生をアートとして創り出す精神は、こうした創造的な愛を呼び覚ます。手順を用いて姿勢を深めていくと、同時に精神が愛にあふれ、意欲と情熱に満たされていく。

緊張構造の精神が生み出すもうひとつの力は、真実だ。成果のビジョンを思い描きながら、同時にいまの状況を正直に客観的に見る。現実を観察することにかけてアーティストというものはたいてい筋金入りだ。彼らは現実を歪めて美化したり貶《おとし》めたりすることができない。現実を歪曲した途端に、創作に必要なフィードバックが得られなくなってしまうからだ。画家は絵画の現状について嘘をついたりせず、冷酷なほど客観的に見るものだ。画家が真実を見ることについてどれほど妥協を許さないかを知ると一般の人たちはびっくりする。

この種の真実は、創造プロセスの手順において必要なフィードバックの正確さに関わるものだ。また、アーティストが自分の作品の価値をリアルに知りたいという姿勢に関わるものでもある。そして真実の精神も存在する。「真実のための真実」というフレーズにそれがよく表現されている。

緊張構造の精神は、創造的な愛と、真実のための真実だ。人間の価値の中でこれに勝るものがあろうか。

第2部

人生を創り出す

Creating Your Life

第3章 愛と欲望

おしゃれな水着の若い女性が優雅にゆっくりとカメラに近づいてくる。柔らかな肌は健康そうに日焼けしていて美しい。誘うような眼差しでいまにも触れるほどの近さに来て、色気たっぷりに魅惑してくる美女。これは何の宣伝だろうか。香水？　カリブ海リゾートへのツアー？　それとも自動車保険だろうか。

実は、宣伝されているのは欲望のイメージだ。何を欲するかよりも、どんなふうに欲するかだ。この宣伝イメージでは、「見て」「欲しくなる」という欲望だ。欲望は瞬く間に訪れる。誘惑。禁断の果実。即座に衝動的に手に入れたくなり、即座に衝動的に満足しようと突進する。

マーケターは真っ正直に宣伝している。たったの30秒や60秒で視聴者の注意を引きつける。我々の目をくらませる、文句のつけようのない仕事だ。

ところで、こういうCMは確かに楽しいものの、私にはあまり効果がなさそうだ。特に良い音楽が流れていれば興味深くCMを見るが、何の商品を宣伝しているのかは、記憶に残らない。他の視聴者もそうなのかもしれない。

こういう大衆広告イメージのせいで「欲望」がすっかり奇妙な記号になってしまっているの

は残念なことだ。欲望とは本来とても良いものなのに。

欲望があるから行きたいところに行ける。行きたいところがなかったらどこへも行けない。ゴールは欲望から生まれるのだ。目標を立てるためには自分の本当の欲望に通じている必要がある。

目標のない暮らしを標榜する人たちもいる。「流れに任せよ」「自然であれ」「執着を捨てよ」「直観を信じろ」などと言う。人によっては悪くないアイデアだ。ただただ流れるように生きて人生の波を楽しむ人たちもいる。旅そのものがゴールだと語られることもある。どこでもいいからたどり着いたところがゴールだと。

ジャック・ケルアックの名著『路上』（河出書房新社）の中で、主人公が旅をして人生のさまざまなフェーズを観察しているのはまさしくこのイメージだ。ただし、ケルアック自身がこの本を書いたときに、この主人公のようなお気楽さであったとしたら本は書けない。本を書くためには、まず書きたいという欲望が必要なのだ。読者の我々は『路上』のアンチヒーローの人生体験を味わうことができるが、著者のケルアックは違うアプローチをとっている。著者の最初のステップは、他のたいていのクリエイターと同じように、思い描いた本を書きたいという欲望に基づいてゴールを設定することなのだ。

事実として、私たちは欲しがる生き物なのだ。欲望は人間に備わっている。欲しいものが単純で手近なこともある。食べ物、楽しみ、笑い、眠りなどだ。もっと長期的な欲望もある。事業を築く、家庭を築く、家を建てる、キャリアを構築する、などである。

欲望が状況に応じていることもある。頭痛をなくしたい、今月の支払いを済ませたい、飛行機に間に合いたい、期日までに所得申告をしたい、などだ。

また、人によっては「欲しいもの」ではなく「欲しくないもの」が欲望の大半を占めていることもある。つまり回避したいものだ。手に入れたいことを中心に人生を切り盛りするのではなく、問題や障害や困難を中心にしているのだ。

あなたの欲望は大切である。それがあなたの行動を左右する中心テーマになるからだ。本物の欲望がなかったら主体的に動く意欲がなくなり、何かを創造することは難しくなってしまう。

白馬に乗った欲望の騎士を待ち続ける

欲望とは何だろうか。

基本的なレベルでは、欲求である。人間の性質として何かを欲しいと感じるのだ。生きたい、生きるために空気、食べ物、暖かさが欲しい。自分だけの単純な食欲もあれば、他者への純粋な愛や思いやりもある。もっと複雑な欲望もある。野心、貪欲、慈善、親切、大いなる使命や志もある。

知る必要があるのは、**すべての欲望が平等に生まれてはいない**ということだ。

人生構築プロセスの根幹を担う欲望もあれば、破壊や破滅や落胆へと続く砂地獄のような欲望もある。

人生を築き上げる助けになる欲望は、内発的なものだ。つまり、状況がどうであろうと自分がそれを欲するという自分発の欲望である。

こうした欲望は、真の欲望と呼ぶにふさわしい。目の前の状況ではなく、私たちのもっと深いところや本質的なところから発する欲望だからである。CMを「見て」「欲しくなる」というタイプの欲望とは違う。

このテーマでワークショップを開いているときに参加者にこう聞くことがある。「自分が何を欲しいか知っている人は何人くらいいる？」と。3分の1から半分くらいの人たちの手があがる。「自分が何を欲しいか知らない人は？」と聞くと残りの人たちの手があがる。半分から3分の2くらいの人たちは、自分が何を欲しいかを知らないのだ。この割合は高すぎないだろうか。

実際に欲望を探求していくと、もっと多くの人たちが実は自分の欲することを知っていることがわかる。最終的には誰もが自分の欲することを知ることになる。

では、どうしてそんなにたくさんの人たちが「知らない」と言うのだろうか。創造プロセスの最も基本的な問いだ。「自分は何を創り出したいのか」つまり、「自分の欲望は何か」である。

多くの人たちが間違いを犯している。自分が何を望むべきかを知りさえすれば人生の成功と幸福と満足の鍵が手に入ると思い込んでいるのだ。彼らにとって、欲望の対象が何であるかは関係ない。何か欲するものを見つけさえすればうまくいくというのだ。うまくいくというのは、意欲が湧き、前に進み、インスピレーションに恵まれ、行動へと駆り立てられ、勝利への道を歩むということだ。

この考え方のどこが間違っているかというと、それは基本姿勢の問題だ。自分以外の何かが鍵を握っているという思い込みである。世界のどこかに魔法の鍵があって、その鍵があれば希望の世界への扉が開くと思っているのだ。まるで白馬に乗った王子様が迎えに来るとでも言うようだ。「いつか白馬の王子様が」と少女が歌うように、「いつか欲望の王子様が」天国に連れて行ってくれると頭に刷り込まれているのである。

これがもし本当だったとしたら、もちろんその魔法の鍵を探しに行くだろう。その特別な何かを見つけさえすれば人生の目的が定まり、方向がわかり、活力と勢いが生まれるとしたら、である。

だが、あいにくそんなものは見つからない。蜃気楼のようなもので、実際には存在しないのである。

自分の外にある何かがあなたを幸せにしてくれることは決してない。だからもしあなたが白馬に乗った騎士を待っているなら、きっと待ちぼうけを食うことだろう。

お金があれば幸せになれると思う人たちもいる。ずいぶん昔に友人に連れられてアムウェイの会合に行ったことがあった。講演者が「あなたの夢は何ですか?」と聞くと、集まった人たちが「ヨット!」「フロリダ沖のリゾート島!」「豪邸!」「経済的自由!」などと答える。講演者はチャートに回答を書いていき、さらに、「どうやって夢をかなえますか」と尋ねる。つまり夢をかなえるにはアムウェイ製品を売れというわけだ。

アムウェイで稼ぐのが悪いのではない。お金を稼げば夢がかなうという幻想を抱かせるのが悪いのだ。経済的な目標を持つのもいいし、途方もない金持ちになっても構わないが、お金が幸せを運んでくるなどと思ってはいけない。もしそうなら不幸な金持ちはもっと少ないはずだ。宝くじに当たって億万長者になった人たちの多くが不幸せになっている事実を見るといい(これについては数多くの研究がなされている)。とても幸せな金持ちもいる。しかし彼らの富が幸福の本質ではない。幸福は別のことから来ている。

お金だけの話をしているのではない。「ライフワーク」を見つけたら幸せになる、というのも幻想だ。一生を捧げるべき仕事を見つけたら幸福になれるという錯覚だ。何でもいいのではなく、何かとてつもなく深い満足を与えてくれる深遠なる天職を見つけるというのだ。この手の思い込みに取り憑かれた人たちはひたすら「天職」を探し続け、結局見つけることができない。そういうライフワークや天職が世界のどこかに転がっているという観念自体が間違っているからだ。これもまた白馬に乗った欲望である。

自分の内側を探したら

自分の外側にある「何か」にもいろいろとあるが、自分の内側にある何かが幸せにしてくれるという考えもある。外側のものも内側のものも機能と形式は同じだ。何かが足りない、見つけなければ、探して、見つかることを願う。よくあるのは、たくさんの候補を見つけ、最初はよさそうに見えるが、結局がっかりするというパターンだ。

自分の内側を探る人たちには、たくさんのアプローチとたくさんの世界観が用意されている。宗教、心理体験、規律の観念、自己否定などだ。しかし、探していくと内側の「鍵」もまた本物でないことがわかってくる。そうなると今度は自分の判断力を疑うようになり、優柔不断になる。不安にさいなまれ、さまよい始める。そうなってもなお、「まだ自分の内側に見つかっていない秘密の鍵があるんじゃないか」と思っている。内側のどこにあるというのだろうか。

アムウェイで出会う友人たちとは正反対の方向に行くのだ。「あなたの夢は何？」ではなく、「夢をあきらめろ」「執着を手放せ」「何も求めるな」「欲望を捨てろ」と言うのである。

これは単純な考えだ。苦しみの原因が欲望であるというなら、欲望を手放すことで苦しみは終わる。もちろん皮肉なのは、欲望を手放したいと思うこと自体も欲望だということだ。そして苦しみを克服してたどり着きたい悟りの境地、スピリチュアルな充足などもこれまた欲望だということだ。

正しい欲望を見つけようとするアプローチは、人生をアートとして創り出すためには誤ったアプローチだ。そんなものは見つからない。「正しい欲望」をもとにして人生を構築することなどできない。優柔不断の罠にはまるだけのことだ。

「正しい欲望」などは自分の外側にも内側にも存在しない。これは人によって違うのではなく、欲望というものの性質からしてそうなのだ。

真の欲望と選択

好きじゃない人を好きになろうと努力したことはあるだろうか。うまくいかないはずだ。愛していない人をいくら愛そうとしても、事実としてあなたはその人を愛してなどいないのである。創造プロセスにはたくさんの選択がつきまとうが、愛は選択のうちに入らない。

もし誰を愛するかを選択できるなら、片思いなど存在しなくなる。もしそうだったら、自分を愛してくれる人だけを愛したらいいのだから。

誰を好きになるか、何を好きになるか、選択することはできない。真の欲望とは愛の形なのだから、何を欲するかを選ぶことなどできないのだ。

自分の欲望が何かに気づいているかどうかは別として、欲望を捏造することはできない。無理やり誰かを好きになれないように、無理やり何かを欲しくなることもできない。

その逆も真である。愛しているものを愛さずにいることはできないし、欲しいものを欲しくなくなることもできない。欲望は、あるか、ないか、どちらかなのだ。

自分が何を欲しているのかを理解したら、その欲望に基づいて選択をすることができる。しかし欲望そのものは選択の対象にならない。それが欲しいのは、ただそれが欲しいからだ。そして欲しくもないものを中心にして選択を組み立てることは難しい。頑張ってそれをしても自分の大切なことには結びつかない。

真の欲望の性質を本当に理解したなら、欲望を見つけようと努力したりなどしないし、欲望をかき消そうと努力したりもしなくなる。

もうひとつポイントがある。**欲望を見つけ出す試練を自分に課したりすると、真の欲望は目**

に見えなくなるのだ。白馬の欲望の王子様の基準を当てはめたりしたら、どうやって真の欲望を見極められるだろうか。見極めることなどできはしない。真の欲望が自分の目の前にあったとしても、あなたが理想化した白馬の王子様を探していたら目に入ってこないのだ。

自分が何を欲しいかを知ることは、突然の啓示によって成功や幸福や勝利への扉が開くような体験ではない。ただ単に自分にとって何が最も大切なのかを理解するだけのことだ。そのうえで真の欲望に基づいて人生を再構築する選択が生まれる。いずれにしても自分の本当の望みを深いレベルで知ることになる。

欲望に分不相応な仕事を与えないことだ。欲望があなたのために何かをしてくれるわけではない。むしろ欲望のためにあなたが何かをできるということだ。欲望は、白馬に乗った王子様のようなものではなく、あなた自身が欲望にとっての白馬の騎士なのだ。

まだ自分の本当の望みに基づいて人生を組み立てていないなら、いまからそうすることを勧める。本当の望みを人生構築の土台にすることだ。

つかの間の情熱と真の欲望

近頃では「情熱」という言葉が乱用されている。「自分の情熱を見つけなさい」「仕事や人生に情熱を燃やしなさい」「情熱に従え」などと言われているのを耳にすると、情熱とは見つけて身にまとい従うもののようだ。ある種の興奮状態、スリル、高揚、歓喜、インスピレーションを表現している。この使い方だと、情熱とは、感情、燃え盛る火、生き生きしていることを意味しているようだ。

こういう情熱は、インスピレーションと同じように、浮かんでは消えてしまう、はかない現象だ。アーティストなら誰でも知っている。インスピレーションも情熱も、瞬間に燃えて、次の瞬間に消えていく。インスピレーションが頼みの綱だったとしたら、インスピレーションがない日はどうしたらいいのだろうか。情熱頼りだったとしたら、情熱が湧かない日はどうしたらいいのだろうか。

人生をアートとして創り出すには、アーティストから学べることがひとつある。作家、作曲家、振付師、映画製作者から学べることがある。それは、インスピレーションが訪れるのはわずかな瞬間だけであり、創造プロセスはインスピレーションに頼るものではない、ということだ。

クリエイターはこのことをよく知っている。インスピレーションも情熱もない日にだって、ずっと仕事をしているのである。**創作意欲の源泉は、来るか来ないかわからないインスピレーションなどではなく、作品を完成させたいという真の欲望にあるのだ。**「情熱に従え」という助言は、情熱のない日には役に立たない。

それに、情熱に従うことでひどい結果になることすらある。英語で「情熱の犯罪」(crimes of passion) といえば、激情に駆られて人殺しをするような犯罪をいう。ふだんならまともな人が一時的な熱情に浮かされて正気を失い、ろくでもない行為に及ぶことをいうのだ。

情熱は、真の欲望の本質とは関係ない。感情的なインスピレーションのようなものは創造プロセスにとって重要ではないのだ。

さて、私がこんなことを言うのは、私にとって情熱が無用だからではない。私自身たくさんのいろいろな情熱を持っていることをお話ししよう。ここで、浮かんでは消える情熱と、人間なら誰でもたっぷり持っている別の種類の情熱との違いを理解してほしい。この種類の情熱は、インスピレーションのように簡単に消えはせず、ずっと続いていく状態である。

私は音楽に情熱を持っている。子供の頃からずっといつもそうだった。9歳の頃、地元の薬局の前で友だちと喋っていたとき、音楽が好きだと言ったら、「音楽？　音楽が好き？　変なの！」と言われたのをよくおぼえている。当時の子供たちのあいだで音楽が好きと言うのは男らしくない、かっこ悪い、ということらしかったが、そんなことは自分には関係なかった。とにかく音楽が大好きだったのだ。自分の記憶の中で他人が何と言おうと譲らなかった最初の記憶だ。

いつも音楽が好きだった。理由を聞かれてもそれがなぜだかわからない。

それから月日が経って、作曲家になろうとしていたとき、ボストン音楽院の作曲の先生が

「なぜ作曲したいのか」という素晴らしい質問をしてくれたことがある。私は真摯に考えて、答えた。「わかりません」と。すると先生はこちらを射抜くような鋭い眼差しで「フリッツ君、答えを見つけたほうがいい」と言ったのである。

それから何年ものあいだ、答えを見つけたほうがいいと思っていた。なぜ自分が作曲するのかについてはいくらでも説明できたが、どう説明しても納得はしていなかった。そして何年も探し続けた挙げ句、結局わからないのだと悟った。わかる必要もないのだ。

私の作曲の先生は、なぜ作曲するのかを知る必要があると教えてくれたように思った。そして、理由がわかれば作曲が上達するかに思えた。だが結局のところ、大好きなことをどう説明したらいいというのだろうか。説明などできないのだ。大好きだから大好きなのであって、他に理由など存在しない。

好きなものは好きだ

イギリスの詩人エリザベス・バレット・ブラウニングが夫のロバートと交わした書簡と『ポルトガル語からのソネット』（英潮社）の中でこのことを見事に表現している。

1845年10月23日付のロバートからエリザベス宛ての書簡に

君を愛しているから君を愛している

とあり、エリザベスは同年10月24日付の返信で

あなたの私への愛は、私の虚弱さにあなたの優しさが銀の響きで触れたからで、私の弱さなしにはあなたは向こう側に通り過ぎてしまっていたかと思っていました。

と書き、１８４６年5月11日付の書簡では、

私を愛する理由など何も見つからないけれど、もし何かしらあるとしたら、私の靴のために私を愛してください。ただし靴はすり減ってしまうけれど。

そしてソネットでさらに展開している。

あなたが私を愛するのなら、ただ愛のためだけに愛してください。
笑顔が好きだからとか、見た目が好きだからとか、

ふるまいが好きだからとか、優しい話が好きだからとか、
自分と考え方がしっくりくるからとか、それでいい雰囲気になるからとか、
そういうことで私を愛さないでください。
そういうことはあなた次第で変わってしまうし、
そういうことで生まれた愛は、やがて消えてしまう。
私の涙をぬぐう優しい哀れみで、私のことを愛さないでください。
私が泣くのをやめた途端、失ってしまうような愛は欲しくないから。
ただ、愛のためだけに私を愛してください。
いつまでも愛してください、愛の永遠を通じて。

愛は愛のためだけにある。これは真実だ。真の愛にとっても、真の欲望にとっても真実だ。この情熱はつかの間のインスピレーションや情緒的な体験ではなく、存在の状態にある。この情熱は長く続く。気分が変わっても変わらず続く。そのときどきの状況を超越するものだ。

もうひとつ私が情熱を持つのは、才能に対してだ。歌手、作家、映画製作者、漫画家、画家、詩人、音楽家、指揮者、俳優、ダンサーなどのパフォーマンスに触れるとき、その才能にしびれるのだ。理由は説明できない。私には批評家の仕事は務まらない。素晴らしい才能に触れたときには賛辞しか浮かばないからだ。今日の世界にはあふれるほどの才能がそこら中にあ

る。

私からすると、こういうアーティストたちは聖人の一種だ。宗教的な意味ではなく、魂の次元においてだ。もし神様がアーティストの教会を主宰していたとしたら、一人ひとりのアーティストに向かって、「諸君は私の誇る祝福された子供たちだ」と言うのではないか。

そしてまた私は自分の家族に対して情熱を持っている。愛する妻ロザリンド、息子のアイヴァン、娘のイヴ。素晴らしい人間たちだ。誰に言われなくても家族を愛している。自分の愛や情熱を探しに行く必要もない。私がどうしてどんな思いを彼らに抱いているかを合理的に言明するためのミッションステートメントを書くこともできない。言葉を超えた思いだ。しかし紛れもない実感であり、リアルな体験であり、1日も欠かすことなく毎日彼らが私の人生の中にいることに深く感謝している。

本来の情熱は装うものでもなく、見せるものでもなく、燃やすものでもない。ただそこにあるものだ。情熱に救世主のような役を与えて何かをやらせようとしたりしなければ、自分の情熱が何であるかはわかる。ただそこにあるのを、きちんと見さえすればいいのである。

ダイナミック衝動

健康な食生活を送ると誓って、最初の数日は誓いを守る。近所の人にもらったクッキーを食べないようにし、ランチには（まわりの皆がミートボールグラインダースペシャルを注文していても）冷たい鳥の胸肉のサラダを注文する。スーパーボウルパーティのときにビールを飲まず、炭酸水を飲むことにする。おかげで1キロ半も痩せて、強く大きく美しくなった気がする。自分の性格のたくましさに誇りさえおぼるようになる。

ところが災難に見舞われる。車でマクドナルドの店の前を通りかかると、おいしそうな肉の脂の匂いが鼻をかすめる。ビッグマックとポテトの味が思い浮かぶ。「自分は行かないぞ」と思い、通り過ぎる。ところが、そのまま5キロくらい走ると、またマクドナルドの看板（おなじみのシンボル）が見えてくる。文明社会に暮らしていると、5キロごとにマクドナルドが存在するようだ。マクドナルドのサインが手招きしている。「もう十分頑張った、そろそろ休憩してもいいよ」と言われているみたいだ。鼻腔にいい匂いが漂ってくる。食欲をそそる焼けた肉の匂いだ。おいしいビッグマックとポテトのイメージが脳内に広がる。「たまにはいいんじゃないか」「人生にはバランスが鍵だよ」という心の声が聞こえる。「長らく冷たい鳥の胸肉で我慢してきたんだから、たまには焼いた肉と小麦粉と砂糖とデンプンと塩があってもいいさ……」。

そんな考えがよぎったかと思うと、車をマクドナルドのドライブスルーに寄せていて、ビッグマックをふたつと特大サイズのポテトを注文している自分の声が聞こえる。そして買ってしまった以上は食べるしかない。飢餓で苦しむ世界の子供たちのためにも食べなくては。

私たち人間には、こういうおかしな性質がある。一貫性がないのだ。あるときはあるものを望み、別のあるときは別のものを望む。一方で、人は一貫していなくてはいけないと思い込んでいることが多い。一貫性がない人は、変人だとか、偽善者だとか、意志薄弱の間抜けだとか思ったりする。しかし事実として、私たち人間には一貫性がないのだ。

一貫性がなくても別に構わないときもある。あるときはクラシック音楽、別のときはロック音楽が好きで何も悪いことはない。コメディ映画を観たい日もあれば、シネマティック音楽の気分の日もある。いろいろと楽しめるのが人生の醍醐味で、さまざまな異なる体験を楽しめるのは幸運なことだ。

しかし人生を創り出そうとするときに、一貫性に欠けるのは厄介なことになりかねない。せっかくの健康プランがマクドナルドの誘惑で崩壊してしまっては困る。

気まぐれに変わっていく欲望をどう理解したらいいものだろうか。

ある種の欲望は本来の欲望などではなく、その人の補償戦略の産物なのだ。どういうことか説明しよう。たとえば、あなたが自分を価値のない人間だと思い込んでいたとする。すると、なんとかして価値のある人間になりたいというニーズが生じる。すると、価値があると思えることをやりたくなる。この構造においては、「価値のある人間になりたい」という「欲望」が生じている。ボランティア活動をしたり、慈善活動に寄付したり、困っている友人の相談に乗ったりする。一見すると、そういう行動をとるのは人の役に立ちたい欲望から来ているように見える。だが、これは本来の欲望ではない。嫌な思い込みを補償しようとする構造によって合成された欲望なのだ。

ある欲望が本当の望みかどうかを確かめるには、それが自分から発しているかを見ることだ。外部からもたらされるものではない。本当の望みは、どんな状況にいるかに関係なく存在する。状況が変わっても望みは変わらないのだ。自分自身の内側から発する人間的な欲望のことを、私は**ダイナミック衝動**と呼んでいる。

ダイナミック衝動の中では、欲望はさまざまな形をとって現れる。ビデオカメラのフレームで考えるとわかりやすい。極端なクローズアップで撮影すると、詳細で画面がいっぱいになる。少し対象から離れてミディアムショットで撮影すると、形やパターンが見え、フレーム内の各要素の関係性が見てとれる。さらに遠ざかって極端なロングショットで撮影すると、詳細は見えなくなり、何を見ているのかさえわからなくなる。

クローズアップ、ミディアムショット、ロングショットという3種類のカメラのフレームでフレーミングを考えるといい『偉大な組織の最少抵抗経路 リーダーのための組織デザイン法則』（Evolving）第13章「真のビジョンを創り出す」でも詳しく説明されている」。

クローズアップ――本能的な衝動

極端なクローズアップは、食欲・本能・衝動だ。

食欲や本能的衝動を中心に暮らしている人たちは珍しくない。以前うちの近所に巨漢のイギリス紳士が住んでいた。彼は一生を通じて高級なワインと料理を中心に暮らしていた。私たち夫婦は何度もご馳走をもてなされた。美味極まるロースト、鳥肉、魚肉、異国情緒あふれるサイドディッシュに見たこともないデザート。もちろん料理はすべて彼のセラーに貯蔵される最高のワインとともに供される。

巨漢のイギリス紳士と言ったが、彼の体重は150キロ以上。ある日、いつものご馳走のあとで彼は私たち夫婦に打ち明けた。医者に食事と飲酒の習慣を改めるように言われたという。タバコ

図1-1　ダイナミック衝動／クローズアップ

もやめるようにと言われたが、まだできていないと言う。それどころか、食習慣や生活習慣を改めないと命の危険があると医者に言われていたのだ。彼はまだ30代中盤だったが、もっとずっと老けて見えた。目の前の満足に支配され、長く健康で生きることは犠牲にしていたのだ。

食欲や本能的衝動に支配される人にとって、時間は断続的なエピソードとして過ぎていく。長期的にものを考えることは難しい。

この点を示す悲しいドキュメンタリーを最近見た。10代のストリートチルドレンの多くがエイズにかかっており、ドラッグや売春に関わっていて、まともに食事しておらず、寝る場所もない。将来のことを尋ねられると、誰も自分に将来があると思っていない。20歳を超えて生きていることをひとりも想像していないのだ。こうした子供たちにとって、時間はギュッと圧縮されていて、あっという間に過ぎる。彼らにとって生きることは食って寝ることで、もっと長い目で人生を見ることなど考えられない。何らかの長期的な視野がなければ、この若者たちは自滅的習慣を改めようとする意欲のかけらも持たないだろう。

ダイナミック衝動のクローズアップでは、欲望はすぐに満たされることを要求する。すぐに解消できない欲望は達成困難だ。緊張構造の観点で言うと、長期的目標といまの現実のあいだの隔たりに耐えることができないのである。だから、長い目で何かに取り組むことなど考えられない。クローズアップのフレームに囚われた人たちは、事業構築や交響曲の作曲や映画監督や製品開発やチームマネジメントや庭園構築や小説の執筆などは不可能だ。時間をかけて何かを成し遂げることは、この人たちが自然に手の届く範囲を超えている。

ただし、フレームは変えることができる。カメラをクローズアップからミディアムショットにシフトできるように、私たちも一歩ひいて人生全体を見ることができる。それによってダイナミック衝動を捉え直すのだ。そうすると、クリエイターとして人生を創り出すうえで大切なふたつの要素が浮かび上がる。志と価値である。

ミディアムショット——志と価値

一歩ひいてミディアムショットで捉えると、時間感覚が拡大する。目の前の瞬間だけではなく、何週間・何ヵ月・何年・何十年、またはそれ以上の単位で考えられるようになる。大きな志の実現には時間がかかるものだ。ローマは1日にしてならずと言うが、人のキャリア、組織、スキルの習熟、人間関係ですらもそうだ。緊張構造に耐えることができない人は即座に満足を求めてしまい、実現に時間のかかる志に基づいて考え始めることすらでき

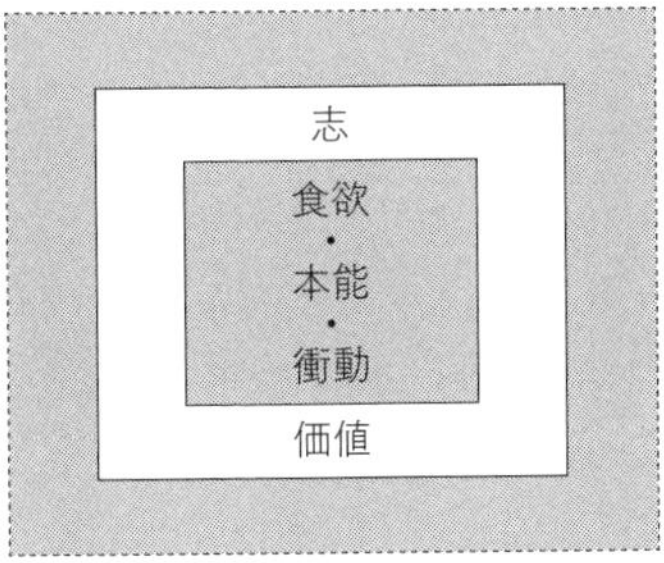

図1-2　ダイナミック衝動／ミディアムショット

ない。

これに対し、長期目標を考えられると、良いものには時間がかかるということが腑に落ちるようになり、良いもののために時間をかけられるようになる。即座に満足する誘惑に駆られず、長期的な目標を大切にするようになるのだ。

志

多くの教育者が抱える問題は、生徒に科目を教えているときにその科目がすぐには役立たないということだ。生徒がクローズアップのフレームにいたら、そんなことを勉強しても生きることに関係ないと思ってしまう。それればかりか、学習プロセスが時間の経過とともに展開していっても、それが即座に満足をもたらすものにはならない。

クローズアップのフレームにいる生徒は、ミディアムショットに移行してやるのが一番いい。**自分の欲望を長期的な志にフォーカスし直すのだ。**これは教えることができる。日や週ごとでなく、月や年で考えるように問いかけるのだ。「自分の人生で何をしたいのか」と問うだけのことではない。時間をもっと長い目で見るように探求するのだ。長い目で見て初めて自分の真の志を見ることができる。大切な目標の実現には時間がかかるということがわかれば、時間をかけて目標に取り組むことができるようになる。

若者が自分の志を見つけて変化していくのを見て、「眠りから目覚めた」「レイトブルーマー（遅咲き）だ」などと言うのを聞くことがある。ずっと人生をあきらめていた生徒が、突然自分のやりたかったことに目覚めて本気で取り組むようになることがあるのだ。

価値

価値もまたミディアムショットの側面だ。価値は人生を構築するうえで最も重要な原理のひとつである。

価値とは何だろうか。真実、正義、優しさなどの資質は価値に含まれる。快適さ、楽しさ、軋轢回避、主体性などもそうだ。

自分の価値をどうやって知るのだろうか。自分の価値が他の価値と衝突したときにそれとわかるのである。価値は他の価値との関連の中で姿を現し、測定を示すものだ。美術学校では、画家志望の学生は「values study」と呼ばれる勉強をする。ブルーとかセピアなどの単一色で塗られた絵を使い、淡い色と濃い色の関係を学ぶ。そのグラデーションによって2次元の絵が立体化のような幻視を生み出すのである。学生は優位なものと劣位なものとを決定づけることを学んでいる。

同じように私たちも、何が重要であり、何が重要でないかを決定づけるのだ。たとえば、真実という価値と優しさという価値があったとするとき、危篤の祖母を見舞ったとしよう。真実が優位の価値だとしたら「おばあちゃん顔色が悪いね」と言うかもしれない。優しさが優位なら「おばあちゃん顔色がいいね」と言うかもしれない。どちらを選ぶかによって価値の優劣を選んでいるのだ。価値はしばしば衝突し、優劣を選ばなくてはならない。選ばないと、「おばあちゃん、死にそうにしては顔色がいいね」などと口走ってしまうかもしれない！

ダイナミック衝動の中で、価値は内在的に形成される。つまり、いろいろな状況から価値が競合することはあるが、状況が価値を生み出すわけではないのだ。真実も優しさもあなたに内在する価値だ。人に教わるものではない。それぞれの状況において優劣が決まるだけのことだ。

価値を教え込むという考えは馬鹿げている。音楽家で音楽教師のノルマ・ケルシーは言う。「私が20年以上教えてきたフレデリック郡の学校に『人格形成』というプログラムがある。正直や親切などの美徳を全教師が全生徒に教えなくてはならないという。地元の代議士がこぞって後押ししている。言うまでもなく馬鹿げたことだ。教えなくても子供たちは自分の価値観を持っている！」

政治的に推進されている価値の教育というものは、実際には不可能だ。「子供たちに家庭の価値を教えなくてはならない」と政治家候補が声を上げようが関係ない。実際に子供たちは自分で価値観を形成しているし、その価値観はたいてい優れたものなのだ。彼らが学ぶ必要のあることは、**どうやって自分の真の価値を基礎として意思決定するか**である。

立候補者の宣言を少し変えて、「子供たちが自分の価値をもとに人生を構築することを教えなくてはならない」にしたらどうだろうか。遊説のセリフとしてはパンチに欠け、選挙には敗退するかもしれないが、少なくとも正直と言えるだろう。

高い志と深い価値があなたの真の欲望だ。自分の真の望みに合わない行動をとったら、自分を裏切っているように感じることだろう。

ダイナミック衝動のミディアムショットは、人生構築の際の最もパワフルな立脚点だ。ローマも、あなたのビジョンも1日にしてはならないが、ミディアムショットで本当の望みを見ることでいいスタートが切れる。

ロングショット——あやふやな望みや憧れ

カメラをロングショットまでひくと、フォーカスがぼんやりする。何を見ているのかわからなくなる。ダイナミック衝動が、あやふやな望みや憧れになってしまう。

いつかこれをやりたい、という人たちが大勢いる。いつかすごい小説を書きたい、いつかタヒチに行って絵を描きたい、そのうち数学の理解を根底から変えるソフトウェアを書きたい、いつの日か田舎に引っ越してシンプルな暮らしをしたい、などだ。

こういう人たちにとって、時間は非常に長い。あまりに長くて目標は遠い未来にしか存在しない。あまりに遠くて人生構築の役には立たない。望みや憧れは曖昧すぎて、いったい何が欲しいのか不明確だ。

こういう望みはリアルではあるが、フォーカスが足りない。このままでは遠すぎて目標たりえない。

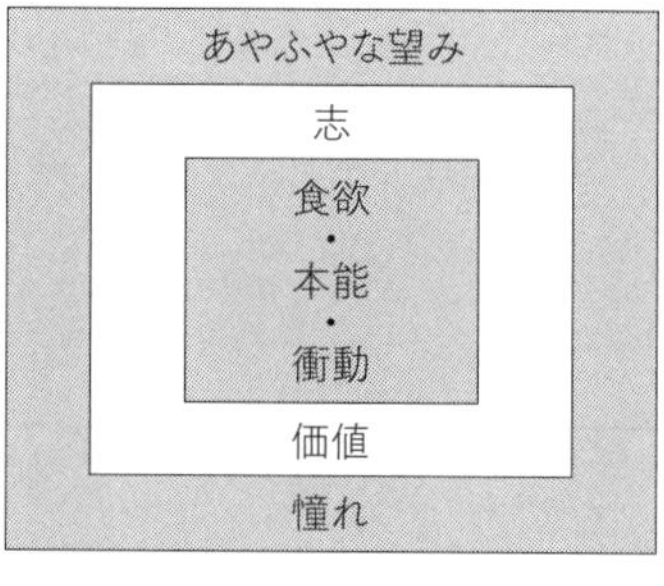

図1-3　ダイナミック衝動／ロングショット

フレームは選択できる

幸いなことに、フレームは選ぶことができる。あやふやな望みや憧れから志と価値に移行すれば、あっという間に創り出す対象が生まれる。

フレームを変えるにはコツがある。

- 時間軸を変えること。「いつの日か」というぼんやりした時間ではなく、数週間や数ヵ月で実現可能な目標を考える。
- そういう目標の創造を練習と捉えること。まずは手の届きそうな、わりと簡単な目標から始めて、ステップバイステップで自分の進歩を確かめる。
- 自分にとって最も重要な事柄を選ばないこと。あったらいいなと思うくらいの軽めの目標を選ぶ。練習中のときにプレッシャーはないほうがいい。

さて、創造の練習を始めるとき、何が欲しいか自分でわからないときはどうしたものだろうか。単純な話だ。**小さく考える**ことである。

誰でもちょっとしたことをいろいろと求めるものだ。友だちと夕食会、部屋の新たな内装、週末にテーマパークに行く、夏のあいだずっと新鮮なトマトがとれる家庭菜園、などなど。白馬の騎士症候群の人たちに助言しよう。なぜ自分の欲しているものを考えられないのかというと、見返りを求める思考に染まっているからだ。見返りとは関係なく、それそのものを楽しむことが大切なのだ。そのためには、たいそうな志ではなく、ささやかな目標から始めるほうがいい。

こんな話を聞いたことがあるだろうか。１９４０年代に田舎からニューヨークに出てきた男が、カーネギーホールを探して道を歩いていた。道がわからなくなって路上で知らない人に「カーネギーホールにはどうやって行ったらいいのでしょうか」と尋ねると、なんと尋ねた相手は名指揮者アルトゥーロ・トスカニーニだった。巨匠トスカニーニはこう答えた。「とにかく練習だ」

自分が何を求めているかを考える習慣がなかった人は、いきなりフルパフォーマンスをする前に練習から始めるのがいいのである。もちろん欲しいものはあるのだ。しかし欲しいものは世界を揺るがすような大事ではないことが多い。「欲しいもの」と聞かれると、何やら立派で壮大で重要で輝かしいものを考えなくてはならないと思い込んでいる人たちがいる。もしあなたがそうなら、そのイメージを払拭することだ。あなたの欲望の中にはそんなにご立派じゃないものだって含まれていていいのだから。

もし本当の望みなら、それ以上探す必要もない。本物の欲望はきちんとそこにあって、見逃しようもない。一方で、人生の大きな目的を探す旅に出てしまうと、それだけでニセモノの理想を追い求める領域に入ってしまう。これはひどい間違いだ。自分の志にはそれにふさわしい大きさや深さが必要だと思い込んでしまうからだ。本当の望みを見つける代わりに、こういうことを望むべきだという誤った観念に基づいたイメージに惑わされてしまうのだ。

もしあなたがこれに当てはまるなら、何年も何年もイライラしてがっかりして挫折する羽目になる。そうならない秘訣を教えよう。**あきらめるのだ。壮大な志を探しに出かけるのをやめ**

るのだ。もっと足元を見て、自分の本物の欲望を見据えるのだ。ライフワークや運命を探し求めるのをやめるのだ。人生に意味をもたらしてくれる何かを探すのをやめるのだ。

自分が実際に欲しいと思うことからスタートしたらいい。小さなことでいい。そういう練習を始めると、本当に望むことを実現する経験がどんなものかがわかるようになる。そういう小さな経験を積み重ねていくと、自分の本当の望みに対する本能的感覚が育っていく。

この本能的感覚で、人生におけるもっと長期的な目標について考える準備が整う。広い荒野を探索する前に、まずは**小さな練習を重ねる**ことだ。

そうすれば、これぞという志を見つければそれが何かをしてくれる、という幻想から覚める。本当に大切な目標を見つけ、その目標のために何かをしてやれるとわかるのだ。

欲しいものは欲しい。欲しいから欲しいのだ。愛しているのは愛しているからだ。あなたには、愛と欲望を中心に人生を組み立てる自由な選択があるのだ。

選択というのは、やってもいいし、やらなくてもいいという意味である。つまり、自分にとって大切な本当の望みを中心に人生を生きると決めたなら、それはあなたが選んだ道だ。決してあなたが選ばなければならない道ではない。その道を選んだら幸せや満足や成功が待っているという保証はない。ただただ自分にしっくりくる道を選んだという体験になるだけのことだ。

すべての命は生きていて、動いていて、時間の流れに沿って前進しようとしている。命がその存在を示して姿を現そうとする、深遠なる人生の力強さだ。この力強さが表現されたのが人間の欲望なのだ。創造的な煌めき、神聖なるギフトだ。魂とハートがいまこの瞬間を超えて、これまで想像もされなかった可能性が花開く宇宙へとビジョンを広げるのである。これが創造プロセスの魂と精神だ。それはあなたのものなのだ。誰もあなたに与えることができないし、誰もあなたから奪うことができない、しかし、どういうわけか、自分で自分から取り上げてしまっていることがあるものなのだ。

命の活力を人生に吹き込む

キャロル・キングの名曲『君の友だち』の中に一度聞いたら一生忘れられないフレーズがある。

They'll take your soul if you let them
But don't you let hem, no, no.
うかうかしてたら魂も奪われてしまう
ああ、でもそんなことさせないで

私たちの生活の中では、活力を奪われることがたくさんある。魂を奪われると感じることもある。「奪われないようにどこかに隠しておかなくては」と思うこともある。

その最たる理由は、非常に基本的なレベルで社会が適合を要求してくることだ。もちろん社会の中で生きていくために人に合わせたり、コミュニティのルールに従ったりすることを学ぶ必要がある。しかし、社会や他人に合わせるがために自分の真の精神を失ってはならない。怖れや独善によって目がくらんで最も大切な自分の精神を犠牲にすることがあってはならない。

あなたの真の精神は命をもって息づいており、表現されることを待っている。あなたのダイナミック衝動の潜在的部分であり、声を上げたがっている。

あなたの精神は自由で優しく正しく美しい。そして一抹の悪をも含んでいる。そう、天使と悪魔なのだ。天高く舞い上がることのできる偉大さと、王様は裸だ！　と声を上げる素直さの両方がある。いたずら心と親切、クールでホット、甘くて酸っぱい、雷光のように速く、禅の老師のように辛抱強く凡庸な弟子を悟りに導いてくれる。内なる知恵、内なる教師、導きの光、親友、真実の試金石、気高さ、盟友だ。ここで大事な問いは「あなたの人生に精神の居場所があるか」である。

もし精神の居場所がなかったら、少し自分自身ではない感じがしているだろう。本物ではない、少しさまよっている、外れている、しおれている感じだ。

精神が欠けていたらどうやってアートとして生きることができようか。それは味気ない料理のような、触れても感じられない、オチのないジョークのようなものだ。

ジョン・フランケンハイマーの映画『影なき狙撃者』の中で、愛想のない神経質な堅物の軍曹をローレンス・ハーヴェイが演じている。軍曹がフランク・シナトラ演じる主人公に自分の人生でただ一度だけ自分を好きになれたことを打ち明ける。これは映画史上最も感動的な場面のひとつだ。軍曹はずっと了見の狭い人生を生きてきたのに、あるとき恋をして、すっかり別人のように変わったのだ。彼の本当の精神はずっと表面下に隠れていて、恋をしたときにいきなり姿を現したのだ。このシーンのおかげで観客の私たちは軍曹に好意を持つようになる。このシーンの前までは、主人公にとって不可解な謎でしかなかったのに。

命の活力はわざわざ発掘するまでもない。ただ居場所を与えてやればいい。そうすれば精神は息づき、生き生きと育ち、あなたのベストを引き出してくれる。

アートの世界では、クリエイターが自分の精神を作品にこめる。精神があればあるほどクリエイターの表現を感じることができる。映画監督フランク・キャプラは、あるとき自分が映画で表現できる最高の内容を扱う力があると思ったという。ところがそれを表現し始めると作品を台無しにしてしまうのではないかと心配になった。そのときキャプラは作品・監督ともにアカデミー賞を受賞したばかりで、映画監督として最高の仕事をオファーされており、自分のキャリアの頂点にいた。それなのにキャプラは自分自身の精神を表現するには何かが足りないと疑っていた。マックス・ウィンスローとの会話でこう語っている。

聞いてもらえるか、陳腐と思われるかなんて気にしちゃいない。ただ映画監督っていうのは何億もの観客に2時間も暗がりの中で語りかけるパワーを持っている。しかし俺はなんて言ったらいいのかわからない。俺は娯楽を放り出して退屈なメッセージを送ろうっていうのか。2時間も暗がりの中で何を説教しようっていうのか。神、国家、兄弟愛、母性愛？　そんな決まり文句は聞き飽きてるだろ。

これに対してウィンスローは答える。

おやまあ、少しは成長してるね。でもまだまだ先が長い。そういう決まり文句について名作が山ほど書かれてる。強欲、野心、強情、偽善。誰が書くかによるんだ。シェイクスピア、トルストイ、旧約聖書。お前さんの中で農夫の魂が生まれてきたがってるのに怖くて産めずにいるって言ったのをおぼえてるかい。俺は農夫じゃないから、お前さんの中でどんな産みの痛みがあるのか知ったこっちゃない。しかし産んじまうことさ。説教なんかじゃなく、娯楽として産み出すのさ。

そこからキャプラは監督する映画作品のすべてでその精神を表現するようになった。キャプラのどの作品でも、主人公がどん底に落ち、死の峡谷を歩き、次のチャンスを得て深い精神に目覚める。その精神のおかげで作品のクライマックスで立ち直ることができるのだ。

キャプラの作品に陳腐なことはひとつもない。私たちの精神を甦らせることに陳腐なものなどないからだ。現代の最先端の監督たちが自分たちのキャプラ映画を撮りたいと言っているくらいだ。彼らもまたあの絶妙な瞬間に達したいのである。アートの力で、私たちの精神を甦らせる、あの絶妙な瞬間に。

精神は活動し始める

命の活力を吹き込んで人生の一部にするにはどうしたらいいのだろうか。

1　思い出すこと

それは、これまでの重要な時期にいつもそこにあったはずだ。子供の頃のクリスマスの朝にあったかもしれない。魔法のように考え、奇跡を感じていたかもしれない。何だかはっきりとはわからないまま、精神を感じていたのだ。

誕生日に、それが自分にとって特別な日だと知っていたかもしれない。自分が生まれたことが特別だってことだ。そして精神とともに精いっぱいお祝いをしたのだ。

それとも恋をしたときだろうか。または日の出を初めて拝んだときだろうか。初めてチョコチップクッキーを食べたときだろうか。甘いファーストキスのときだろうか。それとも、はっきり思い出せないが、しっかりと体験した良い夢から目覚めたときのことだろうか。

そんなことは未熟で子供じみた体験だという人が多い。大人になり、歳を重ね、しらけて冷めて洗練されてシニカルになる。うかうかしていたら魂も奪われてしまう。でもそんなことはさせないでほしい。

身体の薄皮一枚下には精神が息づいている。それは本能的にわかる。精神があるとわかっただけでわくわくする。精神は常に若々しく、永遠に賢明で成熟している。それはいつまでも本当のあなたなのだ。

2　人生に迎え入れる

精神を迎え入れるためには、迎え入れたいと決めることだ。精神に声を与えるのだ。重要な会議の最中に、その現実状況の向こう側に自分の命の活力があることを見てとるのだ。何かをまとめようとしているとき、真剣に決意して見てとるのだ。目の前の理不尽な状況を超えて、それがどんなコズミックジョークでも、自分の奥深くに独自の虹を生み出す黄金の壺があることに気づくのだ。それがたっぷりあることに気づき、隠れているときも手を伸ばして手にとることができると知ることだ。

3　自分自身をしっかりと見つめる

あなた自身の精神のパワフルな源泉がある。源泉となる深みを探索し、発掘するのだ。詳しくは次の章で紹介しよう。

4　オープンになって、人生で精神が表現されるままにする

自分自身の精神にオープンになり、人生に取り込むことを選ぶと、精神は自ら表現し始める。ことさら管理する必要もない。ただ居場所を与えるだけでいい。そうすれば精神は勝手に活動し始めるだろう。うっかりすると誰かに魂を奪われてしまうから、どうかそんなことはさせないでほしい。

第4章 深く内面を見る

私たちのテレビ番組『クリエイティング』に出演するゲストの多くは、自分たちの創造プロセスに勢いを与える特別な何かに出会うのだと言う。うわべ以上の、何か異次元のものがあって、それを探求していくと、創造的に彼らのアートを変えていき、アーティスト自身を変えていき、彼らの理解を変えていき、意味や洞察や気づきを生み出すのだと言うのである。

あなたが人生をアートとして創り出すと、アーティストである自分自身の内面を見ることになり、それによって大きく自分が変わることがある。しかし、このステップを探求していくときには非常に用心しなくてはならない。というのは、内面を見ていくと心理的・哲学的・霊的な落とし穴があって、本当にそこにあるものを見る力の妨げになるからなのだ。

これは人間共通の欠陥と言っていい。言葉にならない体験をして、その体験を言葉にしてしまう。その言葉では体験にふさわしい表現にならないのに、一度言葉にしてしまうと、もともとの体験そのものよりも表現された言葉のほうを探求してしまう。

私たちが自分の内面を探求するとき、決して自分の使った言葉によって体験を限定してはならない。ましてや他人の使った言葉によって自分の探求を歪めてはならない。他人の言葉を決して自分の目標にしてはならない。体験は言語化されることによって哲学や世界観のように硬直化し、理想の化石になりかねない。もともとは本物の探求だったのに、自分の考えを正当化する材料探しになってしまう。自分の仮説を肯定する体験だけを探していくのは、もはや真の探求とは言えないだろう。

そこで、私は読者のあなたが本当の探求をするために方向を示すだけにしたい。他の人が過去に何を発見したかではなく、あなた自身がいま何を知っているかでもなく、純粋に探求していくための方向である。

自分の内面を本当に見ていくためには、特別な見方を身につける必要がある。これは風変わりなアプローチだ。**何も取りに行かず、何も探さず、何も期待すらせずに見るという方法である。**

悟りを得たい、内なる平穏を得たい、至福を得たい、などのように特定の美徳を求めて探しに行くと、本当にそこにあるものを見つけられなくなる。アジェンダを持つことによって探索が限定されてしまう。それはあらかじめ成功の物差しを決めてしまうからだ。ゾウを探しに行ったらネズミを見つけ損ねる。ネズミを探しに行ったら、目の前にいるゾウを見つけ損ねる。

アジェンダなしに始める

本物の探求のコツを伝授しよう。本物であるためには、アジェンダがあってはならない。「これを見つけたい」と思って内面を見つめた途端に探求は歪んだものになる。自分の思い込みを満足させるためのでっち上げでは探索が台無しだ。

世間では、たくさんの書籍や記事やワークショップ、教師や権威やグル、専門家や流行の神秘家やテレビタレントなどが、「自分の内面を見ればこれが見つかる」と教えてくれる。「他の人たちが見つけたのと同じものを自分も見つけなくてはならない」と思いやすい。たくさんの著者たちは善意にあふれているし、彼らの体験を疑うわけではないが、他者のアイデアをもとに自分の探求を始めてはいけない。だから私もここで自分自身の体験を披露しないようにする。あなたにも自分の内面を見つめてほしいが、私の見たものを参考にしてほしくはないからだ。

そこにあるから見るのであって、そこにあると思い込んでいるから見るのではない。霊的成長や心理的解消、神秘体験や才能開発や人生の究極の答え探しなどを一切しなかったら、きっと本物の未知の探求が可能になる。だから「これを見つけたい」というリストなしに見ることだ。

そういうリストに載った素晴らしい御利益がないのなら、なぜ探求するのかって？　いい質問だ。

その答えは、真実である。真実のための真実だ。この旅のことを**あてどのない現実の探求**と呼ぶことにしよう。

見ようとする本能

人生を深く見つめようとする本能が私たちの中にはある。山の向こうには何があるのか、海の底には何があるのか、宇宙には何があるのか、友人のバスルームには何があるのか、好奇心は次々と姿を変えてやってくる。そして最も本能的な好奇心が、自分自身の内面を知りたがる。

この本能を信念や思い込みで満たすことはできない。それどころか思い込みが強いと内面を見ることから遠ざかってしまう。「もう知っている」と思ったらそれ以上本当に見ることはなくなる。決定的な問いを立てることも、もっと深く分け入って探ることもなくなる。

信念や思い込みは、「まだ知らないことを知っている」と思わせる錯覚を与えるのだ。錯覚があまりにも強く、現実と矛盾しないように見えることがある。それほどリアルに思えたら、もう他の可能性を求めて問い続けたりすることも終わりになるだろう。

思い込みや信念を超える

創り出したい人生を創り出すには、思い込みや信念は関係ない。あなたが何を信じていようと、それは自分の内面を見ることには関係ないのだ。

あなたが無神論者であろうと、神を信じていようと、どちらともわからない立場であろうと、関係ない。神秘主義者でも唯物論者でも関係ない。死後の世界を信じていても信じていなくても関係ない。人生に目的があると思っていてもいなくても関係ない。人類は霊的進歩の一途をたどっていると思っていても、永遠の輪廻から抜けられないと思っていても、関係ない。宗教、科学、その両方を信奉していてもしていなくても関係ない。運命を信じていても、すべてはランダムなカオスだと思っていても関係ない。内面を深く見るために必要な信念など何ひとつない。

信念や思い込みが行動を決定するという説もある。だが実際には、人間の行動は信念などよりもっと重要な要素で駆動されている。詳しく見てみよう。

禁欲を信じる人たちの多くは、実際には禁欲していない。民主主義を信じる人たちの多くは投票に行かない。強い信念を持ちつつまったく反対の行動をとることは珍しくない。信念と行動は必ずしも一致していないのだ。

信念をめぐって闘争する人たちは確かにいる。歴史上、最も悲惨な戦争は宗教戦争だ。しかも同じ宗教の違う宗派の対立が多い。

哲学、美学、人間学、科学研究の有効性や破壊性をめぐって争う人も絶えない。争おうと思えばいくらでも争えるほど、私たちには互いに矛盾し合う信念がある。私たちが自分の内面を深く見ようとすれば、信念などよりもずっと実質的なものを見つけることになるのだ。

「これを見つけよう」という概念なしに探求するからには、まず自分の思い込みや信念を棚上げしなくてはならない。これは信念を捨て去れということではない。ただ棚上げして使わずにおくのだ。探求の扉を開くときに入り口に預けておくのだ。探求が終わって部屋を出るときに、まだ古い信念を持って帰りたかったらそうしてもいい。

探そうとしないこと

探求が本物であるためには、探そうとしてはいけない。

- 人生の問題への解答を探さないこと。（ただし、探求の結果として問題のいくつかは解消に向かう、または大した問題ではなくなることも多いが）
- 人生の目的を探さないこと。（ただし、内面の探求によって目的の感覚は見つかるかもしれないが）
- 救済を求めないこと。（ただし、救済されることもあるが）

答えを探してはいけない。ただただひたすらそこにあるものを見るのだ。

もっと深く見ること

どうやって深く見たらいいのだろうか。

瞑想、内省、熟考、自問自答、観察、真実に心を開く、もっと深く、もっと高く……。オープンになるということはゴールに向かっていくことではなく、ただ探求の領域を開くということだ。

そして一度見たら終わりではなく、何度でも見ることだ。一生を通じて、たびたび見るのだ。知っているつもりのこと、すでに結論を出したこと、自分でたどり着いたアイデア、こうだと決めつけていること、自分の体験の意味など、すべてを考え直すのだ。大昔からある問い「人生の意味は何か」いや、「そもそも人生に意味はあるのか」も考え直そう。

こうして見ることは自分ひとりの作業だ。

仲間と一緒にいることで素晴らしい体験ができることはある。集合瞑想や宗教儀式などから霊的体験をすることもある。ゴスペルやロックのコンサートで同じ精神を感じることもある。一緒に映画を見たり舞台を見たりして感動を共有することもある。集団での経験によって魂に響く深い体験をすることがある。そういう体験は非常に貴重だ。しかし、ここで自分自身の内側を見ると言っているのはまったく別の次元の話なのだ。自分ひとりでの体験は集合体験の代わりにならないし、集合体験が単独体験の代わりにもならない。

　自分の内面を見ていくと起こることのひとつは「これ」としか言いようのない何かの存在に触れることだ。神聖な視点、世俗的視点、形而上学的視点のどれから捉えても構わないが、どうしても言葉にしたら失われる「これ」である。

　このエネルギー、この精神、この存在は、求めて手に入るのではなく、来るのを許して訪れるものだ。

　ここで皮肉なのは、その体験にオープンでいることが必要な一方で、その体験が起こらないことにもオープンでなければならないということだ。

　あてどのない現実の探求にはゴールがない。ただそこにあるものを見るという以外の目的がない。アジェンダなしにただ見ることができれば、私たちはただただひたすら観察することになる。そしてひたむきな観察だけが能動と受動の絶妙な融合を生み出す。観察は受け身ではない。しかし、そこにあるものを見ようとする態度は受動的だ。受動的な行為がそこに真空を生み出す。そのからっぽの空間を、観察が埋めるのだ。

　もしその空間を私たちが自分の観念で埋めようとしたら、見ることができなくなる。スクリーンに自分の思い込みや信念を投影することになり、もはや真の観察は不可能になる。自分自身の投影した観念以外の何物をも見ることができなくなってしまう。

一方、もし空間を埋めずに、ただ見れば、そこに存在する「それ」とともにいることができる。見て、感じて、認めて、悟って、体験して、知覚することができる。そうやってオープンでいると、何かを見つけることもある。すると自分自身が満たされる。「浴びる」と言う人もいれば「選ばれた」と言う人もいる。何も言わない人もいる。何か言えば体験そのものとは違うものになってしまうからだ。

これはもちろんいい体験だが、体験することを目標にしないことだ。その体験のために工夫したり、罠を仕掛けたり、美化したり、祝杯をあげたりしてはいけない。

そうやって体験に形を与えたくなるのが人の性質だが、それによって体験から何かを奪ってしまうのだ。

答えを求めずに、ただ見るということによって、ただそこにあるものを見る助けになる。しかし、それによって神を見出す人もいれば、何も見出さない人もいるし、内なる力と意志を見出す人もいれば、深遠な実存的問いを見出す人もいる。

次々と新たな問いを見出す人もいれば、問いが終わるという人もいる。

何を見出してもいい。生命の源泉とでも呼ぶべきものに触れているのである。それが何なのかをはっきりと言うことは難しい。しかし、アートに携わる人ならたいてい自分の探求の源泉を体験している。言葉で定義したくなるが、いまここで話しているのは説明も描写も超える体験なのだ。

多くの場合、それは神と出会う体験になる。しかし、そうではない体験になることも多いと理解することが大切だ。誰の体験が正しいと決める必要はない。それぞれの体験が真実だからだ。誰かが神と出会ったからといって、神と出会わなかった人の体験が否定されることにはならない。

神と出会うことは、見ることの目的ではない。しかし、神と出会うというアジェンダなしに見て、それで神と出会ったとしたら、それは神に見出されたと言っていいのではないだろうか。

もし何もないということを見出したとしたら、それは自分の生命の源泉が自分自身であって、自家発電できるということではないだろうか。何もないということが創造プロセスの助けになるし、神と出会ったということも助けになる。思い出してほしい。どんな文化にもアートがあって、どんな信念体系を持っていてもアートを創り出せるということを。アートの創造は哲学的に中立だ。自動車の運転、スキー、野球、食事をするのと同じだ。何を信じていようと信じていまいと、関係なく創り出すことができる。

しかし、もし探求の結果、あなたが神、キリスト、ブッダ、アラー、白い光、純愛、純粋エネルギー、普遍的な心などを見つけたとしたら、それは真にあなたのものだ。他人が言ったことを鵜呑みにしたのではなく、説得されたのでもない。**自分自身の発見であり、それを真の土台にして生きることができる。生き生きと生き続けることの個人的な拠り所にしていいのだ。**

深く見ることによって人生は変わる。もっとリアルに、もっと活力あるものに変わる。それが目的ではない。だが、新しい次元に触れ、もっと豊かな次元が増えることになる。

それはエネルギーの源泉であり、パワーの源泉だ。それが何であれ、でっち上げることはできない。ただオープンにしていて、呼び出すことのできるものだ。「呼び出す」は少し能動的すぎる言葉かもしれない。受け取ることのできるものだ。

こういうイメージはどうだろうか。あなたの中に何かがある。深く見ていくと、見つかることがある。見つけようとするのではなく、何であれそこにあるものを観察することによって見つかる。ただひたすらそこにあるものを見ていって、本当にそこに何かがあれば、それは姿を見せるのである。

第5章 現実のフレーム

ずいぶん前のことだが、テレビ番組『60ミニッツ』で、ある精神科医の1週間を特集しているのを観たことがあった。喪失から回復できない患者一人ひとりを診ていくのである。テーマは、現実だ。

精神科医が女性の患者を診る。彼女は15歳の娘を何年も前に亡くし、いろいろなセラピーなどを受けたが、苦悩が消えることはなかった。番組は精神科医がこの気の毒な母親を診る場面を映していく。

ある場面では、医師が患者と向き合って座っている。亡くなった娘の遺品を前にして、医師は遺品を手に取り、母親にそれが何だか教えてほしいと言う。そうするたびに母親の目が涙でいっぱいになる。医師が娘の写真を見せ、「この顔を見て」と言うと、母親はもう声を上げて泣いている。「きれいな顔だ」と医師が言うと、母親はもっと泣き、「きれいな顔ね」とうなずく。そこで医師が「そしてあなたが会うことはもうない」と言う。

そして番組の後半では、医師と患者が田舎道を一緒に歩いている。医師は歩きながら、娘が何年も前に溺死したことを母親に説明している。受け入れがたい現実を、医師は手を替え品を替え、母親に伝えていく。ときには厳しく、ときには優しく。何度も何度も医師は真実を伝えていく。

１週間の最後に劇的なことが起こる。母親が現実を理解し始めるのだ。途方もなく痛ましい現実を、ただ認めるだけでなく、しっかりと受け入れ始めたのだ。過去は変えられない。娘が生きていた過去にしがみついても、娘は戻らないのだ。

真実はあなたを自由にする

いまの現実に生きることができないと、過去に囚われることになる。現実を拒絶することによってそうなっていることが多い。嫌な現実を拒絶するのだ。嫌な現実を無視することで克服しようとする。時が経つにつれ、「こんなはずじゃない」と言い張れば言い張るほど現実との隔たりが大きくなっていく。現実を否定し続けている限り、私たちは自分の人生を創り出すことができなくなっていく。

この番組で、精神科医は患者が再び現実に通じることを助けていた。たったの１週間で、患者を苦しめていた出来事を振り返っていたのだ。本当の意味でこの患者は生まれ変わることができた。娘の死という現実を拒絶することで、母親は自分自身の人生を拒絶していたのだ。苛酷な現実と向き合わない限り、人生を生きていくことができない。いったん向き合ったら、本当の意味で癒されたのだ。

番組はその1年後にどうなったかを追跡している。母親は、娘をいつも思っているが、精神科医との1週間のあとは、自分の人生を再び生き始めることができたと語っている。

真実には人を自由にするパワーがある。自由というのは、必ずしも痛みや苦しみ、悲しみや苦悩から解放されることを意味しない。過去の喪失の傷を負いながら、なおも自分の人生を生き、創り出すことができる自由である。

創造プロセスに携わるとき、まったくの白い紙からスタートできる。真っ白いキャンバス、何もないステージ、真新しいフィルムからスタートできる。そして「テイク2！」とレコードプロデューサーが言うように、別バージョンの曲を録り直すこともできる。過去がどうだったとしても、自分がどんなに不甲斐なかったとしても、人生はいつだって2度目のチャンスをくれる。毎回同じチャンスとは限らない。たいていは新しいチャンスだ。現実を見つめ直し、新たなことをつくり直せるチャンスなのだ。

現実を生きる力こそ決定的に重要だ。この力を得るにはトレーニングを要する。真実のために体を張ることを意味することだってあるのだ。

気づきのレベルを上げていく

真実とは何のことを言っているのだろうか。単に現実を客観的に認識することなのだろうか。

現実を客観視する力は育まなくてはならない。アートの長い伝統において、生徒は気づきのレベルを上げていく訓練を受ける。「気づきのレベルを上げていく」というのは、私の通ったボストン音楽院で私たち学生がくり返し聴いたフレーズだ。音楽院ではレコードを使って徹底した耳の訓練が行われる。オーケストレーション、ハーモニー、リズム、カウンターポイント（対位法）、内声などをどうやって聴くかを教えられる。どれだけ聴き取れたかをテストするために、聴いた音楽を書き出していく。これは「レコードコピー」と呼ぶもので、オーケストラやビッグバンドを聴いて先生がすぐさま黒板に楽譜を書き出して手本を見せてくれる。教師たちは厳しい指導に誇りを持っている。音符ひとつ間違えたら成績はAからBに下がる。音符ふたつ間違えたらCに下がる。3つ以上間違えたら不合格だ。教師たちは次のように説明している。レコーディングスタジオで仕事をしていて、音符をひとつでも間違えたら、それを直すために時間を奪われる。そういう職業状況では、時は金なりどころか、膨大な金の損失になる。

間違いひとつで製作費が上がってしまうのだ。音楽院で教えられていたのは、私たちの行動には結果が伴うこと、そして気づきのレベルを上げていくことを学ぶ必要があるということだ。

それから何年もあとのこと、私はバークリー音楽大学で教えていた。その昔、クインシー・ジョーンズが生徒だった学校だ。クインシーのスコアがどれほどパーフェクトだったかは語り草になっていた。クインシーは若い頃から気づきのレベルを上げていて、これ以上ないほどパーフェクトだったのだ。音楽界の生きた伝説になる以前からクインシーはボストンで伝説になっていた。

美術の学生たちは、厳しい基礎訓練を経て現実を見る力を養っていく。最初はうまく見ることができない。だからうまく描くことができない。どんなに才能のある美術の学生でも対象をあるがままに観察することを学ぶ必要があるのだ。

古典的名著『デッサンの道しるべ』（エルテ出版）の著者K・ニコライデスは、「絵を描く方法はひとつしかなく、それは完璧に自然な方法だ。技巧や技術とは関係ない。美学や概念とも関係ない。正確な観察ということだけだ。どういうことかというと、あらゆる場面のあらゆる対象と物理的にコンタクトすることだ。学生がこれをわからずに最初の5年を観察の練習なしに過ごしてしまうと、ほとんどのトレーニングは無駄になり、最初からやり直す羽目になる」と言っている。

画家で教師のアーサー・スターンは、「心が目の邪魔をする。学生たちは、見たものではなく、見えると思ったものを描いてしまう」と言う。

美術の学生が、見ることを学ぶ必要があるのは、訓練を積む前は「これが現実だ」と思い込んでいるものを描いてしまうからである。

私たちは「世界はこういうものだ」という多くの概念、観念、理想を抱いている。そして現実そのものを丁寧に見る代わりに、そういう観念を観察に押しつけている。シャーロック・ホームズが気の毒なワトソンに言うように、「君は見ているが、観察していない」ということになる。私たちは皆ワトソンと同じだ。訓練を経てホームズになる必要がある。見て、観察するのだ。

人生をアートとして創り出すためには、目を鍛える必要がある。言い換えると、現実に何が起こっているのかを本当に観察して、理解することだ。心が目の邪魔をしないように、観念や信念、理想や過去の経験から離れ、意識的な観察をするのである。それによって初めて客観的な理解に近づくことができる。

現実と緊張構造

現実をしっかりとつかまない限り、緊張構造を確立できず、目標を達成するためのダイナミックな力を生むことができない。

現実をしっかりフレーミングできれば、弓に十分な張力を得て矢で的《まと》を狙うことができる。フレーミングがしっかりできていないと、弓がだらんと緩み、的に届くための張力が十分に得られない。

手順のレベルにおいて、現実のフレーミングは決定的に重要だ。正しいフレーミングができれば、どうやって行動をオーガナイズして調整したらいいかがわかる。

バイオリン奏者は演奏しながら耳で音を聴いている。それによって正しい音程を維持できる。自分の音とオーケストラの音を耳にしながら、常に必要な調整を行っているのだ。特定の音を狙って出し、出た音を耳で聴いて、ピッチを調整する。フィードバックシステムが働いている。

もしバイオリン奏者の耳が訓練されていなかったら、正しい音程で弾くのは難しくなる。自分の音とオーケストラ全体の音との関係を聴き分けられないからだ。ピッチを聴き分けられないと、自分のピッチを調整できなくなる。同じように、現実をきちんと聴き分けられないと、必要な調整をして目標に向かうことが難しくなる。

創造プロセスの姿勢の観点から言うと、現実とどう向き合うかは、私たちの価値観や課題を反映している。たいていの人にとって、現実は、嗜好品（acquired taste）のようにその味わいを学ぶ必要があるものだ。ありのままの現実は心地よいとは限らず、不便で不快なことも多い。

自分がこうであってほしいと望むのとは異なる現実に向き合ったとき、どれだけ本当のことを知りたいと思うだろうか。現実を知りたいという欲求と、軋轢や摩擦を避けたいという欲求が衝突する人は少なくない。

生きていく中では、「真実の瞬間」と呼ぶべき正念場が存在する。真実が私たちを見つめているのだ。そういう瞬間が私たちの価値を定義する。正念場において、厳しく不都合な真実を大切にするなら、私たちは摩擦の回避よりも、真実が大切だという価値を体現することになる。たとえば、愛する人に対して悪いことをしたと悟ったときにどうするだろうか。自分の非を認めて詫びるという選択もあれば、真実を無視して自分の中の葛藤を回避する選択もある。あるいは、10代の息子が深夜外出していて、帰宅したら親子の対決が始まるという場面だ。不愉快を承知で座って話し合う選択もあれば、醜い対立を避けて帰宅時間の遅いことに気づかなかったふりをする選択もある。

正念場で真実を避ければどうなるだろうか。自分の都合に合わせて現実を歪めてもいいという価値観を表明することになる。厳しい真実に直面するなんて意志の弱い自分には無理だと洗脳されている人が多い。しかし、実のところ、私たちは真実と向き合うことができる。私たちには真実をそのまま受け取るだけの力、スタミナ、内的強さが備わっている。自分で選びさえすれば、人生に新たな可能性が生まれるのだ。真実によって、しばしば超越体験が生まれ、人生を新たにやり直すチャンスが与えられるのである。

現実をありのままに見るという規律

かゆいから掻く。これは自然なことだ。かゆいのに掻かない。これが規律だ。

苦痛や軋轢を避けようとするのは自然なことだ。したがって、真実を求めることは私たちにとって必ずしも自然なことではない。それが規律である。どんな規律も不自然なのだ。人生をアートとして構築するのに必要な規律のひとつが、現実と仲良くなることだ。現実をありのままに見る必要がある。自分の客観性、識別力、気づきのレベルを上げる必要がある。

精神の次元で言うなら、現実とはいまこの瞬間にあるものすべてであり、現実とどう向き合うか次第で人生の生き方の幅が決定される。ヨガや禅などの東洋の規律の多くでは、学ぶ者をいまこの瞬間に集中させ、深い理解と認識をもたらそうとする。西洋社会ではアートの規律が同じようなフォーカスをもたらす。

演劇技術の発展のひとつに、役者をいまの現実に完全にいられるようにするという技術がある。映画『ジャイアンツ』で俳優のデニス・ホッパーとジェームズ・ディーンが共演したとき、ホッパーがディーンに「自分の芝居を見て気づいたことを教えてほしい」と頼んだ。演技が終わったあと、ディーンがホッパーに「何をしていたんだ？」と尋ねると、ホッパーは「自分の芝居に集中していた」と答え、ディーンが「じゃあ撮影クルー（カメラマン、照明、音響、などは？」と聞くと、ホッパーが「気にしてなかった」と答える。そこでディーンが言う。「それがいけないんだ。クルーに注意を向けるんだ。その場にあるすべてのことに注意を向けるんだ。そしてそれを演技に使うんだよ」

私たちは、注意をフォーカスする能力を磨き上げ、拡大し、研ぎ澄ますことができる。そのためのテクニックには素晴らしいものがたくさんある。単純なヨガの技法で、静かに座って瞑想し、目を閉じて呼吸に意識を向けるものがある。自然な動作のひとつに意識を集めるのだ。何分か続けられれば、心が鋭く、穏やかになる。この技法は、いまこの瞬間への気づきのレベルを上げる助けになる。

もうひとつ、私が気に入っているのは、単純なフォーカシングの技法だ。背筋を伸ばして椅子に腰掛け、目を閉じて何度か深呼吸し、リラックスする。次に片方の手に意識をフォーカスする。ただ片手に意識を集めるだけだ。もし雑念が頭をよぎったら、再びゆっくりと手に意識を移す。何分か続けていると、手にエネルギーを感じ始める。そして何分かしたら、フォーカスを移動し始める。頭のてっぺんにフォーカスを移す。しばらくそこに置いておく。そして身体のあちこちにフォーカスを移す。額、喉、胸、腹、両脚、両腕、など。フォーカスを移したあと、再び最初の手に集中し、1、2分のあいだフォーカスを維持する。最後に深呼吸して、リラックスし、ゆっくり目を開く。

こういう技法はいろいろと役に立つ。心を落ち着かせることになる。フォーカスを鋭くできる。いまこの瞬間の現実にい続ける助けになる。そして気づきのレベルを上げることになる。

現実をフレーミングする

緊張構造を使い始めて直面するかもしれない最初のチャレンジのひとつは、いままでとは違う考え方をすることだ。もしあなたが小さな単位で線的《リニア》に考えていたなら、今度は大きな単位で空間的に考える必要がある。

どうやって移行することができるのだろうか。

またビデオカメラの例で説明しよう。カメラは、クローズアップ、ミディアムショット、ロングショットを選択して撮影することができる。

私たちは誰でも世界を見るときの癖がある。ダイナミック衝動を見たときと同じように、現実を見るときにも習慣を変えることが可能だ。衝動のときには、食欲・本能・あやふやな望みや憧れから、志と価値に移行することができた。同じように、現実を見るレンズも調整してみよう。

クローズアップ――目の前の出来事と過剰な詳細

自分の目の前の出来事に集中する、クローズアップを標準的に使っている人たちが多い。そういう人は、あまりにも細かいことに囚われすぎて全体像を見失いがちになる。

世界には細かいことを気にしすぎる人たちがあふれている。彼らの時間感覚でそれがわかる。クローズアップで見る人たちにとって時間は断続的に過ぎ去っていく。彼らのフォーカスは事細かな詳細の情報だ。そして彼らは詳細に圧倒されてしまう。世の中には常にこれでもかというほどたくさんの情報があるからだ。

クローズアップで見る人たちは、世界は複雑で対処しがたいものだと思っている。彼らの多くは高い志や大切な価値を抱いているものの、現実との関わり方のせいであまり成果を上げられない。志が高いのに、つい目の前の出来事に自動反応したり状況対応したりしてしまう。だから彼らは「なかなか前に進まない」と、もどかしい思いを抱えることが多い。

安心してほしい。あなたがこれまでずっとクローズアップの世界で生きてきたとしても、レ

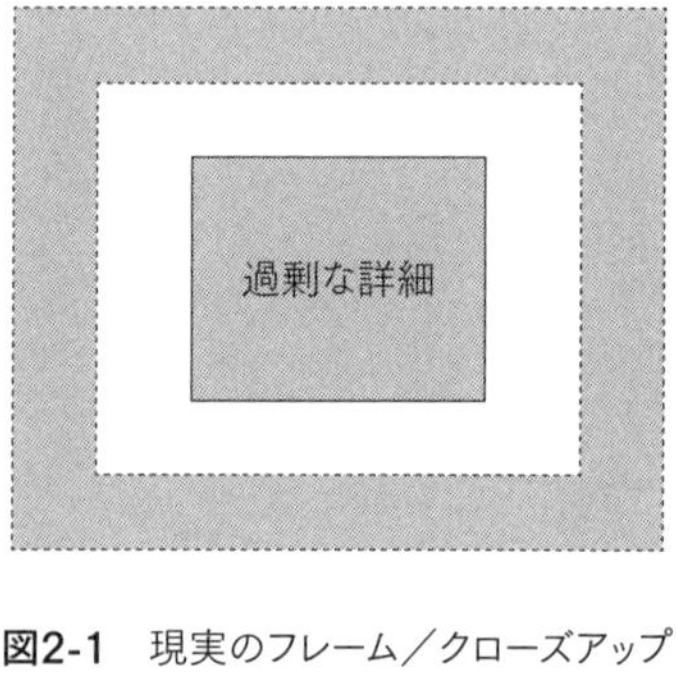

図2-1　現実のフレーム／クローズアップ

ンズの使い方を変えることができる。一歩ひいて、フレームを変えて、もっと効果的な現実の見方にするのだ。

ミディアムショット――客観的な形、傾向、パターン

ミディアムショットによって私たちは木を見て森も見ることができる。詳細も見てとれるし、詳細どうしの関係も見てとれる。クローズアップからカメラをひいて、あるいはロングショットからカメラを近づけて、全体の形とパターンが見えるちょうどいい位置につくことができる。

ミディアムショットでは、時間の感覚も他のフレームとは異なる。現在を観察しながら、それが過去とどうつながっているかを見ることができる。そして現在がどう未来につながっていくかも見えてくる。

野球のバッターがセンター方面にボールを打って高く上がったら、そのボールがどこまで届くのかを見ることができるだろう。実況のアナウンサーなら「高く上がった、上がった、入った」と

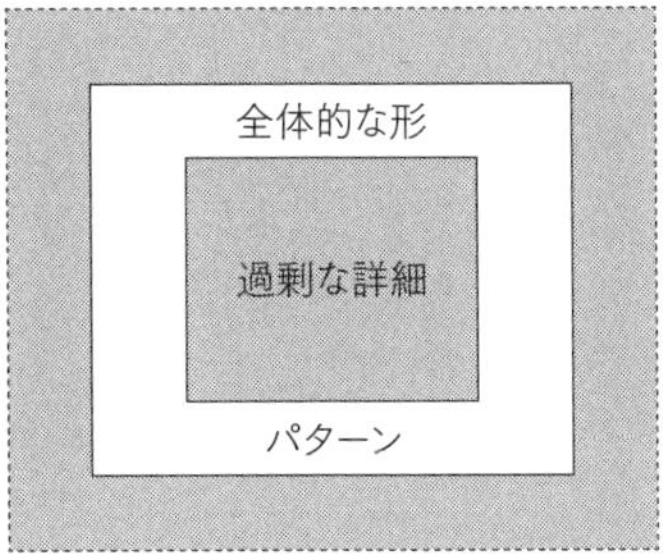

図2-2　現実のフレーム／ミディアムショット

中継することになる。もしまったく予測がつかなかったら、アナウンサーは「わからない、わからない、わからない、あ、壁を超えました」と言う羽目になる。

クローズアップでもロングショットでも情報は得られるが、情報間の関連が見えない。非リレーショナルデータベースのようなものだ。

ミディアムショットはリレーショナルデータベースのようなものだ。実際につながっている情報どうしがつながって見えるのである。

ロングショット――いつもぼんやり

あまりにもカメラを引きすぎると、もはや何を見ているのかわからなくなる。あまりにも広角のレンズで見ているために、世界が靄《もや》のかかったごちゃごちゃのかたまりに見えている人たちがいる。何かがそこにあることは見えている。でもそれが何だかわからない。ロングショットで見る人たちの時間は途方もなく長い。彼らはいまの現実を見るよりも、遠い将来に思いをめぐらせていることが多い。

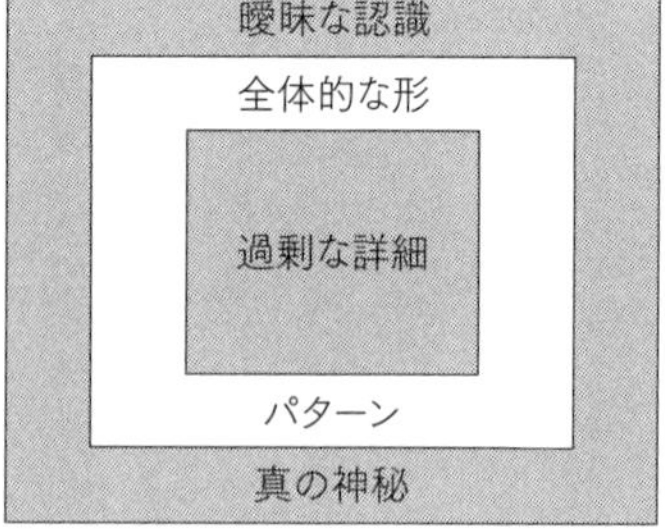

図2-3　現実のフレーム／ロングショット

ロングショットで見る人たちは、世界がどうなっているかについてあれこれ憶測している。彼らは世界について多くの理論を持っている。いまの現実そのものが見えていないので、理論や憶測によって現実を捉えようとしているのだ。

あまりにもロングショットで見ているときは、カメラを近づけていってミディアムショットに変えることができる。そうすれば、ぼんやりしたごちゃごちゃのかたまりから、全体の形とパターンが見える位置に移ることができる。

緊張構造に絶好のフレーミング

緊張構造を成立させるためには、ふたつのミディアムショットが必要だ。ダイナミック衝動のミディアムショット、そして現実のミディアムショットである。

このふたつによって、弓に矢をつがえたときに最高の張力が得られることになる。

私たちの仕事は、まずどうやって自分の欲

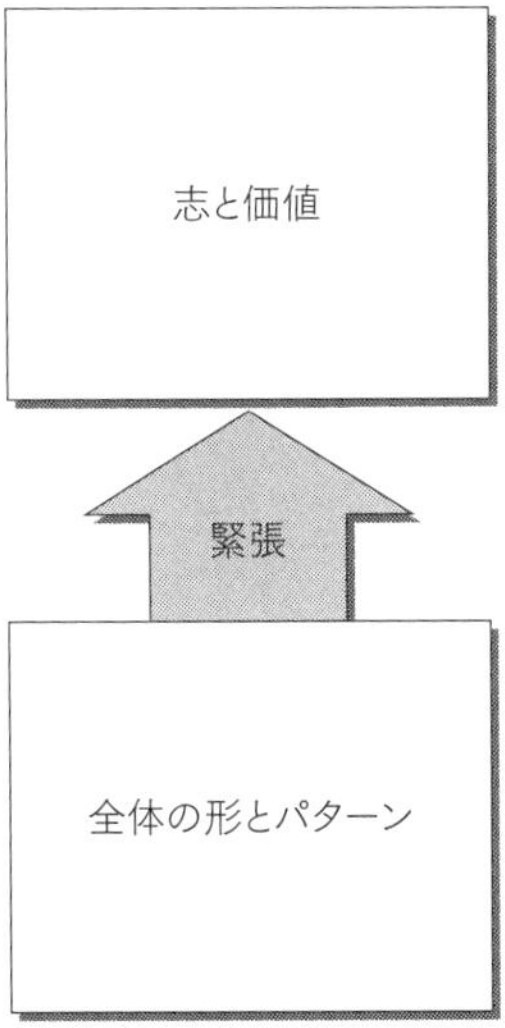

図3
緊張構造が成立するフレームの組み合わせ

望をフレーミングするかだ。そしてどうやって欲望に対応した現実をフレーミングするかだ。このレベルで緊張構造を築くと、最高の構造的パワーが得られる。つまり創造にとって有利なカードを手にしたも同然で、創り出したい成果を創り出すチャンスが高まる。自分が創り出したい人生へのレールを敷いているのである。

緊張構造は行動を生み出す。そして行動を戦略的にまとめ上げ、効果的な行動を促す。緊張構造がなかったら、行動は無理強いされたものになる。障害を克服しようとして行動するかのようになる。自分をだまして行動しようとする。それでは長く続かない。緊張構造なしの行動計画はせいぜい一時的にしか機能しないのである。

第6章

行動――目標への道

スポーツ医学でくり返し語られているのは、歩くのがいい運動になるということだ。規則的なウォーキングによって健康は著しく改善される。だから毎年たくさんの人たちが新年の抱負にウォーキングを宣言する。

ところが忙しくなってしまい、この単純なことがどんどん難しくなっていく。ウォーキングができていないことを思うと後ろめたい気持ちになる。そしてやがて考えるのをやめる。また次の年が来るまで。(ウォーキングが当てはまらない人は、何でも当てはまる例で考えてみてほしい)

ウォーキングは健康増進の役に立つと思うが、ここでは特にそれを勧めているわけではない。ウォーキングの例を用いて、人生を創り出すのに役立つ、次のふたつのポイントについて考えてほしいのだ。

簡単だから難しい

歩くのは簡単だ。というのは、私たちの多くにとって、足を前に出して歩くウォーキングという動作を、日常生活のどこかに組み込むこと自体それほど難しいはずはない。

では、そんなに簡単なら、どうしてそんなに難しいのか。ここが最初のポイントだ。簡単だからこそ難しいのである。「わかってるよ」と思っただろうか？　ではもう1回言おう。

簡単だからこそ難しい！

簡単にできることには大した価値がない、と私たちは考えがちだ。これは馬鹿げた思い込みだ。なぜか簡単なことにはそれほど値打ちがないと学習してしまっているのだ。

もしあなたにそういう思い込みがあっても、どうしてそんなふうに思い込むようになったのかを知る必要はない。ただ現実を見て、それが正しくないことを見るだけでいい。

もう一度ウォーキングを例にとろう。

とてもいいことで、簡単にできて、時間もかからず、寿命を延ばしてくれることなら、どうしてもっとやらないのか。

では、よくあるパターンを説明しよう。自分に当てはまるかチェックしてみてほしい。ウォーキングを始める。初日はたくさん歩く。疲れてしまう。その経験のためにくり返したくなくなる。本来は簡単なことなのにわざわざ自分で難しくしてしまう。

ここで聞いてみよう。あなたには、人生の中で簡単なことを難しくしてしまう傾向があるだろうか。もしあるとしたら特別なことではない。そういうパターンは私たちの多くに当てはまる。「なんだ、皆そうなのか」と安心する前に、これは駄目なパターンだということをまず認めよう。あなたが望む傾向ではない。

このパターンはこんなふうに進む。

わざわざ難しくする
←
興味が失せる
←
こんなことはやらなくてもいいのだと自分に言い聞かせる

最後のステップはこんな感じだ。「きちんと決めてウォーキングしなくたっていいはずだ。

どうせ日中は歩いてるんだから。ふだん歩いてたってウォーキングと同じようなものさ」と。ところが、あいにく同じではない。どう違うかを知りたい人は医者に聞いてみるといい。

ここでもまたウォーキングそのものについて話しているのではない。悪いパターンのことを取り上げているのだ。自分のために簡単にできることがたくさんあるのにやらない。もしやったら改善が見られるのに、それでもやらない。それはなぜなのか。

この問いについて考えるとき、自分自身を激励したり、罪悪感で行動を改善しようとしたりするのはやめることだ。そんなことをしてもうまくいかないことは過去3000回の経験で知っているはずだ。効果は続かず、せいぜい一時的でしかない。しかし、駄目なパターンを変えられないわけじゃない。うまくいくやり方について、ちょっとした知識と経験があればいい。そしてうまくいかせるのだ。

新しいもっといいパターンを生むために最初に気づいておきたいことは、「簡単でも悪くはない」ということだ。やることが難しいからいいのではなく、創り出したい**結果を出せる**やり方だからいいのだ。

次に気づいておきたいのは、動機づけと真実についての気づきだ。

事実 たいていの人が運動しないのは、運動したくないから運動しないのだ。

このセンテンスをもう一度読んでほしい。
事実として、自分のためになるのにやりたくないということはある。もしやりたいことなら黙っていてもやる。自動的にやってしまう。おいしい料理を食べるとか、好きな人と一緒に過ごすとか、面白いジョークを聞いて笑うとか、別に何の「動機づけ」をしなくてもやってしまうことだ。誰にも言われなくてもやっている！
次に、これをイメージしてみてほしい。

簡単だけど、やりたくない。

そういうことをあなたがきちんとやる可能性は高いだろうか。いや、かなり低い。特に長くやり続けるのは無理だ。
だから自分についてこの事実を知っておくことだ。

やりたくないことはやりたくない。

一度この真実を理解したなら、やりたくもないのにやりたいふりをするのを一切やめることができる。そんなことをしてもやる気は出ない。やりたくないことを「やれる」とか「やりたい」などと自分に言い聞かせるのは嘘をつくことで、嘘をついても逆効果にしかならない。

そして、やりたくないことが自分のためになることがあるのも事実だ。もっと重要なのは、それをすることで大切な望みをかなえうるということだ。毎日ウォーキングをしたくないかもしれない。しかしウォーキングによって健康が増進するなら、それは本当の望みだ。

ここで動機づけについての重要な洞察に至る。**もし何かをするために十分に重要な理由があるなら、私たちはおそらくそれをするのである。**

アメとムチの破綻

「これをやったほうがいい」「あれをやったほうがいい」と言われる。そう言う人たちはいい人たちで、説得力もある。たとえば「デンタルフロスをしないと歯が悪くなる」と言う。歯を悪くしたくないなら説得力のある話だ。しかし、説得力があっても実行するとは限らない。少し始めてもやめてしまうのだ。歯が悪くなったら大変だと思って数日か数週間はやってみるものの、だんだん心配が消えていって、徐々にサボるようになる。週に何回かはやらなくなり、そしてさらに回数は減り、やがてまったくやらなくなる。

「やらないと大変なことになるぞ」という説得は、「葛藤操作」と呼ばれるものの一種で、私たちの社会で頻繁に使われている策略だ。それは次のように展開する。

まず悲惨な結果のイメージが与えられ、恐怖・心配・不安・パニックを引き起こす。いたたまれない気持ちになり、なんとか終わらせたくなる。自分の嫌な感情に反応し、行動を起こす。行動を起こすのは嫌な感情をなくしたいからだ。それでデンタルフロスをしたり、赤肉を食べるのを減らしたり、運動したり、禁煙したりする。ひどい結果を引き起こすのを防ぐための行動をとるのである。

すると気分がよくなってくる。気分がよくなると、さらに行動すると思うだろうか。よく考えてみてほしい。実際にはこの時点で勢いがなくなっていき、だんだんと悪い習慣に戻っていってしまう。これはなぜだろうか。

そもそもどうして行動をとり始めたのかを思い出してほしい。嫌な気持ちになり、その嫌な気持ちを消したいから行動し始めたのだ。行動すると嫌な気持ちは薄れていき、気分がよくなる。嫌な感情の強さによって行動に駆り立てられたのだから、嫌な感情が弱まれば動機は弱まり、動機が弱まれば行動が弱まる。というわけで逆戻りし、当初の行動は習慣として根付かない。

行動を続けられないという段階で、大半の人は「自分には性格的な欠陥があるんじゃないか」「だから初志を貫徹できないんじゃないか」などと考える。そして自分を責め始めたりする。それによってまた葛藤操作が始まることもある。「自分は意志の弱い駄目人間だ」と思い、その嫌な気持ちを和らげるためにまた行動したりする。デンタルフロス、ダイエット、エクササイズ、禁煙などの第2ラウンドが始まる。そして気分がよくなる。すると行動意欲は弱まる。そしていつのまにかまた元の習慣に逆戻りしている。

ロバート・フロストは言う。「私は人を利口にするために不安がらせたりなど決してしない」と。

アメは効果的なのか

悪い結果への恐怖を使って動機づけようとするのが効果的でないなら、対案は何だろうか。そう、アメとムチの、アメのほうだ。これも同じくらい効果が低いことを説明しよう。「もし行動すればこんなにいいこと（アメ）がある」と言って説得する。このアプローチでは、成功のイメージで頭がいっぱいになる。やりたくないことでもやるべきだという積極的な理由が列挙される。つまり、「やったら素晴らしい褒美が手に入るからやれ」と言うのだ。褒美は、自尊心の向上、満足感、ときには死後に天国に行けるというものまである。

この種の基本的な考えは、ポジティブに考え、ポジティブに肯定すれば、潜在意識をポジティブにプログラム化できるというものだ。そうすれば成功につながる。この作戦は、**意志力**

操作と呼ばれるものだ。励まし（ペップトーク）やモチベーション向上トーク、自分を奮い立たせるプロパガンダ、自分を信じる宣言などの儀式を通じてインスピレーションを得て行動するように仕向ける。

ここでチェックしてほしい問いがある。「インスピレーションがない日はどうするの？」と自問してほしい。半生を振り返ったらわかる。インスピレーションなどない日のほうがずっと多い。いつもインスピレーションを得ていようなどとするのは、そう、葛藤操作の裏返しにすぎない。

恐怖もインスピレーションも長続きしない。そういう経験は常に流動するものだからだ。それは天気のようなものだ。大気中に漂っていて、条件の変化によって変わる。恐怖に駆られた行動が恐怖を減らすように、インスピレーションに駆られた行動はインスピレーションを減らす。特に具体的な行動に入り込めば入り込むほどそうだ。アメ（褒美で釣る作戦）もムチ（恐怖で縛る作戦）も、どちらも同じくらい駄目だ。もっと実質的な何かが必要だ。私たちの感情を動かして操作するものは長続きしないのである。

行動するための本物の理由が要る。私がここで理由と言っているのは説得力のある議論ではなく、人を動かす力のことだ。

本当に大切なことを選択する

できればやりたくないことを、なぜ私たちはあえてやるのだろうか。それはその行動がもたらす成果のためだ。ここから真の規律が始まる。

できればやりたくない行動と、私たちが達成したい成果との関係を吟味してみよう。どんな関係だろうか。それは**セカンダリー（手段）からプライマリー（目的）への関係だ。**プライマリーとは最重要という意味だ。つまりそれ以外はプライマリーほど重要ではない。

例をあげて説明しよう。

たとえば私が、ピアノを弾けるようになりたいとするなら、練習に時間をさかなくてはならない。できれば練習はしたくない。ピアノがうまくないから練習するのだ。練習すればうまくないということを思い知らされる。間違えるし、力不足だし、イライラするし、退屈する。だからピアニストにはなりたいが、ピアノを練習する生徒にはなりたくないのだ。

私はこの状況で、ふたつのことを求めている。ひとつは、きちんとしたピアニストになることだ。もうひとつは、不愉快な練習なんかしないで時間をもっと愉快に過ごすことだ。このふたつは相互に排他的であり、つまりどちらか一方をとるしかない。私の選択は次のふたつですべてだ。

1　きちんとしたピアニストになることはあきらめ、愉快に過ごす。

または、

2　不愉快な練習経験を受け入れ、ピアノの演奏を学ぶ。

ここで、「ちょっと待って、練習を好きになったらいいんじゃない？」と考えている読者がいることだろう。

あいにくだが、それはうまくいかない。もちろん上達するにつれて練習がそれほど嫌でなくなることはあるだろう。それは練習を好きになったのではなく、ピアニストになるという目標に近づいているからなのだ。イライラは減り、練習は相変わらず好きではないが、ピアニストになるためには不愉快な練習も必要だとわかり、練習など大したことじゃなくなっているかもしれない。

お願いだから嫌いなことを好きになろうとして時間を無駄にしないでほしい。そんな暇があったら、自分の大切なことのために戦略的選択をしたほうがいい。ここで大事なのは、選択だ。

選択とは何か

選択とは、やることもできるし、やらないこともできることだ。ピアノを弾くこともできれば、弾かないこともできる。練習することもできれば、練習しないこともできる。ただし、両者には密接な関係がある。

ここでどちらを選ぶかは、自分にとって何がより大切かによる。ピアノを弾けるようになることがより大切なら、それがプライマリー（最重要）となる。そしてプライマリーな選択を支えるために嫌な練習もするのであり、それがセカンダリーとなる。このケースでは、ピアノ演奏のほうが、練習の不愉快さを回避することよりも重要なのだ。嫌いな練習を好きだというふりをしなくていい。自分に嘘をつく必要はないのだ。「練習は嫌いだ、しかし嫌いな練習をしてでも、より重要な目標を目指すのだ」と真実を胸に刻むのである。

さて、ピアノ演奏よりも愉快に過ごすことを選びたいというなら、プライマリーな目的は快適さや快楽となり、演奏よりも重要だということになる。したがって、快適さを追求するために、練習を休むということが今度はセカンダリー選択となる。

このように、私たちは、**階層的に思考することを学ばなくてはならない。**自分にとって何がより重要で、何がより重要でないかを学ぶのだ。そうしなければ、私たちは一生のあいだどうでもいいことに時間を費やして終わることになりかねない。それは残念なことだ。ただ自分の無知のために無駄な活動や無意味な出来事や無用な仕事に振り回されて人生を終わるのだから。

自分が何に動かされているかがはっきりわかっていたら、簡単に自分の価値の階層を支えることができる。本当にピアニストになりたくて、そのために練習が必要だとわかれば、不愉快なことを当たり前のように実行することができる。嫌な練習を平気でやるのは、それがピアニストになるためには当たり前のことだからだ。プライマリー選択を支えるために、必要なセカンダリー選択を戦略的に実行するのである。

毎日ウォーキングをしたくないとしたら、どうしてウォーキングをするのだろうか。いや、どうしてウォーキングしたいなどと思うのだろうか。それはウォーキングがもたらす成果を望むからだ。

時間をかけて戦略的な選択を重ねていくと、創造プロセスの姿勢に変化が訪れる。もともと嫌な活動であっても、それが大事な目的のためのセカンダリー選択であれば、だんだん平気で受け入れられるようになっていくのだ。そして転換が起こることさえある。当初は嫌だったことが、いまでは好きになっていたりするのである。

ここで警告をひとつ。少しずつウォーキングが好きになってきたらそれは構わない。だからといってそもそもなぜウォーキングを始めたのか、理由を忘れてはならない。ここでの落とし穴は、嫌だったことが好きになってしまうと、手段だったことが目的化する怖れがあるということだ。健康のためだったのに、ウォーキング体験そのものを求めるようになってしまう。測定基準がずれてしまうのだ。これはあまりよくない。将来またウォーキングに嫌気がさすことだってありうるからだ。ウォーキングが楽しいからやるということに変わってしまうと、楽しくなくなった途端にやめてしまいかねない。自分の動機が何だったかを決して忘れないことだ。そして一環してセカンダリー選択をとり続けるのである。そうすれば、成功のチャンスはどんどん高まっていく。

だからウォーキングを始めるといい。そして、もっと健康のためになるなら、あとでハイキングをしてもいい。常にプライマリー目的を忘れないこと。手段を目的化しないことだ。

行動に移すこと

緊張構造の中での行動はきちんと動機づけられている。これに続く3つの章でさまざまな形の緊張構造を見ていく。ひとつ目は、短い期間の単純なものだ。ふたつ目は、非常に長い目で大局的に見たものだ。そして3つめは、1年から5年の時間軸で見たものだ。同じ構造原則に基づきながら、おもむきの異なる緊張構造になる。一つひとつが緊張構造の理解を深めていく。

短い期間の創造

緊張構造とプライマリー選択・セカンダリー選択を練習しよう。創り出したい成果をひとつ取り上げてほしい。ここでは小さなものを選ぶこと。せいぜい数週間で完成するものがいい。いまの自分の能力、才覚、器でできること、忙しいスケジュールの合間に入れて実行可能なことを選んでほしい。

できただろうか（なかったら何かひとつ適当につくってみよう）。

そうしたら紙を1枚出して、一番上に箱を描く。たとえば、独立記念日にガーデンパーティを開くのが目標だったとしよう。いろいろな職業やバックグラウンドを持つ人たちが集まることをビジョンにする。日中に30人前後の人々が集まる。バーベキュー料理をし、プールで泳ぎ、子供がゲームで遊び、たくさんの人たちが交流して、楽しい時間を過ごす。

会を催す自分たちも楽しみたい。パーティに皆が何かを持ち寄るのがいい。ゲストの人たちが、自宅から何か料理を持ってくる。自分たちは、ホットドッグ、ハンバーガー、コーン、スイカ、冷えたビール、ワインなどを用意しておく。素晴らしい天候が望みだが、そればかりは用意できないかもしれない。来た人たちにとって最高の独立記念日パーティにしたい。

このパーティのビジョンはこう書いた（図4－1）。

独立記念日にガーデンパーティを開いていろいろな面白い人たちを30人くらい呼ぶ。最高の食事、楽しい時間、スイミング、リラックス、子供たちも楽しむ、皆が会っていいつながりが生まれる。ゲストの人たちも食べ物を持ち寄って参加、いい天気、独立記念日のガーデンパーティとして最高の体験になる。

図4-1　ビジョン

私たちは言葉で書ける以上のことを想像しているものだ。だから、これは別に完璧な記述ではない。しかし、この描写を読めば何が目的なのかわかる。パーティのビジョンが見えているのだ。その場にいたらどんな体験になるか想像できる。心の中で、独立記念日のパーティがどんなふうに素晴らしいか、自分も皆もどれだけ楽しんでいるかが思い浮かんでいる。

最初の箱に書き込む言葉はそんなに練り上げなくていい。自分でそれとわかればいい。つまり、ここでの文章はリマインダーなのだ。

言葉の役割と本質

一方、言葉はいくつかの重要な定義を行う。数量化できるものは数字で書くことだ。「30人くらい」と記述することでパーティの規模がわかる。もし「たくさんの人たち」と書いてしまったら規模がわからない。ここは常識を使うところだ。

パーティは特に高尚な活動ではない。だからここで例としてあげたのだ。ここでの演習にはささやかで控え目なゴールが向いている。練習のための実験としてふさわしいのだ。パーティが大成功しても世界は特に変わらないとわかっているものの、ときには素晴らしいイベントをやるのも一興じゃないか。

このパーティのアイデアは、私たちが大好きな人たちに集まって楽しんでもらうということが何より大切だ。それ以外のすべてはこの目的のためにある。目標を設定するときは、自分の目的の本質を知っておくことが大切だ。それは言葉遣いがどうであろうと同じことだ。

ゲストに持ち寄りで参加してもらうというアイデアでさえ、私たちが実現したい雰囲気なのだ。このパーティでは、ただ来て参加するだけじゃなく、パーティを開くのを助け合うこともポイントになる。これは実用的な助けにもなる。もしそうではなく、プロのシェフや大勢のスタッフを雇ってすべてをケータリングしたら、参加者が腕まくりして手伝うパーティとはまるで違う雰囲気になるだろう。

いまの現実は何か

ゴールが記述できたら、紙の一番下にもうひとつ箱を描く。この箱にいまの自分の現実を描写するのだ。

ロザリンドと私はこんなふうに書いた（図4－2）。

このふたつの箱があれば緊張構造ができる。ビジョンと現状の対比が鮮やかにわかる。この

> 独立記念日にガーデンパーティを開いていろいろな面白い人たちを30人くらい呼ぶ。最高の食事、楽しい時間、スイミング、リラックス、子供たちも楽しむ、皆が会っていいつながりが生まれる。ゲストの人たちも食べ物を持ち寄って参加、いい天気、独立記念日のガーデンパーティとして最高の体験になる。

> 招待客のリストはすでにある。まだ誰も呼んでいない。アニメーションつきのメールを送る用意は整っている。電話番号を知っている人たちもいるが全員分は知らない。皿やナプキンなどは十分にある。独立記念日のテーブルクロスやパーティデコレーションは用意していない。ワインやビールはまだ用意していない。招待客たちはうちへの道順を知っている。そのほとんどの人たちは自宅から何か食べ物を持参する。子供向けのプール用具はたくさんある。ワイングラスは足りない。ガーデンはいい感じだが、芝は刈らないとすぐに伸び放題になる。

図4-2　いまの現実

対比から生まれる緊張が、目標達成のための行動を生み出すのである。

行動ステップを書き出す

次のステップは、行動をリストアップすることだ。プライマリー選択は、「素晴らしいパーティ」だ。行動はセカンダリー選択になる。行動ステップの中には楽しいものもあれば、楽しくないものもある。どちらにしても目標達成に必要なステップだ。

行動ステップを、ふたつの箱のあいだに書く。まず、ランダムに行動ステップを書き出していく。順番を考えるのはすべて書き出したあとの作業にする。

そうすることで、パーティの前、パーティの最中、パーティのあとに何をするかを考えるのが楽になる。

この作業を終えていまの現実と照らし合わせてみれば、いくつかのステップは言うまでもないことだとわかる（図6―1）。

これらの行動ステップは簡単に実行できる。しかし書き出すことによって、パーティ実現に何が必要かが一目瞭然になる。

行動リストを眺めることで全体像をつかめるのだ。

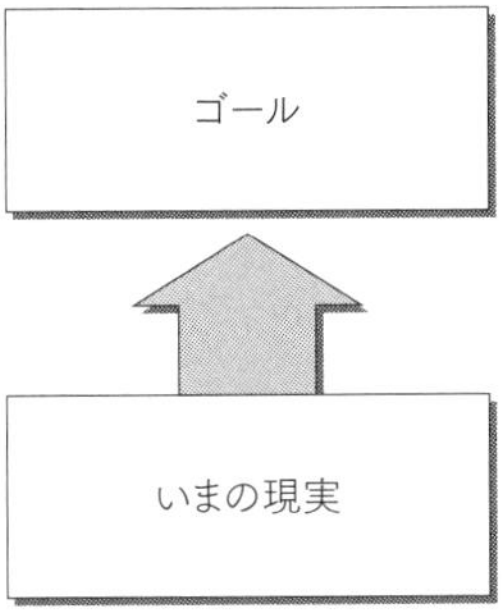

図5　緊張構造

それができたら、それぞれのステップに期限を書き込む。それによってステップの順序が定まる。

次にチャートを描き直す。実行順に下から上へと並べ直すのだ。ちょうど上の目標に向けてハシゴを登っていくイメージになる。

行動ステップはロザリンドと私のふたりで取り組むので、どちらが担当するかも書き込んでおく。ロバートはR、ロザリンドはRzにしておこう（図6－2）。

これはささやかなプロジェクトだが、こうしてきちんとオーガナイズするのがいい。6分くらいで全部できた。これをやるだけでストレスや無駄な時間がなくなり、実行が簡単になるのだから。

独立記念日にガーデンパーティを開いていろいろな面白い人たちを30人くらい呼ぶ。最高の食事、楽しい時間、スイミング、リラックス、子供たちも楽しむ、皆が会っていいつながりが生まれる。ゲストの人たちも食べ物を持ち寄って参加、いい天気、独立記念日のガーデンパーティとして最高の体験になる。

- 電話番号を入手する
- リストの招待客に電話する
- ワイングラスやビアグラスをレンタルする
- 招待客が持参するだろう料理をリストアップする
- 芝を刈る
- メールを送る
- 虫除けスプレーを買う
- 庭にゴミ箱を用意する
- 独立記念日のパーティデコレーションを買う
- 食べ物や飲み物を買いに行く
- プールのメンテナンスをする

招待客のリストはすでにある。まだ誰も呼んでいない。アニメーションつきのメールを送る用意は整っている。電話番号を知っている人たちもいるが全員分は知らない。皿やナプキンなどは十分にある。独立記念日のテーブルクロスやパーティデコレーションは用意していない。ワインやビールはまだ用意していない。招待客たちはうちへの道順を知っている。そのほとんどの人たちは自宅から何か食べ物を持参する。子供向けのプール用具はたくさんある。ワイングラスは足りない。ガーデンはいい感じだが、芝は刈らないとすぐに伸び放題になる。

図6-1　行動ステップ

最後の仕上げ

　こうして行動ステップを書き込んでいく。まず、いろいろなステップを踏んだらゴールにたどり着くことがポイントだ。そして日付を書き入れ、順番に並べる。複数の人間でやるなら担当者名を書き込む。ひとつの行動にひとりの名前を書くほうがいい。そのほうがより明瞭になる。
　一つひとつの行動ステップがセカンダリー選択だと

独立記念日にガーデンパーティを開いていろいろな面白い人たちを30人くらい呼ぶ。最高の食事、楽しい時間、スイミング、リラックス、子供たちも楽しむ、皆が会っていいつながりが生まれる。ゲストの人たちも食べ物を持ち寄って参加、いい天気、独立記念日のガーデンパーティとして最高の体験になる。

- 芝を刈る 7/3 R
- 食べ物や飲み物を買いに行く 7/3 R
- 庭にゴミ箱を用意する 7/3 R
- プールのメンテナンスをする 7/2 Rz
- 独立記念日のパーティデコレーションを買う 6/28 Rz
- 虫除けスプレーを買う 6/28 Rz
- 招待客が持参するだろう料理をリストアップする 6/25 R
- ワイングラスやビアグラスをレンタルする 6/15 Rz
- リストの招待客に電話する 6/9 Rz
- メールを送る　6/8 R
- 電話番号を入手する　6/3 R

招待客のリストはすでにある。まだ誰も呼んでいない。アニメーションつきのメールを送る用意は整っている。電話番号を知っている人たちもいるが全員分は知らない。皿やナプキンなどは十分にある。独立記念日のテーブルクロスやパーティデコレーションは用意していない。ワインやビールはまだ用意していない。招待客たちはうちへの道順を知っている。そのほとんどの人たちは自宅から何か食べ物を持参する。子供向けのプール用具はたくさんある。ワイングラスは足りない。ガーデンはいい感じだが、芝は刈らないとすぐに伸び放題になる。

図6-2　行動ステップの期限

いうことを忘れないように。すべてがプライマリー選択、つまり全体の目標のためにあるのだ。ステップが楽しくても楽しくなくても関係なく実行することで、結果として目標達成に近づく。このプロセスで唯一決定的に重要な成功の物差しだ。

目標を創造すること

こうして短期間にささやかな目標を設定することは、ちょうど画家が技量を上げるためにスケッチをくり返すのに似ている。もちろん、こうした目標はリアルなものだ。しかし成果そのもの以上に、私たちがクリエイターとして練習することの価値が大きい。自分の創造プロセスを理解して習得する役に立つからだ。

緊張構造の最初の実験、特に緊張構造チャートの練習が終わったら、もっと複雑なプロジェクトでチャートづくりを練習するといい。少しずつスキルを磨いていく。創造プロセスの手順を学びつつ、意識の中にそれを叩き込んでいくのだ。

創造プロセスの中で最もパワフルなのは緊張構造だ。ささやかな練習のプロジェクトでそれを見てきた。ささやかなプロジェクトで実行することのメリットは、誕生から完成までを短時間でやり遂げることが可能なことだ。ゴール実現までに長い時間のかかるプロジェクトでは、プロセス終盤の経験を十分に積むことができず、全体がどういうものなのかを学ぶことが難しくなる。パーティのような短期プロジェクトなら、それぞれのフェーズがどう関わるかを実感しやすいのである。

第7章 人生を長い目で見て創り出す

この章では、長期の取り組みに緊張構造を使ってみよう。長期にわたって創り出したいことには、どう取り組んだらいいのだろうか。

ここで自分の本当の望みや志とつながる際の原則が役に立つ。これはあなたの心のうちに秘めた真理や知恵を喚起するための原則であって、盲従すべきルールではない。個人的な創造プロセスの手順に関わるものもあれば、姿勢に関するものもある。原則を理解することによって、「こう生きるべきだ」という固定観念ではなく、「こう生きたい」という真の望みに基づいて人生をオーガナイズしていくことができるようになる。原則の中には創造プロセスの精神に向かうものもあって、あなたの人生に姿を現す魂や精神の源泉に触れることを助けてくれる。

原則その1
なくしたいことではなく、創り出したいことについて考えること。

創造とは、何かを誕生させることだ。

思考実験をしてみてほしい。いまからやってみよう。目を閉じて、自分自身が創造の中心にいるクリエイターだと想像する。自分の中心からエネルギーが湧き上がってきて、広がって、どっと外に流れ出ていく。さらに、このエネルギーが何かを生み出すと想像する。それが何かはまだわからない。いまの時点では形のない、得体の知れないものかもしれない。この思考実験のポイントは、**着想に命を与える身体の動きを感じること**だ。何を生み出すかにはまだフォーカスしなくていい。

こんなプロセスだとわかったら、時間をとってやってみてほしい。30秒から60秒くらいの時間でいい。

さあ、やってみよう。

このちょっとした実験で、創り出すということがどういう感じなのかつかめるだろう。エネルギーを湧き上がらせ、方向づけ、送り込む。創り出したいものに形を与え、構造を与え、フォーカスして、生み出す。このエクササイズで最も重要なポイントは、創り出しているときに、私たちが何をやっていないかである。問題解決していない。心配していない。状況に反応したり対応したりしていない。何かと闘っていないし、障害を克服していないし、打ち負かそうともしていない。

人生をアートとして創り出すというのは、嫌な人生をなくすことではなく、創り出したい人生に命を与えることだ。もし創り出したい人生を創り出したら、その結果として嫌なことはなくなるかもしれない。しかし、それはパワフルな何かを創り出した結果として古い人生が場を譲った結果にすぎない。

創造行為のプロセスには、ゴミを片付けたり、場所を掃除したり、雑音を消したり、散かったものを整理したりする時間帯もある。しかし、それは常に創り出したい成果のためにそうしているのだ。**創造行為は問題解決ではない。嫌なものをなくすためではなく、創り出したい何かを創り出すことによって動機づけられているのだ。**

問題解決VS創造行為

自分は問題解決者だというプライドを持っている人が多い。しかし、問題解決の姿勢は創造プロセスを狭めてしまう。問題解決しているときに、私たちがやっていることは何なのかを検証してみよう。

まず、私たちの問題解決の動機は何か嫌なものをなくすことだ。欲しいものを創り出すことではない。これは創造行為の動機の正反対だ。

次に、創り出したい成果ではなく、解決しようと決めた問題が行動を駆り立てている。

3つ目に、もし問題解決が成功して嫌な問題をなくしても、欲しい成果が手に入る保証はない。

4つ目に、問題解決は思考停止に陥りかねない。創り出したい成果、成果に対するいまの現実、そしてどうやって成果を上げるのかについて考えることにはならないからだ。

もしあなたがいつも問題解決に明け暮れているとしたら、もうその悪習慣をやめたほうがいい。ときには自分の問題解決能力を誇ることがあっても構わない。しかし問題解決では創造姿勢があまりにも限定されてしまう。もっと生産的な姿勢に変えたほうがいい。あなたが創造姿勢にシフトすれば、フォーカスは嫌な状況をなくすことではなく、創り出したい成果へと向かう。

人生には問題解決も必要だ。しかしそれは主役ではなく、脇役であるべきだ。

あなたの頭に仕事をさせること

もしあなたの人生に小さな問題や大きな問題がたくさんあったら、もはや問題のことしか考えられなくなっているかもしれない。そうすると、頭が自動的に問題のことを考え出すようになる。問題がつくり出す緊張を解消したくてしかたないからだ。問題状況について心配したり悩んだりしていると、あなたの頭はただ与えられた仕事をするだけだ。つまり、無秩序に秩序を与え、食い違いを説明し、謎を解き、緊張を解消している。

それでは困る。コントロールする必要がある。コントロールしなければ人生の困難に圧倒され、どんどん無力感をおぼえるようになる。問題を解決できず、難しい状況をいますぐに変えられないからだ。

もし頭が問題解決のダイナミクスに支配されていなかったら、何もできない状況もあるということを悟るだろう。それを悟れば無用な心配もなくなる。頭が問題に付き合うのをやめるからだ。シャーロック・ホームズにはそういう奇特な頭脳があり、ワトソンは腰を抜かしている。あるときホームズは、その時点では何もできないという状況に至った。するとホームズは、一切の謎解きを棚上げし、何の心配もせずに、コンサートに行ってしまった。

シャーロック・ホームズの冷徹な頭脳とは違って、規律を持たない私たちの頭は、論理的結論に従うことができない。あれこれと考えてはやきもきし、くよくよし、イライラし、心配し、思い悩み、苦悶する。これは構造の性質によるものだ。頭は食い違いを終わらせ、対立を解消し、とにかく均衡を確立したいのである。

あなたの頭は絶えず何かに取り組んでいる。それが自然の摂理だ。この頭の性質を生産的に活かすにはどうしたらいいのだろうか。ここに最も有効なやり方がひとつある。頭に、もっと大きな生産的な緊張を与えるのである。そうしないと、頭は自然と問題のほうにすり寄っていく。問題が引き起こす緊張を解消しようとするからだ。

ここで大きな緊張とは何か。それが緊張構造だ。創り出したい成果といまの現実とのあいだに横たわる大きな違いを、どうやって解消するのか、頭に考えさせるのだ。そうすれば、人生が問題につきまとわれる代わりに、注意とエネルギーと創造性と精神を創造行為に当てることができる。なくしたい、避けたい、消したいことではなく、創り出したい、築き上げたい、生み出したいものにフォーカスを変えるのだ。そうすれば頭は自ずと味方してくれるようになる。

原則その2
創り出す自分自身のことなどではなく、創り出したいもののことを考える。

あなたは自分の創り出すものではないし、あなたの創り出したものはあなたを映し出すものではない。あなたは自分の作品とは別の存在だ。創り出す前からあなたは存在していたし、創り出した作品はあなたがいなくなったあとも存在しているかもしれない。創ったあなたと、創られた作品とは、まったく別々の存在なのだ。人生をアートとして考えるとき、あなたは自分の創った芸術的人生ではない。人生は、あなたが書いた劇作品を上演するひとつの舞台であり、あなたが旅するためのひとつの船だ。あなたは船ではない。あなたは乗客であり、船長であり、船の設計者《デザイナー》でもあるのだ。

ワークショップでこんな質問をすることがある。「もし成功したら、あなたはもっといい人間になりますか。もし成功しなかったらあまりいい人間ではない？」と。あなたがすることと、あなたがどういう人間かは、関係ないのだということが明らかになっていく。「成功したらいい人間になるんじゃないか」と思って探求を始める人が多い。読者のあなたもそうかもしれない。

この問いを変えてみよう。「成功」を自動車の運転に変えてみるのだ。自動車の運転ができたら、あなたはもっといい人間になるだろうか。運転できなかったらそれほどいい人間ではない？　この質問でたちまちわかる。運転ができるかできないかは、あなたがどんな人間であるかとはまるで関係ない。運転できない人が運転できる人になったからといって、あなたの人間としての価値は何ひとつ変わらない。

料理はどうだろうか。料理ができたらいい人間？　できなかったらよくない人間？　泳げたら？　へそが引っ込んでたら？　出べそだったら？　あっという間に馬鹿馬鹿しいということがわかる。

私たちの文化では「成功」が人格に結びつけられてしまっている。成功者が立派な人で、失敗者が駄目な人だという勘違いだ。成功したらもっと愛されて、もっと尊敬されて、もっと有用な、もっと価値のある人間になるという幻想だ。自尊心や自意識が成功の度合いに比例すると洗脳されている。まったくの間違いだ。

人格と行動は別物だ。クリエイターがどんな人格であるかと、クリエイターが創り出す作品とは、別々のことなのである。

自分の作品が自分を表現すると思えば思うほど、失敗する自由が失われる。失敗しなかったら学ぶことができないのだから、失敗する自由が必要なのだ。

あなたに生まれつき才能があったとしても、学び始めには必ずたくさん失敗する。何か目標を達成しようとして、最初のうちはたくさん失敗する。失敗するのは、いまの能力よりも高い、野心的な目標を持っているからだ。

もし失敗するたびに感情的に自分のせいにしていたら、やがて失敗を避けるようになる。できる範囲のことしかやらなくなる。みっともない場面に自分をさらさないようになる。失敗できなかったらどうやって学んだらいいというのだろうか。最初から完璧に習熟したようにできるやり方を知っている人などいない。実際のところ、できるようになる前と、やっている最中と、できるようになったあととで、あなたは何も変わらない、同じ人間なのだ。

この原則の持つ深い意味合いがわかったら、創造プロセスにフルに打ち込んで全力を尽くすことができる。失敗しても自信を失ってアイデンティティの危機に陥ったりせずに済む。

人生をアートとして創り出すには、成功に惑わされたり失敗にたぶらかされたりしないことが大切だ。私の人生では、成功も失敗もあった。私は失敗よりも成功のほうがずっと好きだ。

そして成功は多くの場合、たくさんの失敗の結果でもある。失敗によって学ぶべきことを学んだのだ。成功しようが失敗しようが私は私のままだ。成功したときにいい人間などになっていないし、失敗したときに悪い人間になってもいない。私はいつも同じで、自分にとって大切な、創り出したいものを創り出そうとしている。

多くの人々や社会の仕組みが、私たちの行動と人格を結びつけようとしている。これはおぼえておく必要がある。広告を見れば、そのメーカーの歯磨き粉を使えば立派な人間になるかのように宣伝している。学校では、宿題をきちんとやったらいい人間、やらないと悪い人間だと教えている。家庭では、言われたことをやったらいい子で、やらないと悪い子だと叱られる。

これはよくよく考え直したほうがいい。私たちの自意識《アイデンティティ》は、創り出したいものを創り出す能力と関係ない。関係あると思わされていただけだ。捏造なのである。言い換えるならこういうことだ。自分の行動が自分の人格になるというのはフィクションであり、現実には行動と人格は別物なのだ。

もうひとつ思考実験してみよう。自分が大成功したと想像してみる。次に自分が大失敗したと想像してみる。大成功のほうが大失敗よりいい気分だろう。しかし、どちらにしても自分は自分だ。変わりはない。同じ価値観と同じ志を持ち、同じ優しさ、同じ魂、同じ精神、同じ愛と希望、同じ夢と本質と存在の軸を持っている。

実際的に言うなら、行為と人格を混同しないほうが成功のチャンスは高まる。もっと客観的になり、行動をたやすく調整し、試行錯誤して、学習モードに入り、成果を上げられるからだ。

この原則は極めて重要だ。この原則を体得できたら、これまで以上に成果を上げて成功することができるだろう。

原則その3
できればシンプルに。

私がこのアドバイスをしても説得力がないと思われるかもしれない。というのも、私の生活はちっともシンプルとは言えない。あまりにもたくさんのことに興味があって、あらゆるプロジェクトや組織や活動に首を突っ込んでいる。では私のような人間が偽善的にならずに「シンプルに」と言える理由は何か。それは、確かにいろいろなことに関わっているが、複雑なのは実務的なレベルだけで、精神的にはシンプルだからだ。

私よりもっと忙しく複雑な暮らしを送っている人の中にも、非常にシンプルで明確な方向性としっかりした土台を持つ人たちはたくさんいる。逆に言うと、明快さがなかったら混乱してしまう忙しさになるだろう。一方で、そんなに複雑でもないのに忙しくて混乱している人たちもいる。

実務作業を見直す必要があるかもしれない。スケジュールや約束、プロジェクトや活動の数を見直すのだ。できること以上の責任を引き受けてしまう人が多い。引き受けたときに想像した以上に、仕事が複雑なこともある。この領域はわりとたやすくシンプルにできる。

しかし、もっと重要なのは、姿勢の次元だ。精神的・感情的・スピリチュアルな次元で明快さが必要なのだ。「人生はシンプルじゃない」とよく聞く。しかしある意味ではシンプルなのだ。生まれて、しばらく地球上で暮らし、去っていく。これが人生だ。「地上にいるあいだの人生とは何だろうか」。これは大昔からある問いで、あらゆる宗教や哲学の学派で問われている。きちんと答えることができるだろうか。

何が本当に大切かを決めること

人生についての答えを見つけられなかった男の話がある。あらゆる師を求めて渡り歩き、あらゆる霊的教えを求めて渡り歩き、あらゆる哲学思想を学んだ挙げ句、何ひとつ満足のいく答えが得られなかった。とうとう絶望した男は自ら命を絶とうとしたが、その矢先に友人が来て「ヒマラヤに途方もない賢人がいる」と教えてくれた。「このグルは人生のあらゆる謎に対する答えを持っているらしい。死ぬ前に行って聞いてみたらどうか」と言うので、それもそうだと思って会いに行くことにした。飛行機に乗ってヒマラヤに行き、列車に乗り、バスに乗り、車に乗り、最後は徒歩で賢人を探し求めていく。険しい山道を何日もかけて登り、ようやく賢人の住むという洞窟にやってきた。おそるおそる洞窟に入ると、そこには噂に聞いた賢人がいる！　ゆっくりと近づき、うやうやしく跪《ひざまず》いて、男は尋ねた。「人生の問題への答えをご存じだとうかがいました」と男が言うと、賢人は「その通り」と答える。「それは何でしょうか」と男が尋ねる。賢人はにっこり微笑んで「誰が何を言っても『その通り』と言って合意することです」と答える。男は自分の耳が信じられず、「そんなはずはない！　そんなに単純なわけがない！」と叫ぶ。すると「その通り」と賢人が答えて言う。「そんなに単純なわけがない」と。

人生をシンプルにするには**階層の原則**を用いることだ。人生が複雑になるのはすべてを対等に扱うからである。すべての物事が同じ価値を持つなら、すべての物事が人生の時間を奪い合うことになる。何がより重要で、何がより重要でないかを整理していけば、複雑さを整理することができる。

何が大切かが明らかになれば人生はシンプルになる。神との関わりが人生を決めるという人たちもいる。彼らにとって神以外のすべては付随物だ。愛する人間たちとの関わりが最も大切だという人たちもいる。職業キャリア、人生のクオリティ、人助け、使命感などが最も重要だという人たちもいる。それ以外のすべては価値の階層の付随物だ。

人生が複雑になるのは、自分にとって何が大切かを定義していないときだ。人生が複雑にな

るのは、あまりにも多くのことを同じくらい重要だと見なしているときだ。人生が複雑になるのは、特に何ひとつ重要なことがないときだ。

何が大切なのかは自分で決められる。ビクトール・フランクルの『夜と霧』（みすず書房）はこのことを教えてくれる。フランクルがたどり着いたのは、私たち自身が自分の人生の意味を決める・創り出すという理解だ。そうしないと私たちは路頭に迷いかねない。意味を「つくり上げる」がしっくりくる人もいれば、「天命を見つける」というのがぴったりくる人もいる。どちらにしても、価値のピラミッドの頂点に何が来るのかを決めると、そのテーマが人生をオーガナイズしていく。ただし正確には私たち自身がそのテーマで人生をオーガナイズするのだが。

フランクルは著書『意味への意志』（春秋社）で言う。

> 価値の対立が起こる場はない。ただし価値を階層化したからと言って意思決定が無用になるわけではない。人は衝動に押され、価値に引っ張られる。ある状況が提示した価値を受け入れるのも退けるのもその人次第なのだ。

あなたの人生は何のためにあるのだろうか。これは哲学的で形而上学的な深い問いではなく、ただ物事をはっきりさせるための質問だ。別の問い方をするならこうなる。「あなたは、自分の人生を何のために生きると決めたのか」

本当に大事なことを選ぶ

ひとつ注意しておこう。こうあるべきだと考えたことを人生のテーマにしてしまい、実はそれが本当に大事だと思っていない場合、本当の意味から引き離されてしまうことになる。自分自身の本来の志から引き剝がされてしまうのだ。そうなると人生をシンプルにするどころか、どんどん複雑にしてしまう。

クリエイターとして生きることを選ぶなら、自分が大事だと思うものに命を与えることだ。「これを創り出したい」「守りたい」「育てたい」と思うほど、愛することのために生きるのだ。

これとは対照的に、何かに反対しながら生きていく人々は、自分の本当の志を中心にして考えることができない。たとえば不正義に反対する人々がいる。立派な人々だ。実際、世界には不正義がたくさん存在する。どうやって不正義を扱ったらいいのか。

問題解決の視点から考えると、不正義を攻撃することになる。一方、創造行為の視点から考えると、正義を生み出そうとする。もし正義が目当てなら、不正義に反対するだけでは足りない。社会の中に正義のビジョンを構築し、その可能性が実現するようにするのだ。そして主たるゴールである正義を念頭におき、あくまでもセカンダリーな手段として不正義と闘うのである。

この原則を誰よりもよく理解していたのがマーティン・ルーサー・キング・ジュニアだ。キングは不屈の勇気と気骨をもって不正義と闘ったが、憎悪ではなく愛こそが力を持つのだとわかっていた。憎悪で人を動かすのはたやすい。そうやって短期的に成功した人は大勢いる。しかし、ガンディーやキリストから学んだキングはそうしなかった。最も高次の原則、つまり自由、愛、真実、公平、道義、正義に専心することで人を動かしたのだ。自由と正義を愛することでキングの運動は動機づけられていた。本質的なレベルで、キングの複雑に見える人生は、これ以上ないほど単純明快に統合されていた。愛と真実と自由と平等と正義のために生きることに尽きたのである。

シンプルになると人生の詩が姿を現す

自分が何を望むかがはっきりすると人生はシンプルになり、同時に、ゴールを達成するためのいろいろな選択を引き受ける力の源泉が開くことになる。では、どうやってそんな明快さを手に入れたらいいのだろうか。

自分で決めるのだ。社会的なレベルの目標であっても、個人的なレベルの目標であってもいい。本物であるためには、立派な目標でなければならないと勘違いしないことだ。あくまでもこれが大事だと自分が思うかどうかだ。単純明快が一番である。無意味な複雑さで人生をいっぱいにしてしまい、何が大事かわからなくなるというのは、大変な重荷なのだ。

誰かが亡くなったときに思い出すのは、ささやかな瞬間の思い出だ。彼女が鍵を見つけられなかったとき。彼が探していた本を図書館で見つけたとき。彼女がコーヒーケーキをつくって、パーティに来た皆が絶賛したとき。彼が飛行機に乗り遅れ、次の飛行機に乗れたとき。彼女が間違って電話してきたのに、そのまま1時間も話し込んだとき、などだ。

こういう瞬間の数々は、リアルタイムには気づいていないものかもしれない。しかし潜在意識に記憶されている。その瞬間には、それがどんなに大切な瞬間だったかわかっていないが、振り返ってかけがえのない思い出だと気づく。どうしてそのとき、その瞬間には気づかなかったのだろうか。

それはしばしば勘違いによるものだ。大切なことは壮大なことでなければならないという勘違いだ。そういう思い込みに囚われていると、その瞬間の詩的美しさを見逃すことになる。気づいたときには過ぎ去っている、ちっぽけな大切な瞬間を。

私の父が急逝したとき、母が驚くべきことをした。父が救急車で運ばれてすぐに、リビングに行ってアルバムを何冊も開き、1時間以上そこに座って、ふたりの人生のアルバムを眺めていた。「ほら、これがセントビンセントヘクルーズに行ったときの写真よ。ビーチでマンゴーを手にして大はしゃぎで……。これを見て、これはあのときの……」母はショックを受けていたが、同時にふたりの人生を最も重要なレンズで見ていたのだ。大切な、かけがえのない、いつだって見過ごしそうになる、何万という、瞬間、瞬間の思い出のレンズで。

ふだん私たちは、どうしようもないたくさんのガラクタに気をとられてしまって、本当に大切なことを見過ごしてしまうのだ。

私たちは訓練によって目の前の奇跡をきちんと見届けることができる。とりたてて何も起こっていないかに見えるありきたりな時間の詩的美しさに、耳をそばだてることができる。本当にそこにあるものを見るのだ。それができたら1日1日を心からありがたく感じることができる。日々の暮らしを考え直すことができる。ただ生きることとそのものの喜びを感じて生きることができる。

実にシンプルな真実にたどり着くのだ。生きることはギフトであるということ。たったそれだけの真実である。

原則その4
ルールを探さないこと。

正しいルールやアプローチ、メソッドやシステムを見つけさえすればうまくいくのではないかと望みをかける人たちは、そういうルールを探しては熱心に信奉する。誠心誠意ルールに従えばきっとうまくいくと思い、ルールの正しさを証明するためにその道の権威、著者、専門家、賢人などを引用する。そういう人たちは、ルールなんかお構いなしにイノベーションや発明や即興を行って成果を上げる人たちに出会うと不安になってしまう。

ここで言っているのは、一般常識の知恵を取り込んで創造プロセスに活かすことの是非ではない。ここで言っているのは、ルールに準拠したら準拠しただけ成功するという方程式の話だ。裏を返せば、ルールを破ったら破っただけ失敗するということになる。

いったん緊張構造を確立したら、普通のやり方で成果を上げればいい。普通のやり方でうまくいかないなら、普通じゃないやり方を発明したらいい。普通のやり方に必要とされることが現状に不足している場合は、普通じゃないやり方を発明するのである。私が企業の相談に応じるときは、経営チームは普通のやり方で成果を上げるだけの時間も資金も不足していることが多い。それならふたつのオプションがある。あきらめるか、または、新しい方法を発明するかである。

友人のテリー・オーティンスキーは、カナダの複数の自動車ディーラー会社のオーナーだ。テリーは顧客サービスを向上し、スピードと品質を上げたかった。他のディーラーと同じように、部品部門とサービス部門とに分かれていた。自動車整備工が部品を必要とするときは、部品部門に発注してその到着を待たなくてはならなかった。これは整備工と顧客の両方を待たせることになる。

テリーは目標を「迅速で利便性の高い、高品質サービス」と定義し、業界内で見たことも聞いたこともないことを実行した。整備工が自分の部品在庫を持ち、いつでも自由に部品を使えるようにしたのだ。これは自動車の車検の際に特に有効だった。車検の時間は2分の1となり、品質は劇的に向上した。

テリーはまた、顧客が自動車を購入する際の書類の記入時間を測定した。車両登録、ローン契約、オーナー変更などの書類だ。顧客は平均35分費やしていた。しかし新たな時間目標を設定して現状と照らし合わせたところ、平均時間は7分未満に短縮された！

以上は、目標達成のために創造を行うクリエイターの、たったふたつの事例だ。こうしたイノベーションは緊張構造の産物である。普通のやり方では目標達成できないと踏んだから生まれた発明だ。

もしあなたが普通のやり方に縛られていたとしたら、それは「正しいやり方がある」という固定観念の奴隷になっているのだ。実際にはいろいろなやり方がある。「正しいやり方」とされているやり方が、あなたの状況ではうまくいかないのかもしれない。プロセスの奴隷になってはいけない。目標を達成するためには、いままで誰も想像すらしなかったやり方を発明することが必要かもしれない。そのほうが既存のやり方を学ぶよりも優れていることだってあるだろう。

長い目で人生を見る

こうした原則を念頭において、人生を長い目で見てみよう。いまから25年、30年後の人生を考えてみる。たいていの人にとってこれは難しい。どうやったらいいのだろうか。

細部を省いていいのだ。人生の紆余曲折は予測不可能だ。ある方向に進んで何年か経つと、完全に違う方向に進むことだってある。それでも変わらず大切にしていることもいくつかあるだろう。長い目で見てどこに行きたいかをふたつに大別して見ていくことができる。ひとつは人生の内側、もうひとつは人生の外側だ。

内側のスケッチ

内側と外側とでは内側のほうがはるかに重要だ。素晴らしい環境、優雅な生活、立派な仕事など、外側の条件に恵まれているのに、どうしようもなく不安で憂鬱で無気力で絶望していることがある。一方で、物質的にはちっとも恵まれていないのに、心が平穏で、打ち込むものがあって、希望に満ちていることもある。外側と内側は互いに独立しているのだ。もちろん両方とも優れているに越したことはない。しかし人生経験全体としては、内側がずっと大切だということを理解しておこう。

内側の視点から見て、人生を長期的に眺めたらどうだろうか。何が大切なのだろうか。将来の自分を思い描くときに考えておくことがある。自分のありよう、取り組んでいることへの関心度合い、生活における愛情のレベル、人間関係、時間の過ごし方、健康、自分自身との関係、友人やコミュニティとの関係などだ。他にも、スピリチュアルな充足感、自分の深い価値への関与感覚、人生の方向感覚、居場所の感覚なども考えておくことだ。

このあたりからスケッチを始めるステージとなる。将来の自分自身の内側を思い描き始めるのである。その将来の時点で人生をどう体験していたいのだろうか。たぶんいい経験を望んでいるだろう。そのいい経験をいま、想像してみよう。目で見るように想像し、どんな感じがするか、将来のその時点で望むことを体験していると想像してみよう。（30秒から数分やることでちょうどいいスケッチになる）これがあなたの最初のスケッチだ。いまやってみてほしい。

ふたつの道

どうやら多くの人たちが、人生の中でふたつの岐路に立つことがあるようだ。ひとつの道は人生と折り合いがつく明るい世界に続いている。自分の故郷に帰ったような世界だ。もうひとつの世界はとても暗い。こちらの世界の人々は、落胆、憤慨、怒り、停滞、絶望を体験している。きちんとやることをやったはずなのに、約束の報酬を受け取れず、割りを食った感じで、希望の光が見えない。

暗い世界の人々は貧乏くじを引いた気分でいる。まともに働いて、しかるべき目標を達成し、十分な収入を稼いで蓄財したら、きっと幸せになるはずだと踏んだのに、そうなっていない。物では幸せになれないということを、私たちは常に肝に銘じなければならない。

あなたがつくる内側の条件がすべてを駆動するのだ。人生を長い目で見て、もしあなたが自由であれば、自分自身の中で自由でいて、人生の中で自由であれば、内側の深い豊かさに達する。これに対して、外側に表現される自由もある。政治的自由は、私たちが社会をどう形づくるかにおいてリアルな要素のひとつだ。身体の健康面での自由もある。歳をとると、若い頃の身体の自由は利かなくなる。しかし、外側の状況がどんなに変化しようと、内側の自由にはアクセスできる。考えたいことを考える自由。誰かを愛する自由。想像する自由。創り出す自由。しっかりそこに感じられる自由だが、言葉にしにくい体験かもしれない。

明るい世界の人々のもうひとつの体験は、心の平穏だ。心の平穏は、完全な静寂と服従のことではない。それよりも、「なぜかすべてが大丈夫だ」という感覚のほうが近い。疑問があっても、解消するか停止するかのどちらかだ。すべての物事は、しかるべきところに落ち着く。世界は、いろいろ不都合がありつつも、そこにいるに値する。ロバート・フロストが『樺の木(Birches)』という詩で言ったように、「この地上は愛にふさわしい場所だ。いまよりもっと他によくなる場所なんか知らない」というわけだ。

心の平穏にはもうひとつ、もっと深いつながりを自分自身の人生、高次の意識、宇宙、または神や大自然と持つという次元がある。摩擦や衝突を止めるのではなく、自分にとって大切なことと主体的に関わっていくことから心の平穏が生まれるのである。

悔い

ロバート・フロストは、『西に流れる川（West Running Brook）』という詩で、驚くべき洞察をもって多くの知恵を伝えてくれている。この詩は、緊張、反対作用、自力で反抗する物のパワーを描写している。詩はふたつ組の連続で構成されている。男と女が田舎の小川を見る。たいていの小川は東に流れるのに、この小川は西に流れる。

他の小川が海に向かってこぞって東に流れるのに
西に流れるこの小川はいったい何をしてるんだ？

この問いから探求が始まる。対比、特にカウンターポイント（対位法）の原則の探求だ。男女は、小川の水が岩に当たり、流れに逆らってしぶきを上げているのを見る。このしぶきから対話が始まり、どうやら自然というのは流れに従うばかりでなく、流れに逆らおうとする本能でもあるという着想が展開する。

対比ということなら、小川の白い波が
自分の流れそのものに逆らっているよ
私たちだってあの水の中から生まれた
他の生き物から生まれるよりずっと前

私たち人間の中には緊張の力が埋め込まれているということだ。フロストはこう描写する。

こうして源へと逆戻りする動き
流れに逆らう動きこそ私たちだ
流れが源へと贈ろうとする力が
私たちが自然から生まれた力だ

この詩の前の部分でフロストは、この小川の動きをこう描写している。

よけるばかりじゃなく、投げ返す動き
そこに神聖なる悔いがあるかのごとく

悔いが神聖だとはなんと鮮やかな知覚だろうか。主体的に生きていけば、私たちはいずれ何らかの悔いにたどり着く。たいてい悔いといえば悪い経験だと私たちは思っている。しかし考えてみれば、ある種の後悔は人生の最高の瞬間の優美な性質と密接に結びついている。たとえば、子供たちが大きくなって離れていく。彼らは大人になって自分の生活を築き、自分の家族、友人、趣味、関心を持つ。子供たちには巣立ってほしい。しかし同時に、子供たちが巣立つ際には胸がざわつくのだ。子供たちが幼かった頃、成長の過程、かわいかったことを親はとてもよくおぼえている。子供たちにずっと子供のままでいてほしいとは思っていない。きちんと大人になって自分の生活をしてほしいと思っている。それでも、かけがえのない幼少期の子供たちとの時間は二度と戻らないという悔いがそこに残る。この種類の悔いは、神聖なのだ。

どんな悔いでも神聖なのではない。ある種の後悔は、苦々しさや敵意や立腹とともに感じられる。人生が思ったようにうまくいかないことを嫌って宇宙を呪う。

しかし神聖な悔いは違う。甘美で、一抹の痛みを伴う。もしあなたの半生が、喜びや愛やいい関係に恵まれてきたなら、聖なる悔いは長い目で見た人生の内側の一部になる。もしあなたがいい仕事やキャリアに恵まれてきたなら、聖なる悔いはそこにある。もし素晴らしい冒険や製品、素晴らしいコミュニティや善意の行為に恵まれてきたなら、そこにある。聖なる悔いがそこにあるのは、人生の貴重な瞬間が時間の流れに沿って流れていくのに、私たちの本能が流れに逆らって源へとしぶきを上げているからなのだ。

もうひとつの後悔

もうひとつの後悔がある。やらなければよかったと悔いることだ。

カトリック教会の告解《こっかい》（ゆるしの秘跡）というものに、私は長いこと合点がいかなかった。悪いことをしたと懺悔《ざんげ》して何になるのだろう。それで気が晴れるとでもいうのだろうか。しかし、少しずつわかってきた。この方法はパワフルなのだ。カトリック信者でなくても理解できることだ。私たち人間は不完全である。したがって間違いを犯す。間違いの中にはしかたのないミスもある。頑張ってやったのにうまくいかなかった。そういうミスからは学ぶことができる。

それとは違うタイプのミスもある。ただうまくいかなかったのではなく、自分に正直じゃなかった、自分の大事にしたいことを大事にしていなかった、正しいと思えることをしていなかった、というミスだ。そのときは間違っていないと思ったかもしれないが、あとから思えば大きな間違いだったというミスだ。

私自身このタイプのミスを犯したことについて、何年にもわたって考え続けてきた。人を傷つける言葉を言ってしまったこと。不親切なふるまいをしたときのこと。もっと頭を使っていたら……。もっと理解があったら……。もっと誠実であったら……。最近のミスもあれば、ずいぶん昔のこともある。

私たちには、何千という後悔がある。カトリック教会における懺悔は、不完全である私たち人間が自分自身の罪を赦し、心機一転するうえで必要な力を刷新するために構築された霊的発達の仕組みだ。「今後はもう罪を犯さないように」と彼らは言う。これはカトリック教徒に限定される原理ではない。私たち皆が学ぶことのできる原理だ。どんなやり方であっても、自分の犯した罪の重荷を降ろし、前に向かって生きる必要がある。そうでなければ人生は重荷ばかりで前に進めなくなってしまう。きちんと悔いを晴らしていかなくては人生の恵みよりも重荷のほうが大きくなってしまうのだ。

自分の将来像を思い描くとき、そういう重荷から解き放たれた自分を思い描きたい。これは健忘症の薦めではない。ただ悔いの残る記憶にしがみつかなくていいだけだ。それはそれとして置いておけばいい。人生は前に向かってしか生きられない。心機一転して前進するのだ。

緊張構造で人生の内側を創造する

これまで話してきたような人生の内側のゴールを使って、緊張構造の実験をしてみよう。引き続き長い目で人生を見て、25年や30年（あるいは自分の状況にふさわしい年数）先の自分自身の状態にフォーカスする。長い目で見るのがポイントだ。

人生のその時期にどういう内側の体験をしているのかを考えてみる。この章で見てきた原則を思ってほしい。問題解決しないこと。自意識《アイデンティティ》に依拠しないこと。やり方のルールにこだわらないこと。完璧な理想や平和を物差しにしないこと。自分が何者かなどと関係なく、心の平穏、自分や他人との関係、主体的に取り組んでいる感覚、目的感覚、意味の感覚、などなど、自分の創り出したいものを考えること。

セカンドスケッチ

最初のスケッチを出発点にして進めよう。いまから時間をかけて、自分の将来に創り出したい内側の状態を創り出したと想像してみる。どんな感じか想像してほしい。人生にどういうクオリティが加わるか。どんなに単純明快な人生になるか。それ以外にも自分が大切と思うことを付け加える。これが自分の将来像のセカンドスケッチとなる。

目を閉じて、心の中に思い描く。（30秒から数分）

その状態が想像できたら、いまの現実のことを思ってみよう。自分の望んだ状態に比べて、いまの自分の状態はどうだろうか。創り出したいことを創り出して、その状態といまの状態のあいだの違いに気づけるだろうか。

もう一度目を閉じて、いまの自分の状態にフォーカスしてみる。（30秒から数分）

これで行き先のイメージができた。そして出発点もある。

次のステップは、このふたつを同じ構造の中にまとめることだ。これから時間をかけて、将来像を思い描き、その30秒後くらいに、現在地点の絵を付け加える。一番いいやり方は、スライドを2枚思い描くことだ。上のスライドには将来像、下のスライドにはいまの自分の内側の体験を思い描く。

このふたつのスライドを数分間キープする。将来像と現在地点のあいだの差が緊張を生み出すことに気づいてほしい。

自分の頭に仕事をさせよう。この緊張を解こうとしてはいけない。頭にその仕事をさせるのだ。あなたの仕事はただ弓を引いて矢をつがえるだけだ。的《まと》に矢が飛んでいくように設定するのである。うまく狙いを定めるのがあなたの仕事だ。

やり方がわかっただろうか。では試しにやってみよう。

人生の外側を長い目で見る

長い目で見て人生がどうなるかは予測できないものの、ゴールを心に思い描くことはできる。あまり細かすぎる予想をするよりも、大まかに未来を描いたほうがいい。

どこに住みたい、どんな土地に住みたいという希望があるだろうか。トロピカルな気候？

田舎？　都会？　生活を支えるお金は十分にあったほうがいい。健康で、打ち込みたい活動に打ち込んでいる。毎日がどんなふうに見え、どんなふうに感じられ、どんなふうであったらいいのだろうか。どんなふうに時間を過ごしているのだろうか。どんな関心があるのか。好きな人や愛する人に囲まれていたいだろう。他にどんなことが大切だろうか。

外側の条件は人生の実務面にすぎない。外側は内側のための入れ物だ。そしてどうせなら、いい入れ物がいい。

だいたいの全体像があればそれでいい。あまり詳細にこだわらないほうがいい。「長い目で見て何が大切なのか」という問いに答えられればいい。

そして望む状態に比べていまの状態がどうなのか考えてみよう。生活条件はどうか。人間関係はどうか。財政状況はどうか。健康はどうか。関心事はどうか。

これで緊張構造ができる。将来のビジョンにフォーカスし、それに照らした現在の状態を付け加える。心の中でふたつのスライドを数分間眺める。上にビジョン、下に現状だ。

本を置いて、いまこれをやってみてほしい。

将来を創り出す

この章で探求してきたアイデアは、ランニング前の準備運動に似ている。軽くストレッチしてウォームアップするのだ。人生を長い目で見て、内側と外側のゴールの違いをはっきりと理解し、人生の方向がどうあってほしいかを明快にするのだ。

ここで紹介した原則は、一生を通じて何度も見返すといい。折に触れてすべてを一から考え直すのがいい。自分の心の内側を探り、自分にとって最も大切なことが何かを知り、これぞという大事なことのために人生を創り出すのである。

次の章では1年から5年の時間軸で人生を創り出していく。そのときに長い目で見た人生を忘れないことだ。ゴールを構造化するには同じ原則の多くを用いる。そうすると、手元の創造行為と長期的方向性がどうつながっているかもよりよく理解できるようになる。

第８章 1年から5年の計画

緊張構造チャートを使って短期的ゴールを生み出す実験をし、続いて人生の方向を長い目で見ることもしてみた。この章ではいまから数年の範囲にターゲットを絞ってみよう。多くの人にとって、１年間の計画を立てることが役に立つ。大きな目標を決め、どんな行動をとるかを決め、全体の戦略を立てるのだ。５年計画も悪くない。

１年から５年の展望で見ることはとても役に立つばかりでなく、互いに関連している。１年計画の詳細を詰めることによって、５年計画の大きな方向性やベンチマークが明らかになっていくのである。

ここでの思考プロセスはビリヤードに似ていなくもない。球を沈めるだけでなく、次に他のたくさんの球をどう沈めるかを考えてポジショニングするのだ。短期と長期の関係を周到に考える必要がある。人生の計画も同じだ。

内側から外側へ

この章で扱うことの多くは創造プロセスの手順に関するものだが、それにふさわしい姿勢と精神も必要だ。前の章で見たように、人生の内側は人生の外側よりも重要だ。望ましい外側の条件を整えるのも大切だが、それだけで幸せが長く続くことにはならないことをおぼえておきたい。

ということで、まずは内側からだ。私たちの創造プロセスは問題解決ではない。外側の状況を改善することで人生の複雑な課題を解決しようとするものではない。創造行為はセラピーではない。癒しのプロセスでもない。あなたの問題への解決でもない。創造行為は、自分の時間・才能・エネルギーを注ぎたいと思うほど大切なことをこの世に生み出すことだ。

外側の生活も快適に過ごすに越したことはない。しかし心の内側の争い、苦痛、混乱、不安を和らげるために外側を変えようとするのはよくない。外を変えれば中も変わると期待するのは、創造行為のプラットフォームとしてはよくない。

人生の内側が充実すれば、それは自ずと外側に現れる。逆は真ではないのである。

人生のクオリティ

１年か５年で達成するゴールを具体的に定義する前に、この期間のあなたの人生の内側のクオリティについて考えてみよう。どんなクオリティを望むのだろうか。どんな感覚、精神、打ち込み具合、関心度合いなどがあったらいいのか。希望があり、生き生きしていて、愛の感覚や人生の方向感覚も欲しい。こういう内側の感覚が人生のクオリティだ。クオリティは目的地ではなく、獲得しておきたい状態である。

あなたはクリエイターとして、物質的なゴールだけでなく、自分がクリエイターとしてどうありたいかにフォーカスして、方向性を定めることもできる。具体的な目標を考える前にそれができると、創造行為のための、しっかりとした土台を築くことができる。

いま少し時間をとって、これからの１年間をどう体験したいかを想像してみよう。

次に５年間だ。

１年間と５年間に望むものがまったく同じだったとしても構わない。人生の内側というものはさほど変わらないことも多い。

こんなエクササイズをやってみてもいい。目を閉じて、想像してみる。自分の内側の状態がどんなだったらいいのだろうか。そしていまの状態はどんなだろうか。同時に両方の状態にフォーカスしてみる。30秒から数分やってみよう。終わったらリラックスして、目を開こう。

自分の頭に緊張構造を与える

自分の頭に緊張構造を与えれば、頭は創造行為の作戦を立て始める。これをおぼえておいてほしい。もちろんいろいろな行動が必要かもしれない。緊張構造によって内的な変化と外的な行動が生まれ、両者によって頭がこの状態になるのである。このエクササイズをくり返し、加えて必要な外的行動を重ねていけば、あっという間に望んだ内側の状態が実現するようになる。最初のうちは外的環境が大きく変わることがなくても、あなたの内側から変わり始めるのだ。すると、自分の外側の環境と内側の豊かさとの明白な違いに気づくようになっていく。そうなってくれば、主導権が状況にあるのではなく、自分自身にあるのだと実感できるようになってくる。この姿勢の転換が重要だ。状況ではなく、創造こそが主たる姿勢となる。すると、外側の状況を創り出すことも、これまでよりたやすくなっていくのである。

これからの1年で具体的に何を創り出したいかを考える前に、そういう成果をどんなコンテクストで創り出したいかを考えてみよう。コンテクストというのは、あなたの人生の全体的なクオリティのことだ。ここでも内側と外側の両方がある。時間をどんなふうに使うか。どんな人たちと一緒に過ごすか。健康状態はどうか。金銭的・職業的・キャリア的状況はどうか。いまの時点では具体的なゴールによってではなく、人生のクオリティによってこれらの問いに答えることが大切なのだ。

ここで言う**人生のクオリティとはライフスタイルのことではない**。たとえば、職業キャリアにフォーカスし、そのプライマリー選択のために出張が多いというセカンダリー選択をとることがある。出張そのものは好きではなかったとする。その場合、ライフスタイルは気に入っていないが、人生のクオリティは悪くない。キャリア上の主目的のためにライフスタイルを調整しているだけだ。あまり好ましくない多くの出張が必要だとわかりながら、それは自分の人生に望む目的と矛盾しない、一貫した選択なのである。

ゴールを具体化する

自分の人生の全体的なクオリティについて考え終えたら、いよいよ具体的なゴールについて考えてみよう。私の場合は、創り出したい大きな成果目標が毎年いくつかある。本、映画、オペラ作曲、新しいワークショップや商品などだ。何らかの発見や学びたいことの場合もある。

昔、きちんとタイプを打てることが目標だった年もあった。その目標を立ててよかった。いまもこうしてタイプを打てるのだから。

達成すべきゴールだけではなく、同じくらい重要な、プロジェクトやキャリアにおける達成とは別の種類のゴールもある。たとえば家族についてのゴールだ。息子のアイヴァンとその伴侶ジェンが訪ねてくる。娘のイヴの学芸会に出席する。感謝祭、クリスマス、その他の祝祭日もとても貴重だ。私にとってこういうゴールは、職業的な成果の達成と同じくらい意味のあるものだ。

次の人生のフェーズを用意する

来年のことを考えてみよう。どんな変化を生み出したいか。生活のどこをキープし、どこをもっと発展させるか。どんな成果を上げたいか。

そしていまから5年を考えてみよう。どんな変化を生み出したいか。生活のどこをキープし、どこをもっと発展させるか。どんな成果を上げたいか。

両者の関係に気づいてほしい。1年計画と5年計画は整合がとれているだろうか。どんな関係にあるのだろうか。両者が対立するのではなく、一貫していて折り合っているのがいい。きちんと整合するように必要な調整をすることだ。このあとすぐに、ゴールのいくつかを具体化していくが、その前に両者の関係について考えをめぐらせておきたい。

ゴールについて考える

必ず自分が望む成果について考えること。解決したい問題について考えたり、行動プロセスについて考えたりするのではない。思考をフォーカスすることが大切で、最初のフォーカスは創り出したい成果だ。

紙を1枚取り出して、実現したいと思うちょっとしたゴールを10個以上書き出してほしい。それによってふたつのことができる。まず、実際に創り出したい成果をいくつか特定すること。次に、もっと本格的な目標リストをつくるためのウォーミングアップだ。

さあ、いまやってみよう。

さて、次に新しいリストをつくる。今度は、自分にとって有意義な主要なゴールを10個リストアップする。ここでも時間軸は1年間とする。大きな目標の実現には1年以上かかるかもしれないから、ここでは1年後を予測して書いておく。1年後にはどこまで進んでいるのだろうか。

リストアップしながら、目標が人生のクオリティにどうフィットしていくかを考える。人生のクオリティと合致していなくてはならない。矛盾していてはならない。目標の中には、人生のクオリティを支える上位のプライマリー目的のためのセカンダリー選択も含まれるかもしれない。

翌年に向けて5個から10個のゴールをリストアップする。

今後5年間に向けて5個から10個のゴールをリストアップする。

ふたつのリストの関連を見てみよう。利害の不一致がないように必要なら調整する。短期的なゴールと長期的なゴールが整合しているようにする。

ゴールを精緻化する

ふたつのリストの下書きができた。これを精緻化していく。以下の項目に照らしてゴールをチェックしていこう。

1　成果のイメージを心に描く。「これが創り出したい結果か」と自問自答する。

もし答えがイエスなら、欲しいものを描写できている。このチェックリストに従ってゴールを精緻化していけば、行動ステップをオーガナイズすることができる。

もし答えがノーなら、もっと作業が要る。本当に創り出したい成果を描き続けるのである。ここでどんどん細かい描写を重ねても駄目だ。ここでは無闇に詳しいよりも幅広いこと、曖昧ではなく明快であること、細かすぎるのではなく全体像があることが大切だ。

2　数量化できるゴールは数量化したか。

数値で記述できる場合は、必ず数値を書き入れること。「ビジネス拡大」と言うよりも「新規顧客5社」のほうが行動をオーガナイズしやすい。明確で直接的に狙いを定めること。これができるためには、本当に意思決定する必要がある。数量化できるものを数量化するたびに定義は明確になる。これは次に、いまの現実を定義する際にも役立つ。そこで、数値で考える習慣を身につけることが大切だ。成果を上げるうえでの正確さとパワーを増すことになる。

3　比較表現を回避しているか。もし比較表現があったら書き直すこと。

「もっと」「より良い」「少なく」「多く」などの比較表現は、比較対象があって初めて意味を持つ。たとえば「もっと健康」はいまの健康状態よりも良くなっていることを意味する。この記述では具体的な望みについての明解さに欠ける。たとえば、いまの健康状態が悪かったら、「もっと健康」でもまだ不十分かもしれない。不十分な健康は望むところではないはずだ！

比較表現を避けて、本当に望むことを絶対表現で書くのがいい。たとえば「非常に健康」というように。

４　成果を創造しているか。それとも問題解決しているのか。

問題解決は、嫌な問題をなくす行為だ。創造とは、目標を完全に実現し、創り出したい成果を生み出す行為だ。問題解決の視点からゴールを記述したら、創造や構築の代わりに解決や回避になってしまう。

本当に望む成果を生み出すための絶好の秘訣はこれだ。なくしたいことについてではなく、創り出したいことについて書くこと。

この原則を実行するとたとえばこうなる。

駄目な例　：太りすぎの問題を解消する。
書き直すと：体重を68キログラムにする。

駄目な例　：屋根の雨漏りを直す。
書き直すと：屋根が完全な形をしている。

駄目な例　：パンパンの仕事のスケジュールをなくす。
書き直すと：家庭と職業の時間のバランスがとれた仕事のスケジュールがきちんと計画され、実行される。

5　実際の成果の代わりに達成プロセスを記述していないか。

プロセスとはＨＯＷ、どうやってゴールを実現するかである。成果とはＷＨＡＴ、何を実現するかである。プロセスは常に成果のためにある。成果がプロセスの目的だ。緊張構造チャートを描くとき、最終成果はプロセスではなく結果を記述しなくてはならない。ＨＯＷではなくＷＨＡＴだ。

駄目な例　：毎日５キロ走る。
書き直すと：均衡のとれた健康な肉体。
駄目な例　：旅行に行くようにパートナーを説得する。
書き直すと：皆がハッピーな家族旅行。
駄目な例　：フォトショップの使い方を勉強する。

書き直すと：フォトショップをマスターする。

6　ゴールは具体的か、それとも曖昧か。

成果は曖昧にせず、具体的に記述すること。それによってオーガナイズが楽になる。前述のように、数値化できるものは数値で書くこと。数値化しにくいものであっても、同じ原則に従って具体化することだ。

1年計画と5年計画の両方を見て、どちらかを選んでほしい。それをあなたにとって最も重要なことのひとつにする。マスター緊張構造チャートに大きなゴールを描く。チャートは行動計画の青写真であると同時に、進捗をチェックするフィードバックシステムだ。緊張構造チャートを作成しながら、ゴールを達成するために何が必要なのかが次々と明らかになっていく。いまの現実が変化するのをトラッキングするのがうまくなる。そして主体的に打ち込みながら自分の行動を調整していくことができるようになっていく。

緊張構造チャートを構築していく

次のステップは、緊張構造チャートを構築することだ。創造プロセス全体を通じてこのチャートを利用していくことができる。進捗をトラッキングし、現状をアップデートし、期限を管理し、緊張構造のいまの状態に意識をフォーカスする。そうすることで創造プロセスの全体の勢いが増し、目標へと推進される。非常に論理的なステップもあれば、**内的創造**と呼ぶステップもある。内的というのは、心の中でビジョンを描き、いまの現実を描き、進捗や学びを思い描き、この創造プロセスのダイナミズムの一部となるのだ。ゴールと現状にフォーカスし続けることによって緊張構造が内在化され、ビジョンへと緊張を解消する方向に進むように心が動いていくのである。そうすると、すべての必要な行動をとるための活力が湧いてくるのだ。たちまち新しい着想が生まれて効率や効果を高めることになる。たまたま幸運が訪れて前進したりする。ゴールに向けての推進力が増していく感覚が生まれる。前に進んでいて、順調だということがわかる。

緊張構造チャートを作成するには、ゴールをひとつ選んでほしい。

最終成果を思い浮かべ、いまの現実を描き始める。最終成果に対して、いますでにあるものは何か。時間をかけて簡潔に記述してみよう。

いまやってほしい。

いまの現実のチェックリスト

ゴールと現状を定義できたら、チェックリストに照らしてチェックしてみよう。必要に応じて推敲すればいい。

1　いまの現実を描写するために最終ゴールを参照ポイントとして使ったか。

たとえば、別荘を建てるというゴールだったとしたら、財政状況・建築技術・不動産市況・建設業者などの現状をリストアップしただろうか。

2　関連した絵が描けているか。

3　全体像が描けているか。

たとえば、将来ビジョンに対していまの現実の全体像が得られているか。緊張構造を形成するときは常に映像で考えるのが役立つ。

4　想定や評論の類を客観的な報告に転換すること。

いまの現実を描写する際に、勝手に想定していることがないかチェックすること。想定や評論ではなく、客観的事実によって描写するのがいい。

5　ストーリーを大げさに語っていないか。

現実を描写する際は誇張を避けるほうがいい。現実をよく見せたり悪く見せたりせず、ありのままに描くのだ。

6　現実がどうであるかを記述しているか。それともこれまでの経緯を記述してしまっているか。

どういう経緯で現状に至ったかを記述しても駄目だ。いま現在どこにいるのかを知ることが必要だ。どういう経緯でそうなったかを知って学ぶことも悪くはないが、緊張構造チャートを作成するには事の経緯は省き、いまこの瞬間の現実をずばり描写したほうがいい。

7　必要な事実をすべて含めたか。

ゴールに応じて考慮したほうがいい事実が浮き彫りになる。たとえば、体重の目標なら現在の体重が含まれる。時間の目標なら、いまから期日までの時間が含まれる。他にいまの現実を記述するために含めておくべき事実はあるだろうか。もしあるならそれも含めておくことだ。

行動ステップ

ゴールと現実を定義し終えたら、いよいよ行動計画をマッピングしていく番だ。ここでは前に短期目標で使ったのと同じ形式を使うのが一番いい。ページの一番上にゴール、一番下に現実、そしてふたつの箱のあいだに行動ステップだ。

緊張構造ができたら次の問いは、「どうやってここからあそこまで行くのか」になる。両者のあいだの差に思いをめぐらせていれば、いろいろとアイデアが湧いてくる。当たり前のアイデアもあっていい。多くの行動は言われなくても当然やる普通の行動だ。しかし当たり前の行動ですら、緊張構造に置かれるとフォーカスと方向性がくっきりする。

それに新たなアイデアも湧いてくる。いったん緊張構造ができると、私たちの頭は自動的に緊張を解消しようとし始め、イノベーションや創意工夫の精神が働くのだ。

普通のアイデアと新しいアイデアが結びついて、「どうやってゴールを達成するのか」という問いに答えを出していく。

この緊張構造チャートでは、あまり細かいことをあげすぎないことだ。全体像が大切だ。全体が見えたら細部を検討する。そうすれば細部に圧倒されずに済む。いま時点の行動計画は全体の青写真であり、あまり詳細を詰め込みすぎないのがポイントだ。

いまは上にゴール、下に現実、このふたつのあいだに緊張構造があり、両者のあいだにゴール実現のための行動ステップを大まかに書き込んでおく。

さあ、いまやってみよう。

行動ステップを書き終えたら、すべてのステップに期限を書き入れていく。そうすると、全体の時間軸の中で、いつまでに一つひとつのステップが完了していればゴールを達成できるかが明らかになる。

いま、期限を記入してほしい。

行動ステップのチェックリスト

行動ステップを精緻化するためにチェックリストを使ってみよう。

1　「もしこのステップを全部実行したら、最終成果を実現できるか」と自問自答してみよう。

この問いに対する答えは、イエスかノーのどちらかだ。もしノーなら、答えがイエスになるまで行動ステップを追加すること。もしイエスなら行動ステップの記述は完了だ。

2　行動ステップは正確で簡潔に記述されているか。

行動をあまりに詳しく書きすぎる人たちがいる。たくさんの文章を書くよりも、1行か2行できっぱりと書くのがいい。短く書くこと。行動ステップを絵で思い描き、簡潔な言葉にする。それで狙いが定まる。

3　すべての行動ステップに期限があるか。

期限があることで現実味が増す。期限によってすべてのステップが時間軸にのる。行動が期日までに完了すれば、その行動は他の行動と相まってゴール実現に貢献する。

テレスコーピングして詳細を展開する

ここまでで作成した緊張構造チャートは、大まかに行動が記述されている。そして一つひとつのステップを実行するためには、さらに細かな行動が必要となる。では、どうやって細かな活動を記述してオーガナイズしたらいいのだろうか。必要な詳細を次々と記述していったら、あまりの細かさに圧倒されてしまいかねない。

そこで分割思考が必要だ。分けて考えるのである。フォーカスを分割する。まず全体像にフォーカスし、次に必要な詳細にフォーカスする。これが**テレスコーピング**と呼ばれる技法だ。

テレスコーピングとは何か

テレスコーピングというのは、小さなものが大きなものの中に収まっていることを言う。マスターチャート上の一つひとつの行動ステップが、新しいサブチャートのゴールになるのだ。

行動ステップが新しいサブチャートのゴールになれば、その新しいゴールに対して、いまの現実を記述し、続いて行動ステップを記述し、期限と責任を記入していく。

マスターチャート上の一つひとつの行動ステップについて、必要に応じて新たなサブチャートができる。第２レベルのチャートは、さらにテレスコーピングされて第３レベル、第４レベルのサブチャートができることもある。こうやって必要な詳細を展開していくのである。

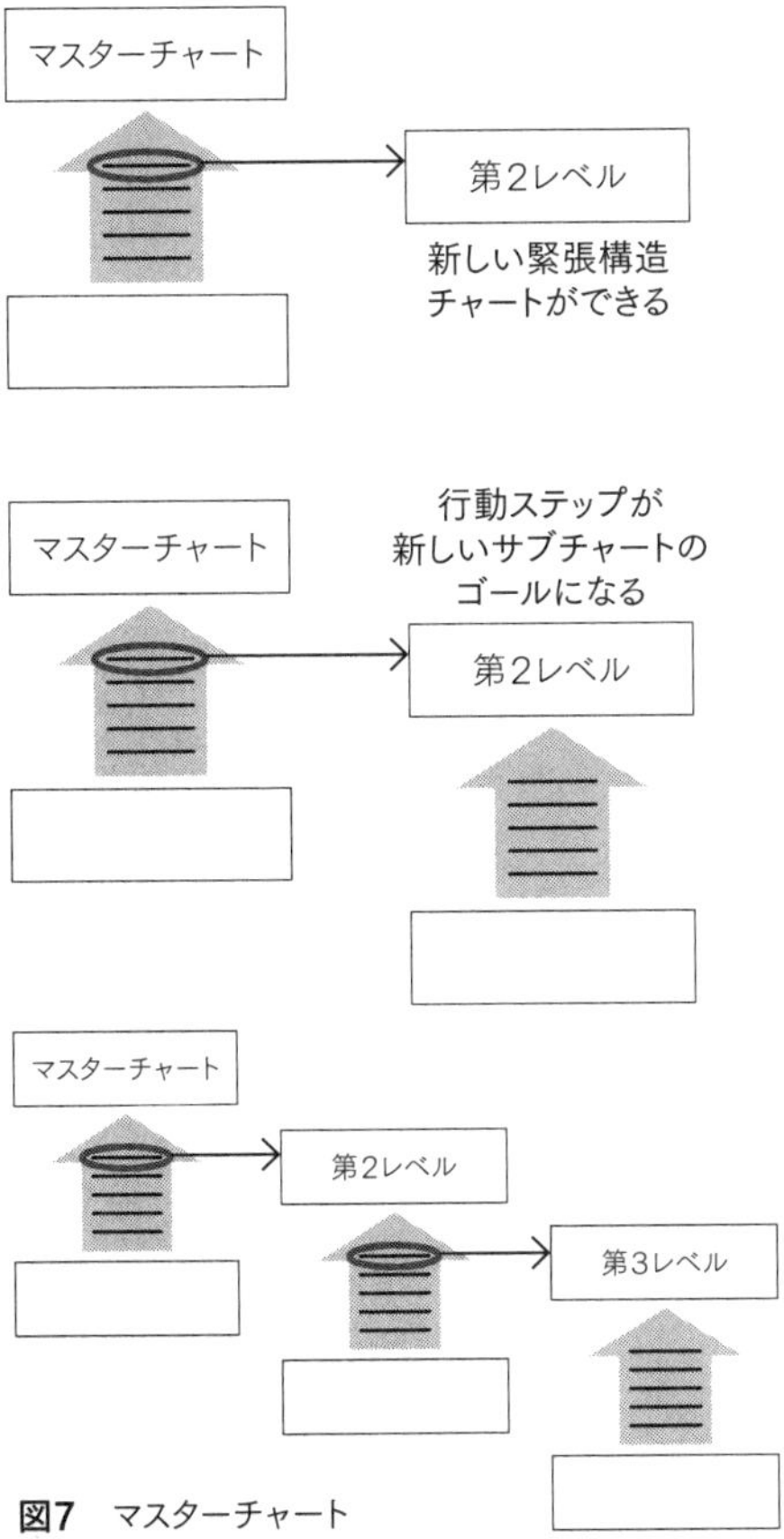

図7　マスターチャート

テレスコーピングは複雑さを単純明快にする

テレスコーピングは、細部を管理しながら全体をトラッキングする素晴らしい方法だ。ゴール実現のためにフィードバックを活かし、トラッキングし、自己管理する網羅的なプロセスを可能にする。たいていのプロジェクトではマスターチャートの下に1段階か2段階のサブチャートを使う。通常はひとつのプロジェクトにそれほどたくさんのチャートを必要としない。しかし複数の並行プロジェクトや複雑なプロジェクトにおいては多くのチャートを使うこともある。

緊張構造を管理する

緊張構造チャートを使うことで、時間・フォーカス・エネルギー・方向性・行動を非常に効果的に管理することができる。プロジェクトが複雑なときはなおさらだ。さまざまな行動の関係をトラッキングし、いまの現実における変化をトラッキングし、進捗を目に見えるようにし、意識をフォーカスすることによって緊張構造を内在化することができる。単純な「やること一覧（to doリスト）」ではできないことができる。緊張構造チャートによって、自分がやっていることと創造プロセス全体の状況との関連性が目に見えるようになるのだ。「やること一覧」は、私たちの時間感覚をいまこの瞬間の短期フレームにフォーカスする。それに対して、緊張構造チャートは時間を空間的に捉えることを可能にする。それによって目の前の行動と長期的な効果との関連が手にとるように理解でき、いろいろな創意工夫ができるようになる。緊張構造チャートで進行していくと、ゴール実現のための他のアプローチも見えてくるようになる。プロセスを調整し、効率を高め、手段の経済を創り出し、より少ない手数で成果を上げる機能美が生まれるのだ。

緊張構造チャートにはもうひとつ重要な効果がある。短期的にも長期的にも最大の成功のチャンスを創り出すのだ。ただし、ゴール達成には正しい手順だけではなく、それにふさわしい姿勢が必要だ。私たちがせっかく成果を上げても、またふりだしに戻ってしまうことがある。それはなぜなのか。手順は大事だ。しかし手順だけでは足りない。人生の中に必要な根本構造を創り出し、ひとつの成功が今後の成功の土台になるようにしていくことが大切なのだ。次の章でこのことを扱おう。

第3部

構造の刷り込み

Structural Imprinting

構造が変わると人生が変わる

ここからは、あなたの人生に最も重要なインパクトを与えうる構造の原則について見ていこう。あなたは自分自身の構造を調べ上げ、どんな影響を受けているかを知ることができる。

自分の構造について考えるうえで決定的な問いは「その構造は成功と前進を支えるものなのか。それとも成功を反転させてしまうものなのか」である。

第3部で紹介する洞察には、ユニークで類を見ない、人生を変えてしまう力があることがこれまでにわかっている。私は大勢の人たちが自分の運命を書き直し、くり返される自滅的なパターンを再構成し、人生における習熟や主体性を獲得するのをこの目でまざまざと見てきた。第3部の洞察抜きには考えられない変化である。

このパートは流し読みしてはならない。完全に論理的で容易に理解できる内容だが、しっかり消化する必要がある。じっくりと検討し、考察を重ね、分析し、熟考しなくてはならない。速読に慣れた読者だったら、このパートでは意識的にスローダウンするのがいいだろう。第3部のアイデアが腑に落ちるまでたっぷり時間をかけるのだ。真剣に探索することで初めて見えてくるものがある。用意はいいだろうか。

第9章 人生の構造パターン

1938年の映画『暁の偵察』で、主演エロール・フリンは第一次世界大戦で闘うのんびりした飛行士で、愉快な相棒のデヴィッド・ニーヴンとともに日中は危険なミッションで空を飛び、夜は町で大酒を飲んでいる。もうひとり、ベイジル・ラスボーン演じる堅物の中隊長がいてフリンの不品行ぶりに業を煮やしており、自分が転任する際、腹いせに主人公を中隊長に任命していく。ところが奇妙なことにフリンはまるで前任者そっくりの堅物になってしまって「いったい何が起こったんだ」と悪友ニーヴンは首をひねる。

この映画は実に見事によくある体験を描写している。**その立場に置かれるとその人物の性格に関係なく、同じふるまいをするようになってしまう**のだ。

組織の大小にかかわらず、こんなことが多くの組織で起こっている。誰かの働きぶりがよくないので、会社が一生懸命サポートするが、何をやってもよくならず、最終的に人員交代となる。そして半年も経つと後任者は前任者とまるで同じ働きぶりになってしまう。いったい何が起こったのだろうか。

構造のパワー

このパターンが起こるということは、誰がその役をやっても同じだということになる。これは私たちの常識に反することだ。

人がなぜそうふるまうのかについていろいろな説明がある。心理、遺伝子、文化的背景、教育、人生経験、価値観、志、才能やスキル、星座、数秘学、バイオリズム、年齢、性別、世代などだ。従業員を採用する際にテストをして入社後にトラッキングしたりする会社もある。ところが人を配置転換したときに、世代・性別・遺伝子・性格・成熟度・人生状況・職務履歴などがどんなに違っても、同じパターンが続く。

これはどういうことかというと、**個人の特性がどうであろうと、その役職の構造のほうが大きなインパクトを持つということだ。構造力学のほうが私たち個々人の特徴よりも支配的なのだ。**この原則は私たちの人生においても当てはまる。希望、才能、経験、知識、志、価値観、善意のどれよりも、根底にある構造が支配的なのである。

私たち人間は構造を求める存在だ。私たちは構造によってできていて、構造に引き寄せられ、構造に動かされ、構造に応答し、構造に反応し、構造に共鳴する。

だからといって、私たちが常日頃から人生の構造に気づいているというわけではない。ほとんどの構造は意識のレベルでは認識できない。しかし潜在意識のレベルでは、非常に本質的な形で受け取られ、理解されている。

通常は目に見えない構造も、実は原始的本能なのだ。たとえば、構造のできの悪い映画は嫌われる。構造のできの悪い本は読みにくい。構造のできの悪い広告は顧客の注意をつかみにくい。だから、映画や本や広告をつくる人たちは構造屋なのだ［哲学的ないわゆる構造主義者ではない］。つまり仕事で構造力学を使う人たちだ。

構造屋が理解しているのは、人間の精神が構造に慣れているということだ。しかるべき構造なくしては、表現、論理、コミュニケーションをマスターするのは難しい。言語そのものが構造の申し子だ。文章は名詞と動詞の構造関係と、それを彩る修飾語によって成り立っている。私たちは構造によって考え、構造によって夢を見て、構造によって見て、聴いて、味わって、匂いを嗅ぎ、感覚を感じている。

構造の基本単位は緊張解消システムだから、人間の体験をさまざまな緊張の形態が司っていることがわかる。性的体験は緊張構造のデートだし、食事や飲酒もそうだ。あらゆるスポーツは緊張解消だ。ボクシングは最も基本的な緊張解消である。力が拮抗すると思われるようなふたりのボクサーが互いを倒そうとして対決することで緊張が生まれる。観客から見たら、どちらが勝ってどちらが負けるかが基本的な緊張であり、試合結果で解消される。ボクサーから見たら、どれだけ攻撃してどれだけ防御するかという戦略的決定が緊張解消システムだ。フットボール、野球、バスケットボールなど、あらゆるチーム競技が同じ緊張解消システムを持っている。個々のスポーツごとに固有のルールがあり、その中で普遍的な構造が働いている。もしや観客は、もっと構造のない、何でもありの、何の緊張も制約もないゲームを観たがるのだろうか。もちろんそんなことはない。対戦のない個人競技においてであっても、選手は特定要素によって評価され、自己最高記録を持ち、自分の内部の力や特性を測るのだ。

構造力学は刷り込まれている

強く表現するならこういうことだ。**私たちには構造力学が刷り込まれている。**

生命誕生のサイクルは緊張解消システムである。赤ん坊は生まれる前から、音楽・詩歌・母親の発声パターンなどの構造的パターン刺激に応答している。乳幼児は最も基本的なリズムに応答するが、これは多く母親の心音という最初の刺激から来るものだ。心臓の鼓動は、物理的な緊張解消システムであると同時に、音楽的な緊張解消システムでもある。長短—長短—長短の複雑な弱強格《アイアンブ》のリズムから成っている。

ロバート・フロストは、言語とは単に名詞と動詞の構造ではなく、音そのものの構造の産物だと考えていた。声の抑揚だけで意味を伝える能力を「サウンドセンス」と呼んでいたのだ。フロストは友人にこのポイントを証明するために、そのとき遠くに見えた農夫に向かって叫んだ。「やあ、元気かい?」という抑揚で、言葉ではなくでたらめな音で叫んだのだ。すると農夫は「元気だよ。そっちは?」と返してきた。

言語や音に構造があるばかりでなく、私たちの人生にも構造がある。そして人生の構造は私たちに大きな影響を与えるのだ。

あなた自身の人生の構造を探索しなければ、自分が望む人生を創り出すことは難しいだろう。構造が間違っていたら、揺り戻しパターンに陥り、せっかく成功したことも台無しになってしまう。構造が正されていたら、確かな土台の上に人生を構築することができる。

人生が織りなすデザイン

オーソン・ウェルズの人生は気の毒だ。たくさんの伝記が書かれている（私が気に入っているのはバーバラ・リーミングのものだ）が、同じ映画の役に何度も何度もキャスティングされてしまう様子が描かれている。同じ状況に放り込まれ、同じ形式で、同じ始まりで、中盤も同じで、幕引きも同じだ。同じ決定的ポイントでいままでの成功がひっくり返される。彼の天才ぶりには疑いの余地がない。昨今では「天才」という言葉があまりに濫用されているが、ウェルズは本物の、ユニークな天才だった。ただ、彼の人生においては同一の不運なパターンがくり返されたのだ。

そのパターンは、ウェルズの監督デビュー作で映画史上不朽の名作『市民ケーン』の筋書きに似ていなくもない。主人公の少年が成り上がって権力と富を手にしたものの、裕福なのに心の貧しい、無力な人生に転落する。ウェルズはこの作品を「偉大なアメリカ失敗物語」と呼んでいる。

こういう失敗パターンは、私たち皆の回路に組み込まれている。と同時に、成功パターンも組み込まれている。偉人伝を読んで学ぶことができるのは、大成功した人々もまた山あり谷ありだったということだ。特別なリズムとサイクルがあるのだ。ダンスのような、その人固有のリズムがあって、いろんな形でくり返すのである。一人ひとりの人生には驚くべきくり返しのデザインがあるのだ。

人生の出来事に肉薄していると、デザインに気づくことができない。しかし一歩ひいて距離を置き、全体を見れば、デザインが見えてくる。そして人生のパターンが手にとるように見え始める。個々の出来事の詳細はそのつど違う。しかし筋書きは同一で、何度も何度もくり返しているのだ。

マクロ構造パターン

構造がどれほど人にインパクトを与えるかを私が最初に発見したのは、人生における出来事が予想通りのパターンをくり返すことを観察したときだった。

半年以上話をしていなかった友人と電話で喋っていたときのことだ。その前に喋ったとき、彼は新しい彼女と付き合い始めたところで、とても興奮していた。ところが半年後のいま、もう彼女とは終わっていた。何があったのか。私が聞くと、彼は話し始めた。

デスクで電話していたので、手元の紙とペンで彼がどんなステップを踏んだのかをメモしていった。友人に紹介されてふたりは出会い、彼は彼女をデートに誘ったが、彼女は尻込みした。何度か電話したりして誘い続けたら、ようやく彼女がＯＫしてディナーに行くことになった。ディナーはふたりにとって大成功で、ふたりにはたくさんの共通点があり、同じ興味関心、趣味嗜好、価値観、人生経験があることがわかった。ふたりともちょうどパートナーと別れたところだった。お互いに関わり合うことを望んでいた。ふたりともスポーツ、ランニング、セーリング、エクササイズ、バイクなどに関心があった。ふたりとも自然が好きで、森でキャンプするのが好きだった。ふたりとも同じ種類の音楽や映画が好きだった。そしてお互いを好きになっていた。

私が半年前に話を聞いたとき、彼はすっかり恋に落ちていた。ずっと探していたソウルメイトを見つけたと確信していた。最初のうちはふたりとも夢がかなったようだった。しかし時間が経つにつれ、だんだんややこしくなり、逆戻りしていた。

彼女が彼にもっと時間をつくってほしいと要求するようになってきた。彼は仕事柄、かなり出張が多かった。忙しすぎて、一緒に大切な時間を過ごせないことが増えていた。彼は自分の職業キャリアを彼女がサポートしてくれないという不満を持っていて、彼女は彼が一緒にいるときに情緒的に一緒にいてくれないという不満を持っていた。お互いに幻滅を味わっていた。そこでしばらく会わないことにした。ところが、そうなるとふたりともお互いを恋しがるようになった。彼女が彼に電話して、彼女のうちでディナーになった。また付き合い始めて、またいい感じに戻った。だがまた新たなややこしいことが起こった。彼が新しい女性に出会ったのだ。この彼女とは何度かデートしたが、特に発展しなかった。

もちろん彼女は、やきもちを焼いて嫉妬する。もっと真剣に付き合うように要求し始めた。彼は承諾して、新しい彼女とは別れた。数週間はそれでうまくいったが、彼女がコントロールしようとしたことに彼は腹を立て始めた。口喧嘩が始まり、仲直りが起こり、また口喧嘩が始まった。また仲直りするのだが、毎回毎回、今度は違う、ふたりの関係をやり直せる、と考える。最終的に、彼女は結婚してほしいと彼に言う。彼は考えさせてくれと言う。電話するのをやめ、仕事で忙しいと言う。すると彼女が電話してきて大喧嘩になる。それで彼女は嫌気がさして、関係は終わり。

彼が私に話しているあいだ、私は気づいた。その物語にはしっかりした構造があったのだ。ふたりには悪いが、ほとんど音楽の構造のようなものだった。

形式と分析

音楽院で作曲を習う学生は形式と分析を学ぶ。いろんな音楽を分析し、作曲家が曲を書くときにどんな形式と構造を使っているかを見るのだ。モーツァルトやベートーヴェンの曲を分析したり、コレルリやプーランクの曲を分析したりする。

私はボストン音楽院で形式と分析を学んだ。学部で2年、大学院で2年である。その後、大学で形式と分析を教えた。だから私が友人の話を聞いたときにまるで音楽の形式を分析するように聞いたのは自然なことだった。

あらゆる音楽と同じように、彼の話には始まりと中盤と終わりがあった。一方、彼の物語には特有の面もあった。それどころか、話を聞いていると、彼の過去の物語とそっくりな面があったのだ。

出会う → 彼が誘う／彼女は拒む → 彼が粘る

→ 彼女はようやく受け入れる → 付き合い始める →

→ お互いに夢中になる →

→ 彼は仕事で忙しくなる → 彼女はもっと一緒に時間を過ごしたい →

→ 彼はサポートされていないと感じる → 彼女は彼が一緒にいてくれないと感じる →

→ ふたりとも幻滅する → 付き合うのをやめる →

→ ふたりともお互いに会いたくなる → また付き合い始める →

→ またうまくいく → 彼が別の女性とデートする →

→ 彼女が嫉妬する → 彼女はもっと真剣に付き合ってほしいと言う →

→ 彼は承諾して、別の彼女とは別れる → 数週間はうまくいく →

→ 彼は彼女に腹を立て始める → 口喧嘩する →

→ 仲直りする → 喧嘩する →

→ また仲直りする → 彼女が結婚してほしいと言う →

→ 彼は電話しなくなる →

→ 彼女が電話して大喧嘩になる →

→ 彼女はもうやめにする／関係終了 →

図8-1　パターンのメモ

私はこんな箱でメモしていた（図８―１）。

一般的な描写に翻訳する

この物語における個別の出来事を一般的な描写に翻訳してみると、こんなふうになった（図８―２）。

ここまで記述したところで、私は彼に過去の恋愛について聞いてみた。

――チャンスが訪れた？

うん。

――チャンスをつかんだ？

うん。

――拒まれた？

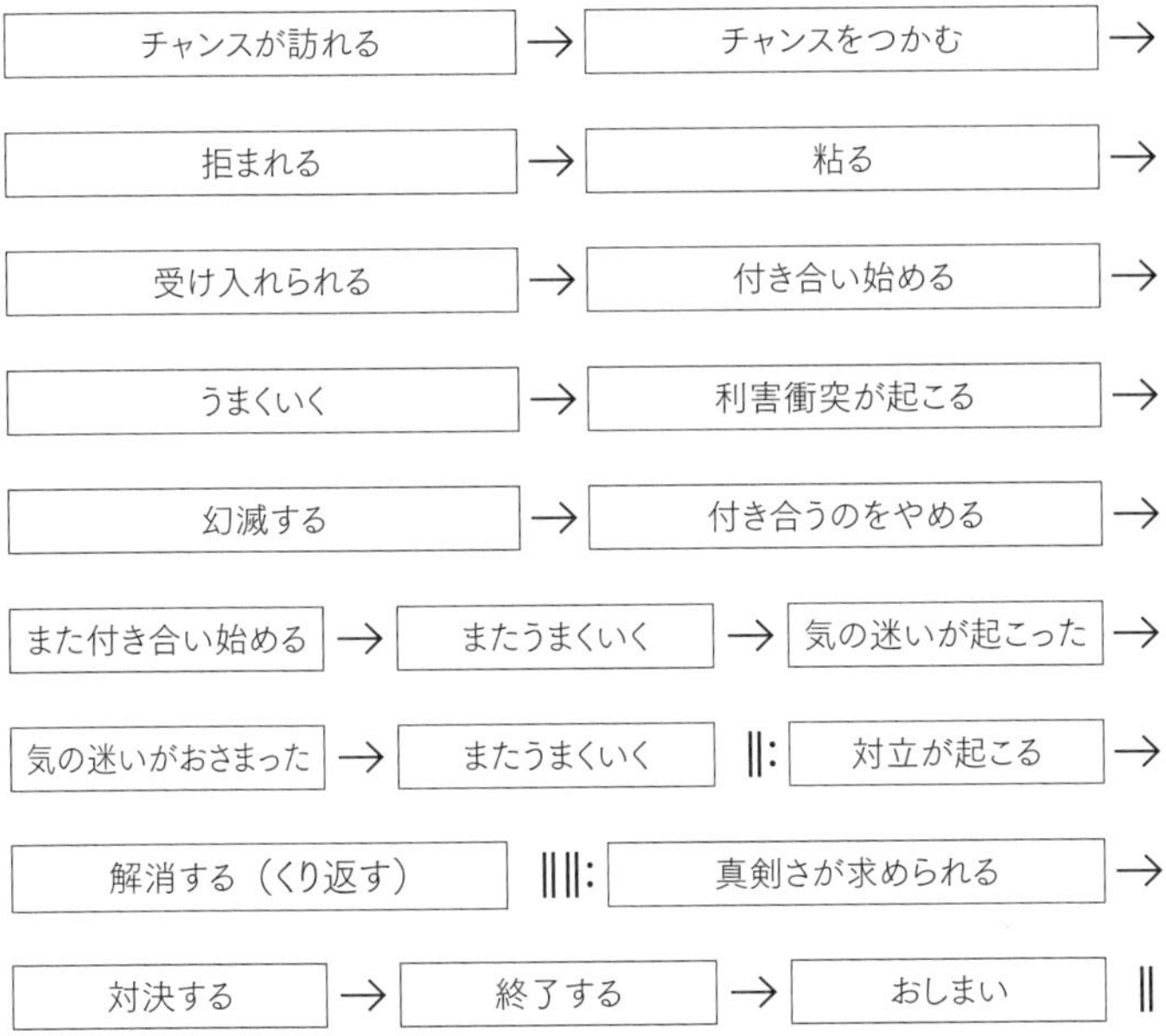

図8-2　一般的な描写に翻訳

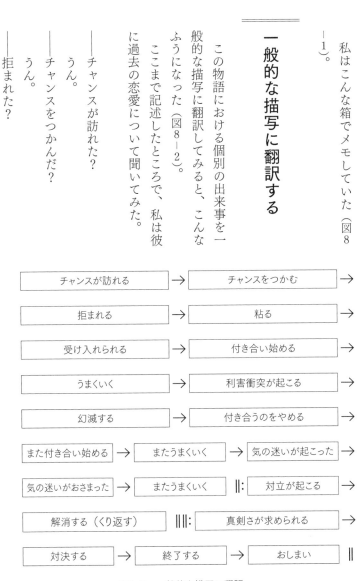

うん。

——粘った？

うん。

——受け入れられた？

うん。

——付き合い始めた？

うん。

——そしてしばらくうまくいった？

うん。

——利害衝突が起こった？

うん。

——幻滅した？

うん。ふたりとも。

——付き合うのをやめた？

うん。

——また付き合い始めた？

うん。

――またうまくいった？
うん。
――気の迷いが起こった？
うん。
――気の迷いがおさまった？
うん。
――またうまくいった？
うん。
――そのあとで喧嘩して、仲直りした？
うん。
――そして真剣に付き合ってということになった？
うん、ただ、このときは僕が彼女に結婚してって言ったんだ。
――それでどうなった？
彼女は結婚したくないって言った。
――対決になった？
大揉めになって、彼女は別れるって言った。
――で、別れた？

うん。
——それで終わり？
うん。

この時点で私は興奮していた。まったく同じ順番で全部のステップが起こってるじゃないか。唯一の違いはどちらが行動したかだけだ。ひとつ目の話では彼女が求婚した。ふたつ目の話では彼が求婚した。ひとつ目の物語は5ヵ月かかっていた。ふたつ目の話は3年かかっていた。時間の長さは違うが、同じパターンが展開されていたのだ。

そこで私は彼に聞いてみた。何かを求めて、しばらくはそれを手にしていて、最後には失ったというパターンがあったかどうかだ。恋愛以外のことを聞いた。彼の人生の別の領域でも同じパターンが存在するかを確かめたかったのだ。仕事やプロジェクト、家の建築、休暇の旅行、ダイエットなど、出てきた体験すべてに対して私は同じ質問をくり返した。チャンスが訪れたか、チャンスを取りに行ったか、最初は拒まれたか、などのように。

彼の答えは常にイエスだった。すべてのケースで彼はまったく同じパターンをくり返している。自分がステップをとっているときと、他者がステップをとっているときがあったが、パターンのデザインからすると誰がやったかは関係なさそうだった。どちらにしても同じ順番で同じことが起こっていた。すべてパターンの中に組み込まれていたのだ！

マクロ構造パターンの発見

物語の時間軸は個別の出来事によって異なる。数日のこともあれば、10年以上ということもある。その後の探求でわかったのは、同一パターンが数分で起こることもあれば、結婚や仕事のように20年以上かけて姿を現すこともあるということだ。

それから数週間、私は知っている人すべてのパターンを構築してみた。そこでわかったのは、はっきりと２種類のパターンが存在するということだ。成功するパターン（前進）と、失敗するパターン（揺り戻し）だ。

成功するパターンには独特のスタイルとリズムがある。このパターンでは、最初の成功が失われることなく強化されていく。

失敗するパターンは揺り戻す。このパターンでは、最初の成功が必ず逆戻りし、台無しになる。

この友人との電話の会話以来、私は何年もずっと同じ問いについて探求し続けた。**どうしてこういうパターンが存在するのか。失敗するパターンをどうしたら変えられるのか。成功するパターンをどうやって強化できるのか。**

この発見をしてから半年のあいだに、私は新しいワークショップを開催した。**マクロ構造パターン**という名前をつけた。

「マクロ構造」という言葉は音楽分析から来ている。これは音楽作品の優位構造のことだ。ミクロに対して、マクロというのは、何かを全体的に大きく眺めたものである。ここで「マクロ構造パターン」というのは人生の大きな形に注意を向けるというニュアンスにふさわしい。

パターンを変えるのは難しい

私は浅はかだった。人のパターンを変えるには、それについて教えてあげるのが一番だと思っていた。特に、失敗するパターンについて知れば、それだけでパターンを変えられるのではないかと思っていた。状況に振り回される代わりに、もっと賢い選択をしたらいいのだ。そう願っていた。そんな簡単なことだから、ワークショップは9時から5時までの1日で開催した。

ワークショップには45人ほどの受講者が来た。私はパターンについての発見を紹介し、一人ひとりのワークをガイドして、揺り戻すマクロ構造パターンを描き出すようにした。全員ができた。ところが、である。ワークが進むにつれ、部屋が揺れ始めた。受講者たちが頭に来たり、落ち込んだり、腹を立てたり、絶望したり、イライラしたり、ふさぎこんだりして、とても重たい雰囲気になったのだ。揺り戻すパターンを発見した人たちの大半が、失敗が宿命づけられていて、自分が否定されているように感じたのだ。

自分のパターンを見て絶望した人たちは、まるで自分の人生が失敗するように宿命づけられているように思ったのである。多くの受講者が駄目なパターンの真っ只中にいた。仕事やパートナーとの関係が、過去に犯したのと同じ失敗パターンをたどることを運命づけられていると言われたように思ったのである。

自分を否定されているように感じた人たちは、自分の人生の物語についての理解がパターンによって否定されていたのである。それは想像を絶するほどだった。ただ単に人生状況に翻弄されたり、他者の悪行によってひどい目にあったりしていたのではなく、自分に原因があるとわかってしまったのだ。

ひとりの憤慨した女性の受講者のことを思い出す。彼女が離婚したことを劇的に語り、特に別れた夫が悪者であるという物語が、発見したパターンによって完全否定されていたのだ。これは彼女だけの体験ではない。

どんどん部屋の温度が上がっていき、私は「いったい何が起こってるのだろう。今日の受講者はみんな頭がおかしいのだろうか」と思っていた。

次に私はうまくいくパターンを提示した。すると受講者たちは、目標達成に成功するパターンを発見することができた。それでも大半の人たちはまだ駄目なパターンにこだわっていた。私にとって大いに学びとなった1日だった。

私の学びは何かというと、マクロ構造パターンを知っても、それだけでパターンが変わるわけではない、ということだ。それどころか頭がおかしくなる人たちもいるのだ。もうひとつわかったことは、自分の人生を説明する物語をすっかり気に入っている人たちは、客観的にそれが間違いだと認めることが難しいということだ。

物語とマクロ構造パターンの違い

その後の何年にもわたって、何万人もの人たちのマクロ構造パターン構築を手伝ううちに、その人の年齢によって反応が異なることに気づいた。「人生の中では予測できる力が働いている」という事実に対して、大人になるほど抵抗が強い。若者たちの多くは正反対の反応をする。人生の出来事がでたらめではなく、因果の力学が存在すると知って喜ぶのだ。若者ほど世界がどうなっているかわかることをありがたがる。

大人になるにつれ、私たちは自分の人生について物語をこしらえていく。その物語によって自分の現実を都合よく秩序化していくのだ。だから物語に合致しない話は混乱を呼び、不愉快なのだ。自分のこしらえた物語によって偏見や先入観が生まれ、それらに照らして人生経験を測るようになる。そしてこの物語は、実際に人生を支配しているマクロ構造パターンと真っ向から対立することが多い。

この物語というのは、誰が誰に何をしたというような実際の出来事の詳細についてだ。一方、パターンを見れば、詳細は装飾的なもので、因果的ではないことが明らかになる。個別の出来事の詳細を見れば、一つひとつがユニークで、毎回まったく新しい展開に見える。しかし詳細を離れ、出来事の形態と順序を記述し、決定的な転換点を記述すれば、まったくユニークでも何でもない、またまた同じことが起こっているというのが見てとれるようになる。

パターンの原因は何か

どうしてこんなパターンが存在し、くり返し起こるのだろうか。この問いによって私はさらに深い問いへと導かれ、さらに深い観察と深い理解へと誘われた。この探求から**すべての道は構造へと通じる**ということが明らかになった。

構造には目的があり、その目的とは均衡である。構造は、自分の中にあるすべての要素が均衡することを望むのだ。不均衡があると、構造はなんとかして状況を変えて均衡を保とうとするのである。

私が「構造が望む」と言うのは、構造が実際に生きていて意思や心を持っているという意味ではない。構造に人格がないのは重力と同じことだ。まるで構造に心があるかのような話をしているのではなく、**純粋に物理的な自然の力について記述している**のである。

どちらにしても、構造は不均衡を終わらせようとし、均衡を確立しようとするのだ。構造の中に不均衡が存在すれば、必ずそれは変化を引き起こそうとする力になり、その力がふるまいの傾向を生むのである。

私たち人間にとっては、不均衡よりも均衡がいいとか悪いということはない。不均衡があってもちっとも構わない。ところが構造は構うのだ。そこで私たちはこの事実を戦略的に利用して緊張構造を意図的に確立するのである。ゴールといまの現実とのあいだの差が不均衡をもたらす。すると構造は均衡に向かい、私たちが目標を達成すると均衡に到達する。目標達成時点で「ゴール＝現実」となるからだ。「望んだ状態＝現実に存在する状態」となり、均衡が確立するのである。

どういうわけで揺り戻しパターンがあるのか

緊張構造は単純な構造だ。だからといって、緊張構造をつくるのがいつも簡単というわけではない。難しいのはしっかりした規律とスキルをもって実行することだ。複雑さではない。必要なスキルというのは、たとえばこういうことだ。ゴールについてどう考えたらいいのか。現実を正確に把握するにはどうしたらいいのか。戦略的に行動を起こし、失敗を含む体験から学び、ときに厳しい選択をするにはどうしたらいいのか。

しかし、構造として見るなら、緊張構造は単純だ。**たったひとつの支配的な緊張しかなく、それは完全に解消可能だからだ。**いったん緊張が解消されたら、その成功を維持するのを妨げる動力はそこに存在しない。

揺り戻しは、もっと複雑な構造によって生み出される。

たとえばこんなふうに考えてみたらどうだろう。ピクルスの味が大好きだったとする。ところがピクルスを食べるとお腹が痛くなる。そこでピクルスに手を伸ばすたびに複雑な気分になる。ピクルスを見ると食べたくなる。まるで食べてくれと言わんばかりに見える。しかし、前回この酸っぱいピクルスを食べたときにお腹が痛くなって午前4時半まで眠れなかったことを思い出す。「まあ、ちょっとくらいなら大丈夫だろう」と自分に言い聞かす。前回は大きなピクルスを3つも食べたのだ。そしてピクルスをふたつ口にすると、その素晴らしい味を楽しみつつも、またもや前回の夜中の苦痛を思い出してしまう。

この些細なケースから、典型的な揺り戻しパターンが見てとれる。複数の力が競り合っているのだ。ピクルスを味わいたいという力と、苦痛を回避したいという力のふたつである。

競り合う勢力が揺り戻しにつながる

揺り戻しパターンでは、ふたつ以上の力が競り合っている。ひとつは何かが欲しいという力で、たいてい何かの目標・成果・結果だ。ところが構造の中に埋め込まれたもうひとつの力があって、「その何かを手に入れるのはまずいのだ」と言うのである。

なぜまずいのかは人によって違い、構造によって違う。

構造によっては、あなたがその成功にふさわしくないからまずいのだ、というものもある。また別の構造では、「成功すると悪いことが起こるから」というものもある。また別の構造では、「世界には苦しんでいる人がいるのだからあなただけが成功するのはよくない」というものもある。また別の構造では、成功があなたの存在を正当化しない、「利他的な行為に勤しんで自分の人生を正当化しなくてはならない」というものもある。
こんなふうにたくさんの要素が人の構造には埋め込まれている。こうした構造要素を観念と呼んでいる。

複雑な揺り戻し構造には、次の３つの要素が絡んでいる。目標・ビジョン・欲望、いまの現実、そして望んだものを手にするのはまずいとする何らかの観念だ。

ひとつの構造にこの３つの要素が存在すれば、自ずと競り合いが生じる。まず、創り出したい成果にアプローチすると、最初の支配的な要素はビジョンと現実だ。ビジョンと現実のふたつの要素が構造内に緊張解消システムを形成する。

そして目標に近づくにつれ、望む状態といまの状態の差が減り、両者のあいだの緊張が緩む。そうなると、構造に埋め込まれたもうひとつの緊張解消システムがアクティブになる。それは、望むものを手に入れた状態（現実はそれに近づきつつある）と、望みを手にしてはまずいという観念とのあいだの緊張だ。これが食べたいのに食べたくない、ピクルスの法則である。

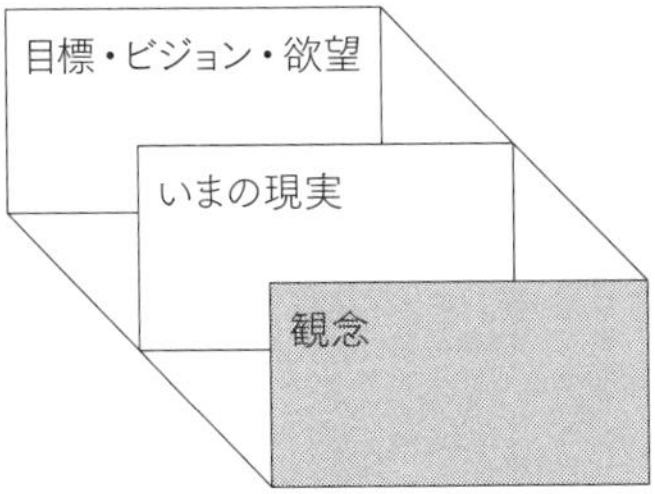

図9　揺り戻し構造の3つの要素

最小抵抗経路

『最小抵抗経路（The Path of Least Resistance）』（未邦訳）という著書の中で説明したことをここに示そう。この原理を理解するために、ふたつの壁のあいだに立った人をイメージしてほしい。

腰のまわりに2本の大きなゴムがあって、両側の壁につながっている。ひとつのゴムは前方の壁、もうひとつのゴムは後方の壁だ。ふたつのゴムはそれぞれ別々の緊張解消システムだが、この人物のひとつの構造の中で競り合っているのだ。

現実の中では、この人は前の壁に近づいているときもあれば、後ろの壁に近づいているときもある。詳しく見ていこう。

前の壁には「ビジョン」と書かれている。後ろの壁には「観念」と書かれている。この観念は「望むことを手にしたらまずい」というものだ。

この人が自分のビジョンに近づくと、前方のゴムは緩む。そして後方のゴムはどんどんきつくなっていく（図10－1）。

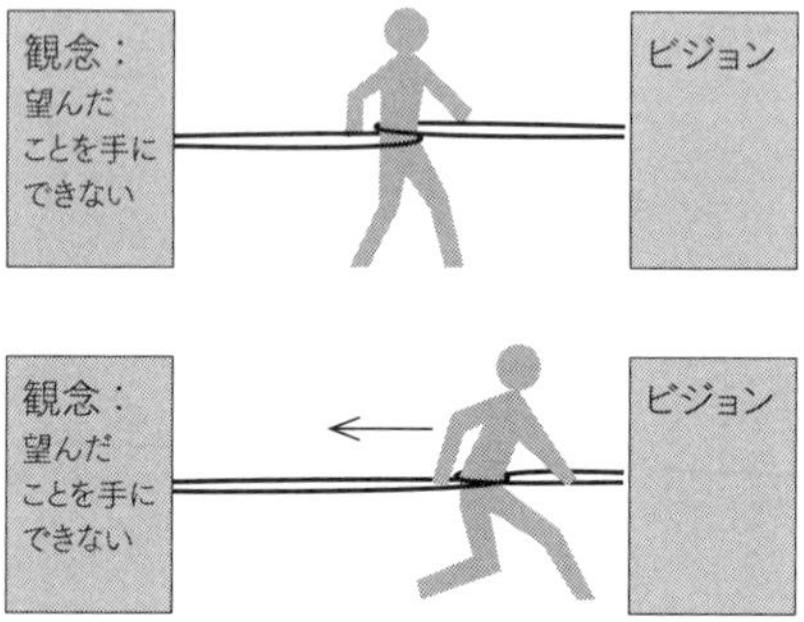

図10-1　ビジョンと観念の緊張解消

この構造の中では、支配的な緊張解消システムがビジョンと観念のあいだに存在する。望みをかなえるビジョンと、望みをかなえるのはよくないという観念だ。成果を上げていれば上げているほど緊張は高まっていく。何しろよくないことが起こっているわけだから。高まる不安と恐怖を構造が解消しようとしてくる。つまり、構造が不均衡を解消しようとするのである。「最小抵抗経路」という言葉は、自然の中でエネルギーが最も抵抗を受けない、進みやすい方向に進むことを言っている。この図を見たとき、この構造で最も進みやすいのがビジョンから離れる方向だということがわかる。そう、それこそが、揺り戻しパターンで起こっていることだ。成果を上げたことによって、その成果をキープできなくなってしまう。反転が起こるのである。

この構造は、力強い不均衡の状態にあって、均衡を回復しようとしている。均衡を回復すること、それが構造の目的なのだ。言い方を変えると、成果の反転はまさに構造がしかるべき働きをしているだけ、ということになるだろう。

さて、その人が自分のビジョンの実現から離れていくと、今度は新たな支配の転換が起こる。現実がビジョンから離れていく一方、当初の欲望は残っているので、今度は望む状態といまの状態のあいだの緊張が高まり、それが支配的な緊張となっていく（図10－2）。

ここで、具体的な目標はもはや関係ないこともある。しかし同じ種類の目標

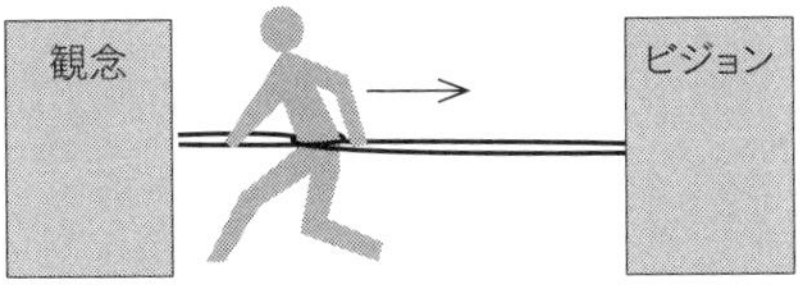

図10-2　ビジョンと観念の支配転換

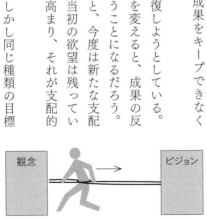

が作動しているのだ。たとえば、離婚したばかりで、離婚した相手とやり直すことはまるで考えていなくても、愛のある新たな関係を望んでいるといったことがある。

この種類のパターンは実に皮肉に満ちている。私の知っている人たちで、誰かとの関係が終わり、もう二度と恋などごめんだと誓ったと思ったら、その翌日には新しい相手を見つけていたりすることがよくある。たった1日でなじみのパターンに逆戻りするのだ。

構造は均衡をゴールにする

構造のゴールは、前方のゴムと後方のゴムとが同じ緊張を持つこと、つまり均衡することだ（図10－3）。

構造のゴールと私たちのゴールは異なる。私たちは自分の望みをかなえたいのだ。ところがこの構造では、**望みがかなうことこそが最大の不均衡をもたらすのである。**

この構造力学のパワーを端的に示すとこうなる。

出来事：望む成果を手に入れること

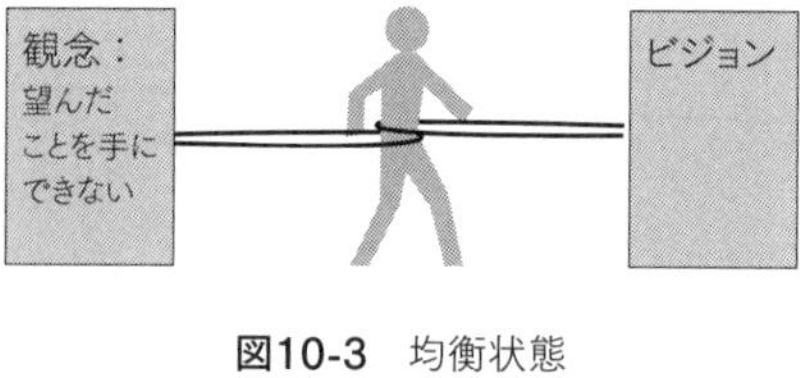

図10-3　均衡状態

うまくいくパターンでは、これが**完璧な均衡ポイント**となる。（ゴムが完全に緩んでいる）
うまくいかないパターンでは、これが**最大の不均衡ポイント**となる。（１本のゴムが完全に伸びきっていて最大の緊張を生んでいる）

揺り戻しパターン実験

マクロ構造パターンを見つけてから、私はたくさんのアプローチを試みた。まず後方のゴムを切断しようとした。次に、その人の信念や観念を変えようとした。試みの結果は、目から鱗が落ちるものだった。**人はたいてい自分の大切にしてきた信念や観念を変えようとしない**ということだ。これは「信念を変える」と謳う仕事をする人にとって厄介な洞察だ。もし信念が変わらないなら、ゴムを切ろうとしても無駄なことである。

もうひとつ私が試みたのは、パターンの中断だ。自分のなじみのパターンがわかったら、なじみのステップの手前で普通とはまったく異なる行動をとるのだ。たとえば、もしステップ６でいつも対決を避けていたなら、今度は対決を受け入れるのだ。もしステップ４でいつもいきなりプロジェクトや何かに飛び込んでいたなら、今度は用心深く、ためらいがちにするのだ。

こうした一連の実験ではっきりわかったのは、確かに個々のステップを変えることはできるのだが、全体のパターンは変わらず続くということだった。いくら個別の行動の質を変えても、揺り戻しのサイクルそのものはまったく変わらなかった。成果は台無しになり、成功は反転した。結果は同じだった。ステップをひとつふたつ変えたところで、それ以外のパターンに影響しなかったのである。

信念を変えようとしても無駄な努力

アファメーション（自己肯定）や立証によって信念や観念を変えようとしても、それはうまくいかない。

アファメーションというのは、潜在意識を再プログラミングしようとする試みだ。コンピューターの再プログラミングと類似したアイデアだ。新しい信念で古い信念を上書きし、それが潜在意識をガイドするというものだ。たとえば、「自分は馬鹿だ」と思っていたなら、「自分は賢い」とアファメーションする。「自分は成功にふさわしくない」と信じていたなら、「自分は素晴らしい成果に値する」とアファメーションする。「自分は意志薄弱だ」と思っていたなら、「自分には決意と覚悟がある」とアファメーションする。

アファメーションによって信念が変わらない理由はたくさんある。最も大きな理由は、**信念を変えようとする試みそのものが信念を強化する**というものだ。これを**ブーメラン効果**と呼んでいる。「自分は馬鹿だ」と思っている人だからこそ、「自分は賢い」などとアファメーションを始めるのだ。「自分には成功がふさわしくない」と信じるからこそ、その正反対をアファメーションするのだ。「意志が弱い」と思っているからこそ、決意や覚悟を意識に叩き込もうなどと考えるのだ。

信念や観念を変えようとするもうひとつのアプローチは、立証である。信念を反証する立論を行うのだ。「自分は臆病だ」と思うなら、「臆病ではなく勇気がある」という証拠を積み上げていく。スカイダイビング、危険なバイクレース、エクストリームスキーなど数々の向こう見ずな快挙を重ねていく。何年もかけてそういう体験をかき集めていけば臆病じゃないという証拠になるだろう、勇気がなければできないことだ、というわけだ。ところがあいにくなことに、こういう経験は跳ね返ってきて、もともとの信念を否定する代わりに強化してしまう。これもブーメラン効果だ。

なぜ体験収集を行うのか、その動機がすべてを語っている。なぜ勇気を証明する体験を追い求めているのだろうか。こういう体験の意味をどう定義しようとしているのだろうか。そもそも臆病でなかったら、自分に勇気があるとわざわざ立証しようとしたりするものだろうか。そんなにしてまで証拠を集めなくてはならないということ自体が、勇気のないことを示唆している。

自分の人生を創り出すということ

あなたは自分の人生を創り出している。これは、個別の状況すべてに責任があるという意味ではないし、どうやって自分の人生を創り出しているのかを知っているという意味でもない。「自分の人生を創り出している」という意味は、最終的に、あなたが人生の結果を生み出す中心人物だということだ。

この「人は自分の人生を創り出している」というアイデアは、この数十年でポピュラーになった。ただ困ったことに、「どうやって人生を創り出しているか」について、多くの説明が「信念」に紐付けられてしまっている。つまり、信念が人生を創り出しているというわけだ。何かが真実だと信じることによって、人の体験がその信念に近づいていくのだという。そこで、「人生を変えるには、信念から変えろ」ということになる。「自分をもっと高く評価しろ」「将来についてもっとポジティブに考えろ」「自分のビジョンを否定するような信念を変えろ」などと言うのである。そうなると、いろいろな信念の交通整理をして、いい信念にゴーサインを出し、悪い信念にストップをかけることがあなたの仕事となっていく。

このアプローチを何年も試す人たちがたくさんいる。自分の目標に向かうのに都合がいいと思う信念を保持できるように信念体系を整えようとしたりする。あるいは成功に必要と思われる信念を新たに生み出そうとしたりする。たとえば、「自分は成功にふさわしくない」と思い込んでいたら、「そんなことはない、自分こそ成功にふさわしい」と自分を説き伏せようとしたりする。「自分は賢くない」と思う人は、「いやいや、自分は頭がいい」と自分に言い聞かせたりする。ネガティブなこと一つひとつにポジティブなことを当てていく。ポジティブな信念のアファメーションを徹底する。それによって潜在意識を再プログラミングするのである。そうすれば望みの成果が現れると信じて。

この仮説を採用したら、その計画を採用することになるだろう。人は誰でも自分の望む人生を本当に創り出したいからだ。ところが信念をいくら変えようとしても、それが成功にはつながらない。それどころか揺り戻しパターンになってしまう。

それはこういうパターンだ。自分の思い込みを見つけ、そのワークをし、いくらかポジティブな変化が現れ、気をよくして、多少の成果を上げる……（ここまでは悪くない）。しかしそこで反転が起こる。せっかく上げた成果から引き離されるようなことが起こる。危機的状況、問題状況、想定外の事故、利害相反、退屈、予想外の悪い結果など。「そういう反転が起こるのは悪い思い込みがあるからだ」と、さらに信念を変えるワークを行う……。

ここで意識が内向きになっていく。自分の目指すゴールに対して、現実がどう推移しているのかを観察する代わりに、自分自身の信念体系が整っているかを見に行ってしまう。これが間違いのもとだ。多くの場合、自分の「隠れた思い込み」（心の奥底で信じているが、表面ではそう思っていないこと）を探しに行ったりする。すると、あれこれ思い浮かんだことをいちいち顕微鏡で精査する羽目に陥る。これは最終的に負け戦だ。自分の望む成果を創り出す力は失われ、自分の思い込みを操作する以外に、もはやできることがなくなっていく。すべて失敗したあとでも、まだ達成したいゴールは残ったままだ。そこであなたは「今度こそうまくいくように」と思い込みを見直すワークをする。そして、またしても同じ揺り戻しパターンとなり、一時的に成功したあと、逆戻りが起こる。

あなた自身にこのパターンがあるかどうかチェックするには、過去に何かで成功したあと、何が起こったかをチェックするといい。いい終わり方をしたか、それとも成功のあとに反転があって最初の成功を維持できなかったか。

構造力学の研究で、この揺り戻しパターンはくり返し起こっているということがわかっている。しかし自分自身がそのパターンにはまっているときにはそれに気づくのが難しい。何しろ自分の進みたい方向に進んでいる時間帯だってあるのだ。パターンは、反転が起こる前まで成果の実現を含んでいる。

正気の呪い

自分がこれから何を信じるかを常に決められるとは限らない。私たちはたいてい「正気の呪い」にかかっているからだ。正気というのは、現実を観察できるということだ。鳥を見たら鳥だと思う。それを犬だとか自動車だとかＣＤプレイヤーだとかスイミングプールだなどと無理やり信じることはできない。

一方、人間の悪い癖で私たちは何か見たものから象徴をつくり出してしまう。鳥を見て、「これは幸運の兆しだ」「死の兆しだ」「春の兆しだ」などと言ったりする。観察と憶測をごちゃ混ぜにしてしまい、頭が混乱する。しかし正気が少しでも残っていたら、そのまま暴走することはない。どこかのポイントで憶測をやめて現実に戻るのだ。「それは鳥だ」と。白を白と言い、黒を黒と言おう。たわ言は終わりだ。

もし過去に、あなたが自分の信念を操作して人生を創り出そうとしたことがあったなら、信念と正気のあいだで葛藤を生み出したことだろう。「あの鳥はスイミングプールだ」と自分に言い聞かせるたび、あなたの理性は自動的に否定する。心の中のプロセスはこんな感じになる。

あなた　あの鳥のようなものは、本当はスイミングプールだ。
理性　たわ言だ。
あなた　本当にそうだよ。
理性　たわ言だ。
あなた　あの鳥を見るとスイミングプールに見えるんだ、だからあれは……
理性　たわ言だ。

観察している現実に合わない信念を信じ込もうと試みれば試みるほど、理性は反逆する。ポピュラー心理学やポジティブ思考運動は、「心にイメージを与え続ければ理性はその方向に動く」と言い続けている。彼らが無視しているのは、人間の理性が正気を保とうとすること、そして真実を大切にすることが人間的価値として息づいていることである。もちろん人間は洗脳されうる。しかし、現実と合致しない信念を採用するためには、強烈な洗脳が必要となる。実際、洗脳の手法には、現実そのものを参照軸として除外するものもある。そうでもしなければ、理性は絶えず現実を観察し、現実にそぐわない信念を排除していくからだ。

私たちが信じたいことと、現実とのあいだの葛藤は、真実でないと思っている信念を無理やり受け入れさせようとしたときに強化される。そして私たちは自分自身を裏切ることになる。自分を信用できず、ニセモノのような気がしてくる。混乱し、朦朧とし、なんとか泥沼から抜け出そうとする。信念が迷信になる。「正しい信念」を持つことが魔法のお守りを持つことになる。しかし時が経つにつれ、魔法は効かなくなっていく。

「信じたら見える」（I'll see it when I believe it）というのは、「見たら信じる」（I'll believe it when I see it）という古い英語の言い回しを巧みにひっくり返したものだ。実際には、現実が変わって信念が変わるものだ。現実に合わない信念をつくり出そうとするよりも、変えられる現実を変えたほうがいい。それが創造プロセスである。

創造と信念

ここが大事なポイントだ。あなたが何を信じようと、創造プロセスを実行できる。信念体系と創造行為は無関係なのだ。ところが、成功するために信念の中身が大切だと思って操作したりすれば、時間と労力を無駄遣いすることになる。それればかりか、揺り戻しパターンになってしまい、一度は成功したことも逆戻りしてしまうのだ。

自己肯定感運動《セルフエスティーム》は、人生で成功するには高い自己肯定感が大切だと説いている。アメリカ国内外の税金が何百万ドルも公共教育の自己肯定感プログラムに費やされている。膨大な投資をしているのは、単純極まりない間違った考えに基づいている。もし自己肯定感が高まれば、素行はよくなり、生産的になり、自分が成功にふさわしいと思うようになるという考えだ。どうしてこんな考えが、大勢の真面目で善意の人々によって支持されているのだろうか。

それは、この理論の信憑性を大勢の人が認めているからだ。当初は一見いい考えに見え、悪くないように聞こえた。しかし多額の投資が行われ、長い年月が経ち、圧倒的な研究結果が出て、この理論の間違いが疑いの余地のないほど明らかになっている。自己肯定感が高い生徒のほうが低い生徒よりも問題を多く抱えていることを示す調査もある。自己肯定感教育は学業成績を向上しなかったという調査結果も出ている。

歴史を紐解けば、このことは驚きでも何でもない。偉人伝を紐解けばわかるように、多くの偉人たちの自己肯定感は低いにもかかわらず、彼らは成功し、生産的で、自分の人生において大切なことを創り出している。

創造プロセスから信念を外す

構造力学の研究からわかったのは、どんな信念を持っていようと、その中身は自分が創り出したい人生を創造する力に特に影響がない、ということだ。ただし注意すべき要素がひとつある。それは観念という要素だ。

信念というのは観念の一種である。自分をどう思うかは自己観念であり、世界をどう思うかは世界観念、宇宙についての信念は哲学的観念と言える。他にも個人的・社会的な理想、子供、宗教、科学、金銭、セックス、ロマンス、人間関係、キャリア、政治などについての理想はすべて観念である。こうした理想はすべて、世界はこうあるべきだという絵だ。または自分たちはこうあるべきだという絵を含むこともある。

美術学校の教育では、観念を観察から切り離すことを学ぶ。静物画でも風景画でも、美術の学生は最初自分が何を見ているかわかっていない。見えていないから、観念で描こうとし始める。描こうとしている対象を観察する代わりに、それはこう見えるはずだという観念を描いてしまうのだ。頭の中に観念の絵が存在していて、目の前の対象ではなく頭の中の観念を描き始める。

美術の教師は、観念のフィルターを外して事物そのものを観察することを学生に教える。美術教師は、観念が真の観察の敵だと知っているのだ。きちんと学べば学生は観察できるようになる。しかし学習途上においては、観察の焦点を再構築することを学ばなくてはならない。

美術の教育は、私たちすべてに大事な教訓を与えてくれる。人生を構築する創造プロセスにおいて最もパワフルな構造は、緊張構造だということだ。

揺り戻しパターンと前進するパターンとの違いは何か。それは観念の有無である。

私は１９８０年代初頭に初めてマクロ構造パターンを発見して、当初は「皆が自分の思い込みを変えたらいいのだろうか」と思って実験していた。そうしているうちに画期的な発見があった。違うのだ。信念・思い込みを変えようとするのではなく、創造プロセスの構造から丸ごと追い出せばよかったのだ。

信念や思い込みは変わらない。そのままでいい。ただ構造の中の要素ではなくなるだけだ。構造が変われば、構造的な傾向が変わる。観念が構造の一部でなくなったら、構造の中にはふたつの要素しか残っていない。つまり、「望む状態」と「実際の状態」のふたつだ。したがって緊張構造しか残らない。緊張構造は、緊張を解消して均衡を達成し、ゴールを実現することができる。

創造プロセスを正確に見る

どうやったら創造プロセスから観念を外すことができるのだろうか。

その答えは、**創造プロセスをもっと正確に見ることで明らかになる。**そもそも、どうして私たちは何かを創造したいと思うのか。何かを創り出したいというのは、まだ存在していない対象を、それが大切だからこそ、この世に生み出したいと思うことだ。**そこに観念の入り込む余地は一切ない。**

検証してみよう。あなたの持つ信念は、

- あなたが何かを欲しいと思う。
- それに対していまどんな現実の中にいるか。
- 必要な手段をとって欲しいものを生み出す。

という事実といったいどんな関係があるのだろうか。

答えは、「何ひとつない」ということだ。欲しいものが欲しいためにいったいどんな信念が必要だろうか。どんな自分でいる必要があるのだろうか。自分をどういうイメージで見る必要があるのだろうか。そういう信念は、創造プロセスと一切関係ない。だから**信念を変えようとする代わりに、ただ現実をしっかり正確に観察したらいい**のである。

観察すべきなのは、自分の志、いまの現実、そして志を実現するには何らかの行動を要するということだ。自分をどういう人間だと思うかなど無関係だ。

関係あるのは、自分にどんな能力があるか、どれだけ必要なことを学べるか、どれだけ正確に現実を観察できるか、どれだけフォーカスできるかである。こういうスキルは時間をかけて学ぶことができる。創り出しながら、創り出す力を向上させるのだ。

信念や思い込みを変えようなどと一切しないこと。自己操作など一切止めること。自分が何者かではなく、自分が何を創り出したいか、から考えるのだ。これがポイントだ。これはあなた自身についての問いではない。あなたが創り出したいものについての問いだ。

また、観念は現実を正確に観察する目を曇らせる。観念ではなく、現実を見なくてはならない。良いものも、悪いものも、醜いものも、美しいものも、すべての現実をありのままに見るのだ。美術の学生と同じように、何を見ているべきかという観念を抜きにして現実そのものを観察することを学ぶのだ。

信念をあれこれ操作するのをやめ、ただ創造するスキルを学ぶことによって、もっと創り出したい人生を創り出せるようになる。多くの場合、人生における私たちの志は、いまの自分の能力を上回るものだ。もしそうだったら、見るべきものはあなた自身でもあなたの信念でもなく、あなたのスキルだ。だからスキルを向上することで、最終的にゴールを達成することができる。志が能力を上回る場合、当然うまくいかないことがある。どうしようもない愚か者に見えることだってあるだろう。そこで、自分の能力ではなく自分自身をテーマにしてしまったら、正直に自分の能力不足を観察することができなくなってしまう。どうしてそんなにうまくいかないのか。根の深い間違った思い込みのせいなのか。それとも単純にいまの自分の能力を上回る志に挑戦しているだけなのか。ただ単純に能力を向上する必要があるだけなのか。

このように、マクロ構造パターンを理解することから学べることがたくさんある。その中でも最も重要な教訓をまとめておこう。

- 人生の出来事は見た目通りとは限らない。
- 構造は私たちに大きく影響する力である。
- 構造が生み出すパターンには大きく2種類ある。揺り戻しと前進だ。
- 揺り戻し構造では、成功は反転する。
- 前進する構造では、成功が次の成功を呼び、積み重なっていく。
- 緊張構造が前進パターンを生み出す基本的な構造である。
- 自己観念・社会観念・世界観念などの観念を構造に埋め込んでしまうと、無用な複雑さを生み出し、基本的な緊張構造の足を引っ張る緊張解消システムとなってしまう。

マクロ構造パターンを発見して以来、私の長年の最大の発見は、過去のパターンをくり返す必要などない、ということだ。新しい構造を創り上げて、本当に長続きする成功を可能にできる。一つひとつ必要な成果を積み上げていき、勢いを生むことができる。続くいくつかの章で、最高の人生デザインのための手法と原則を展開していく。

次の章では、観念のフレームについて見ていき、それが人生にどんな影響を与えているかを探求する。実際にあなたの人生にどんな観念があって、どんな影響を与えていくかを構造的に明らかにしていこう。

第10章 観念のフレーム

有史以前の人類が、他の強力な動物たちに対して持っていた圧倒的な強み、それがイマジネーションである。想像力があったからこそ、何が起こるかを予期し、潜在的な危険を回避したり利用したりできたのだ。罠をかけて獲物をとることを想像するのも、他の動物の行動パターンを理解することで初めて可能になる。発明ができるのも、可能性やプロセスを想像し、因果関係によって世界がどう変わりうるかを想像したからだ。人間の想像力のおかげで未来を予期し、原則を発見し、それによってコミュニティを構築し、病人を治し、物語や神話を使って子供を教育し、新しい生き方を開発することができるのだ。

一方で、私たち人間は想像力を用いてあまりいいとは言えないものをつくり出してしまった。それが**観念**である。

観念と概念化

観念とは、世界についての理想・元型・理論などのメンタルモデルをいう。世界が実際にどうなっているのかがわからないときに代用として使うのが観念である。自分の目の色、住所、年齢、子供がいるかなどについて観念は要らない。自分がいま、空腹か、疲れているか、ひらめきがあるか、楽しんでいるかについて観念は要らない。

「観念」は名詞である。「概念化」は動詞である。観念は物であり、概念化はアクションだ。概念化したからといって、必ず観念になるわけではない。観念ではなく決定につながり、行動計画につながり、試行錯誤につながり、成果につながることが少なくない。

概念化能力は創造プロセスにおいて最も役立つ力のひとつだ。それとは対照的に、人生を観念だらけにしてしまうのは最も不毛だ。このふたつの違いは劇的である。例をあげて説明しよう。

家を新しい色で塗装したらどうなるかと想像しているとき、あなたは概念化している。新しい仕事がどうなるかを考えているとき、あなたは概念化している。スケジュールに20分遅れのときに渋滞を避けて抜け道を行ったらどれだけ空港に早く着けるかと考えているとき、あなたは概念化している。

創造プロセスの最初の段階では、成果がどうなるかをあれこれ想像するものだ。いろいろな可能性がある。頭の体操をする段階だ。いろいろと探り、視覚化し、創り出したい多くの可能性に思いをめぐらせる。次の段階では、その多くの可能性の中からひとつを選ぶ。ここで概念化からビジョンへと段階が進む。創造のサイクルの中で一歩進んだのだ。この進歩が可能になるのは、多くの可能性を想像したおかげである。

これに対して観念とは何かというと、世界・宇宙・政治・経済・私たち自身などの物事がどうであるかについての理論・形式・モデルなどである。

私たちは観念を使って世界を生きている。観念とは、道路地図・方針・ルール・注意事項・管理事項のようなものだ。世界がどう動いているか、観念があったほうがうまく折り合いをつけられる気がするものだ。ところが、観念に頼れば頼るほど、世界そのものを受け入れることが減るのだ。観念に頼っていると、現実が実際にどうなっているかを意識することが減る。観念によって催眠にかかったようなものだ。観念を信じているほど、実際の世界をきちんと見ることが減る。観念が強いと思考停止になる。何しろ世界について「もうわかっている」と思っているから、自分の理解を問い直して探求し直すことをしなくなるのである。

実際のリアルな体験から観念が生まれることもある。しかし、体験を結晶化して固定観念にすると、もともとリアルだったものがまがい物になってしまう。観念が探求を終わらせるからだ。

私たちは歳をとるごとに多くの人生体験を観念に変えてしまう。そうなると、みるみる現実から離れ、どんどん催眠にかかっていく。過去の体験を固定観念にし、歪んだ眼鏡ですべてを見るようになる。もう自分の観念に合致しない現実の側面は目に入らなくなるというわけだ。

頭と観念

なぜ私たちの人生が観念だらけになりやすいのかというと、私たちの頭が観念を生み出し、それを認知の次元に埋め込んでしまうからだ。私たちの頭は、構造そのものが全般的にそうであるように、均衡を求める。言い換えるなら、頭があらゆる緊張を解消したがるということだ。あらゆる謎を解き明かし、あらゆる問題を解決し、あらゆる問いへの解答を得たがるのである。

頭は現実を知覚することができる一方、緊張解消が事実によるものでも幻想によるものでも構わない。頭にとっては不均衡を解消さえできればよく、それが憶測でも事実でも構わない。私たちの頭は、あることないことを考え出し、生み出し、想像し、妄想する。創り出したものがノンフィクションでもフィクションでも、緊張を解消している限り関係ないのである。

したがって私たちは、**現実に観察した事実と自分がでっち上げた観念とを区別することを学ばなくてはならない**。そうしなければ、最終的な成功や失敗を大きく左右する揺り戻し構造に入り込んでしまいかねない。アーティストがアート作品を創るように、自分の人生を創り出そうとするなら、この洞察を理解することが決定的に重要だ。

アートの伝統においては、観念にたぶらかされずに現実そのものを観察するための手法や技法が徹底して教え込まれる。この話は第5章でも見た通りだ。芸術の教師が生徒の気づきのレベルを高めるためのスキルと献身について語っている。俳優、音楽家、画家、写真家などの専門家たちは必ずこのスキルを学ばなくてはならない。もし学ばなければ、決して真の表現ができる境地に達することはない。緊張構造を創り出すためには、ビジョンといまの現実の両方が必要なのだ。もし観念に染まってしまったら、いまの現実が見えなくなり、緊張構造はできない。

しかし、観念に注意すべきだという理由には、もっと重要なものがある。観念を切り離し、現実そのものを見ることによって、実際に奇跡的な変化を遂げた人たちがいるのである。創造プロセスを学ぶ前はどうしても自分の望みに届かなかったのに、いまでは目標を達成し、心の自由と健やかさを手に入れ、成功に勢いをつけ、自分の人生をアートとして創造して体験しているのだ。それは観念まみれの古いパターンを打破し、効果的な新しいパターンを確立したことで可能になっている。

　ここから先の3つの章で、私たちの人生にはびこる観念の要素を理解していく。次に、こうした多くの観念が人生にどう関わっているのか、どんな行動パターンを構造が生み出しているのかを見る。そして最後に、こうした非生産的なパターンを生み出す根底構造を変えることを学ぶことにしよう。

観念の3つのフレーム

　観念の要素を理解する手始めに、3つのフレームで見てみよう。そう、衝動と現実のフレームと同じ、3つのフレームだ。クローズアップ、ミディアムショット、そしてロングショットである。

クローズアップ――危険の観念

　クローズアップのフレームは、怖れを概念化するものだ。このフレームでは、起こるかどうかもわからない、ありとあらゆる失敗や災難を想像することになる。

自分の構造にこの観念が組み込まれた人は、未来に対する不安でいっぱいになる。迫りくる危険から皆を守ってやらなくてはという途方もない強迫観念に囚われる。これは実際に存在する危険を察知したことによってではなく、現実を見ずに多くのマイナスの可能性を想像したことによって生じている。

もし実際に物騒な街をひとりで歩いたり、危険なエクストリームスポーツに興じたり、時速100キロ以上のスピードで自動車が行き交う8車線の高速道路を横断しようとしたりしているなら、恐怖を感じるのは当然だ。しかしそれとは違う。恐怖をクローズアップフレームに概念化してしまった人たちは、常に最悪の事態のことを考えている。そして強い不安と葛藤で自動的に反応する。彼らの妄想する恐怖は、実際の危険とはほとんど関係ない。観念的な恐怖は実際の現実に根ざしていないのだが、この観念に囚われた人たちにとっては現実と同じくらいリアルに感じられるものだ。

恐怖体験が観念に化ける

ずいぶん前にカリフォルニアのパームスプリングスで開催した

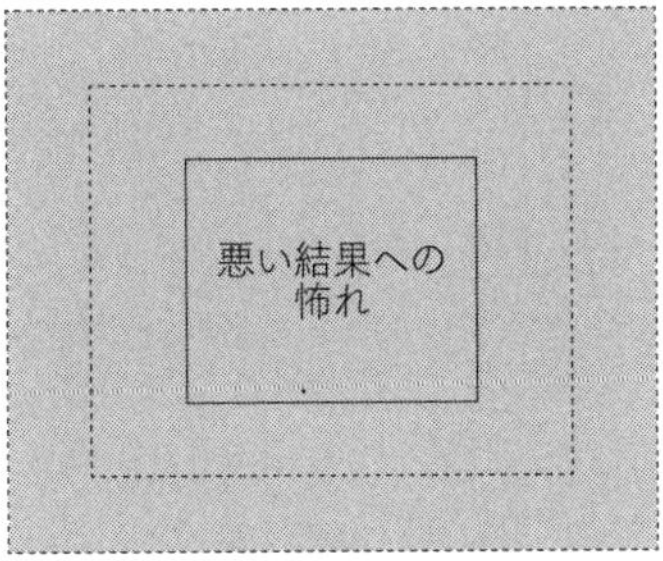

図11-1　観念のフレーム／クローズアップ

ワークショップのときだった。受講者のひとりが素敵な女性で、いつも必ず出口にできるだけ近い席に座っていた。私は理由を聞いてみた。すると彼女は「私はナイジェリアに住んでいて、ナイジェリアではカフェでも教会でもホテルのロビーでも、誰かが手榴弾を投げ込んでくることがあるんです。だからそういうとき、出口の近くにいたほうが生き延びるチャンスが高いんです」と言う。詳しく話を聞くと、彼女の夫はレストランにいたときに投げ込まれた手榴弾で命を落としたという。そのとき部屋の真ん中にいたらしい。

この悲劇から女性は部屋のどこに座るかの方針を決めたのだ。それによって常に安全を確保しようと考えたのである。しかしいま、彼女はナイジェリアではなく、アメリカの裕福な街の豪華なリゾートホテルの部屋の中で座っている。もし実際に危険な街にいたのなら彼女の恐怖は現実に根ざしているが、そうではない。パームスプリングスでは無意味なことだ。ワークショップが進行していき、もっと現実に目覚め、現実そのものを観察するようにと促されるうち、彼女は、少しずつ現実の部屋に戻ってきた。

座席を変えることなど取るに足らないと思うかもしれない。しかし、これは彼女の人生において重大な転換となったのだ。現実を正確に理解しようとするプロセスから、彼女は自分の人生にしっかり取り組むことができるようになったのである。

この話は私たちにとって非常に重要な教訓を与えてくれる。実際にとても危険な状況にさらされることがあったかもしれない。そして私たちはその体験の記憶を、観念に変えてしまうのだ。いったん固定観念になってしまうと、今度はまったく危険ではない別の状況においても、まるで危険であるかのように同じ反応をするようになる。ふたつの状況をごちゃごちゃにしてしまい、観念でしかない危険を本物の危険と同一視しているのである。

もしあなたがこのクローズアップの観念フレームにいたとしたら、実際には何の危険もない状況でも、心配や不安、ときには絶望の気持ちにさいなまれる。自分の家族や愛する者たちへのリスクについて感じることが多い。飛行機が墜落し、自動車が事故に遭い、暴漢に襲われ、スキーのリフトから転落することなどを妄想する。「どうして愛する者たちは危険に気づかないのか、気づいていれば自分がこんなに心配することもないのに」と思うのである。

生きるか死ぬかの大騒ぎ

この観念にやられると、他人を信用することができなくなる。常に他者の判断を信用できず、ときには他者の人格さえも信用できない。自分に見えている危険が他の人には見えていないのだから、いつ危険に襲われるかわからない。危機に気づいていない人たちの判断を信用できるわけがない……。

このパターンとの関連で言うと、いいことがあったら必ず次に悪いことが待っている、というのもある。埋め込まれた観念が叫び声を上げている。「気をつけろ！」と。

このフレームで見ている人たちは危険を大げさに言うことが多い。これもずいぶん前、7歳の息子の教育について意見が合わないという夫婦の相談に応じたことがある。父親は、妻に母親としての責任が完全に欠如していると言う。そして息子が家の近くの下り坂を自転車で下っていくのだと説明する。

「すると、何が起こると思うんですか」と私が尋ねると、父親は「車道に飛び出してトラックにひかれるかもしれないじゃないか！」と言う。

そこで母親にどう思うか聞いた。すると、母親がまず言ったのは、人生が危険だと息子に教えたくない、ということだった。私に対してというよりも、父親のほうに向かって言っていた。こういう夫婦のケースによくあることだが、彼女は埋め合わせ戦略をとるようになっていた。父親が心配すれば心配するほど、それをあざ笑うかのように反対のこと、つまり、無鉄砲な7歳児を自転車に乗せて坂を滑り降りさせるのである。

本当に危険が存在するのか。実際の現実を見ていくと、子供が自転車に乗るときは必ず母親が息子の降りてくる方向で待ち構え、通りをチェックして安全を確認していたことがわかった。そのことは父親が「トラックにはねられる」と言うたびに伝えていたのである。現実を確認しながら、私は父親に「実際の現実において本当の危険は何か」と尋ねた。

「転んで膝を擦り剝くかもしれない」というのが父親の答えだった。大した危険とは言えない。

実際に危険だという証拠が見つからないと、恐怖の観念を持つ人は恐ろしい出来事のシナリオをでっち上げる。とにかく恐怖を煽って皆に注意しなくてはならないのだから。息子がトラックにひかれるのと転んで膝を擦り剝くのとでは雲泥の差だ。膝を擦り剝く程度のことを生きるか死ぬかのように誇張するのは、このフレームを自分の構造の中に持っている人の特徴である。（こういう観念をどうしたらいいかについては第11章で詳しく見ていく）

ミディアムショット――理想という観念

対象から距離を置いて、クローズアップからミディアムショットになると、理想という観念が立ち現れる。個人的理想、社会的理想、そして実存的理想の3種類だ。

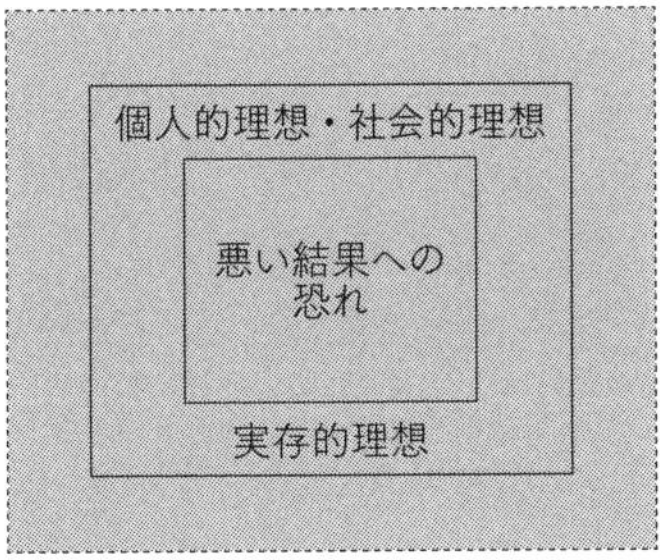

図11-2　観念のフレーム／ミディアムショット

個人的理想という悪夢

自分はこうあるべきだという姿、それが個人的理想である。実際にそうなりたいという本当の望みではなく、そうあらねばならないと自分自身に課した義務であることがポイントだ。

個人的理想を持った人は、自分に課した基準を満たさなくてはならないと言う。この理想に達することが人生の大きな目標となる。基準に満たなければ大失敗だ。そして基準を満たしたところで、それは一時的な慰めにすぎない。理想は果てしないものだからだ。

いったいどこからこういう理想が生まれるのだろうか。それは自分自身についての嫌な思い込みから来るのである。たとえば自分が臆病だと思い込んでいると、勇敢が理想になる。自分が馬鹿だと思い込んでいると、賢いことが理想になる。自分が邪悪だと思い込んでいると、善良が理想になる。自分が平凡だと思い込んでいると、非凡が理想になる。

この構造については私の『クリエイティング（Creating）』（未邦訳）という著書の「理想・思い込み・現実の葛藤」という章で書いた『自意識（アイデンティティ）と創り出す思考』（Evolving）第2章「『理想』と『嫌な思い込み』」にも、この構造について詳しく紹介されている」。自分自身についての嫌な思い込みを隠すために理想に向かうのである。そういう人たちが最も見たくないもの、それは自分自身についての正直な評価である。

『クリエイティング』に記述してから何年も経ち、いまではこの構造について相当なことがわかっている。

最初に理解すべきことは、誰もがこの構造を持っているわけではない一方で、この構造を持っている人は**必ず自意識《アイデンティティ》が人生の中で大きな障害になっている**ということだ。自分が何者か、自分を自分でどう見ているか、他者にどう見られているか、いろいろな場面でまわりにどう映っているか、自分自身をどう評価しているか、こうしたことが人生を左右する要素となってしまっている。

そうなると、第7章で出てきた重要な原則、自分自身と自分の創り出す成果を切り離す、ということができなくなる。この人たちにとっては、自分が何をやっていても、それが自分の存在証明となる。まわりを見渡して、自分がうまくやっているかを確かめる。自分の成長や発達について目標を持っていても、それは本当の自分を見つけるためではなく、嫌な思い込みから離れるために使われてしまう。

実のところ、この人たちは本当の自分を見つけるのが怖くてしかたないのだ。本当の自分は最低で最悪かもしれないと疑っているからである。

ブーメラン効果

嫌な思い込みに反発して生まれる理想は、無意識に生まれるものだ。しかし理想が思い込みを消すことにはならない。皮肉なことに、理想を掲げれば掲げるほど、ブーメラン効果で嫌な思い込みに跳ね返ってくる。自分を臆病だと思わない人だったら、勇敢などという理想を掲げる必要がない。自分を馬鹿だと思わない人だったら、賢いなどという理想を掲げる必要がない。自分を平凡だと思わない人だったら、非凡などという理想を掲げる必要がない。

この構造では、嫌な思い込みが理想を生み出すことになっている。理想は嫌な思い込みをごまかすためにあるのだ。理想を追求し、それを強化する体験を重ねる。自分が馬鹿だと思い込んでいたなら、学位という学位を獲得して賢さを証明しようとする。獲得した博士号が知性の象徴となるのである。しかしこれはおなじみのブーメラン効果だ。嫌な思い込みを否定する証拠を挙げようとすればするほど、嫌な思い込みに返ってくる。（もちろん、博士号をたくさん持っている人がこの構造を持っているというわけではない。逆は必ずしも真ではないのだ）

理想にふさわしい生き方をしようといくら頑張っても、理想は現実によって裏切られる。誰だってときには愚かなことをするのが人間だ。馬鹿なことをしてしまったときは笑って終わりにできる。少なくとも、自己の存亡の危機にはならない。しかし、賢くなければならないという理想を抱えた人は、自分の馬鹿な失敗を笑えず、感情的になってしまう。「理想・思い込み・現実の葛藤」を抱えた人にとって、理想が裏切られるのは本当につらいことで、しばしば厳しく自分自身を叱責したりする。今後は馬鹿なことをしないようにと警戒し、気を引き締める。二度と愚かな真似をしないようにと自分にプレッシャーを与えたりする。

個人的理想を抱えた人たちの多くは、他者には厳しさを要求せず、自分だけに厳しさを要求する。自分の子供は自由に生きてもいいが、自分はいけないと考える。もし理想にふさわしい生き方ができなかったら人生は失敗だと考える。理想にかなっているかどうかがすべてで、それによって嫌な思い込みを覆い隠そうとする。

しかも、この嫌な思い込み自体には本人が気づいていないことが多い。何年もかけて反証しようとし続け、隠し続けてきている。いろんな形で理想を追いかけ、理想に近づいたかどうかで自己評価している。しかし理想のすぐ下には嫌な思い込みが潜んでいる。ときどき顔を出すが、すぐにも覆い隠される。いくら隠しても「嫌な思い込み」と「理想」のコンビが人生全体を支配している。これを理解して向き合うまでは、死ぬまでこの構造に支配されているのである。

社会的理想

社会的理想を抱えた人たちは、個人的理想の人たちとは非常に違う。社会的理想の背後にあるのは、「世界はこういうものだから、人々はこういう規範に従うべきだ」という考えである。ちょうどそんな男性に最近出会った。彼は本物の共産主義者だ。そして私が本物の共産主義者に会うのは１９６０年代以来だった。

彼は階級差別について明確な考えを持っていて、富裕層が貧困層を搾取していると考えていた。彼は、どれだけその人がお金を持っているかで人を測り、生計のために働く人は誰もが搾取されている労働者であると見なしていて、経済的正義のためには革命しかないと言うのである。そんな歴史の遺物を見るのは興味深い体験だった。暗黒の中世から来た封建主義者に出会って、かつての社会的理想が現代社会でどうなるかを見るようなものだ。

この共産主義の男性は、仲間を見つけにバーモント州にやってきた。バーモントは連邦政府に本物の社会主義者を議員として送り込んでいる唯一の州だ。社会主義は共産主義への第一歩であり、バーモント州なら共産主義者が来るのにふさわしい、と彼は考えたらしい。

ところがバーモント州というのは、世界中で最も階級差別の少ない州なのだ。バーモント州では、農夫、ビジネスマン、学校教師、家庭の主婦、薬剤師、配管工、作家、狩猟監視官、医者、映画監督、トラック運転手の皆が一堂に会してタウンミーティングを開いて、自治体を管理している。老若男女、ゲイでもストレートでも、金持ちでも貧乏でも、普通の人も変わった人も、エリートも肉体労働者も、皆がどういうわけか仲良く同じ人間個人の自由を重んじ、お互いに敬意を持っている。タウンミーティングで同じ席に座るだけでなく、一緒にピクニックや宴会にも行って地元の自警団・消防隊のための資金集めをしたり、村のお祭りを一緒に祝ったりしている。皆が隣人であり、仲間であって、誰も社会経済的階級格差など気にしていない。よそからやってきた気の毒な共産主義の男は、耳を傾ける人たちに自分の理想を押しつけようと頑張っていたが、バーモントの人たちは突然現れたこの変わり者を、不思議がったり面白がったりするばかりだったのだ。さすがに彼はバーモントに長居しなかった。何しろこの男性は、お見事な社会的理想の誇り高き生き証人だったのである。

多くの政治的なイデオロギーが社会的理想を生む。極右も極左も、市民と政府がお互いにどう関わるべきかについての理想を掲げている。「政治的正しさ」と呼ばれる代物も理想の一種である。多くの宗教も社会的理想を持っていて、信仰者に従うように促す。企業内の規範もしばしば社会的理想を生み出す。会社に入るとまもなくどうふるまうべきかを知ることになる。

価値ではなく価値の「観念」が生まれる

友人のひとりが自分の社会的理想を探求していた。彼はよくいろいろなことに憤っていた。誰かが駐車場で2台分のスペースをとってしまっているとか、10代の子供たちが礼儀を知らなすぎるとか、誰かの声のかけ方が失礼だったとか。一つひとつの状況について詳しく聞いていくと、彼が腹を立てていたのは、人がどうふるまうべきかについて彼の考える規範が破られているということだった。たとえば、駐車場で2台分のスペースがとられていて、そのせいで停められる場所がないとなれば、その状況に立腹するのは自然なことだが、社会規範が破られていること自体に対して立腹する必要はない。さらに話を聞くと、だらしない人たちに規範を守らせるのが自分の役目なのだと言い出した。この友人の核心的な観念まで探求を進めていくと、ついに彼は自分の世界観を語り出した。人はお互いのために秩序の感覚をつくり出す必要があること、そして、それを皆に知らしめるのが自分の責任だということだった。

ここで、共産主義の男性と私の友人との違いは、社会的理想の中身だけだ。どちらのケースでも、まず世界はこうあるべきだという理想から始まり、そのために人がどうふるまうべきかの処方箋が続く。

倫理や道徳についての社会的理想がないと、人間は間違ったふるまいをするのだと考える人たちがいる。この考えの背後にある前提は、人間を放っておくと正しい選択ができないというものだ。盗み、だまし、嘘をつき、詐欺を働き、人を殺める、というのである。

犯罪者がいることは事実である。しかし犯罪者以外の人たちにとって、いいふるまいというのは道徳律に従った結果なのだろうか。それとも、それぞれの価値観の結果として建設的なふるまいをするのだろうか。真の価値観がないときに社会的理想が必要になるということなのではないだろうか。

前にも見たように、価値とは何がより重要で、何がより重要でないかを決めることから生まれるものだ。ダイナミック衝動のフレームの中では、価値と志がミディアムショットを占める。観念のフレームのミディアムショットでは、社会的理想が「価値の観念」を生み出すのである。

倫理は価値の代わりにならない

価値観が存在しない状況においては、フェアなふるまいのためのルールが役に立つ。構造体である大企業の組織などは、価値を失って道徳のない状態になりやすい。どういうことかというと、組織内の個々人には価値観があっても、組織全体から価値が失われてしまうのだ。価値のないシステムにおいては、倫理があったほうがマシだ。倫理があれば、個人の価値観と組織の無価値観との対立をある程度は減らすことができる。

しかし個人のレベルで言うなら、価値を観念体系にしてしまった倫理や道徳というものは有害と言うほかない。その人本来の深い価値からその人を遠ざけてしまうからだ。ちょうど危険の観念が現実に根ざしていないように、倫理や道徳はその人の本当の価値の代用品であり、価値そのものではないのである。

何年か前に私はあるプロジェクトグループのミーティングに出席していた。世界最大の企業の1社で仕事をしており、向こう半年のあいだに発売予定の製品のための新技術を開発するのがチームの仕事だった。新製品発売は一大イベントで、1000万ドルもの宣伝キャンペーンをはっていた。本当に大イベントだったのだ。

この会社を仮にマクベス社と呼んでおこう。マクベス社で起こっていたことから、本当の価値と代用品の倫理との違いが明らかになる。この会社の人たちは、自分たちの権力争いで忙しく、製品の真の成功にはフォーカスしていなかった。皮肉なことに、彼らはミーティングの冒頭では必ずバリューステートメント［value statement　日本で言えば企業理念や行動規範のようなもの］を読み上げる。そこには自分たちがどうふるまうべきかの規範が列挙されている。12人くらいの人がミーティングに出席していて、25くらいの規範が列挙されていた。各人が順番にリストを読み上げていく。「私たちはオープンです」「私たちは真実を大切にします」「私たちはお互いをサポートします」「私たちはリスクをとります」などと続いていく。倫理リストを読み終えると仕事のミーティングが始まる。

実際の彼らは、互いに敵意を持ち、批判的で、閉鎖的で、助け合おうとせず、無礼で、気難しく、といった具合だ。あるメンバーが提案されたプランに対してまっとうな懸念を口にすると、「あなたはオープンではない！」と別のメンバーが言う。「あなたはサポートしていない！」「あなたはリスクを避けている！」などというセリフがミーティング中に飛び交う。

マクベス社での出来事は、本当の価値と価値の観念の違いをくっきりと浮き彫りにしている。もしリストに列挙された価値を実際に大事にしていたなら、わざわざミーティングのたびにそれを読み上げる必要などない。読まなくても実際にそういう価値に基づいてふるまうはずだ。サポートし、誠実で、オープンで、というふうに。さらにひどいのは、このチームの人たちがリストの項目を使ってお互いを攻撃していたことだ。まるで甘やかされた子供たちの喧嘩のようだった。このプロジェクトには大いに社運がかかっているというのに、誰もビジネスの成功のことなど頭にないようだった。

これは極端なケースだが、極端なケースを調べることによって原則が明快に理解でき、もっと微細な現実を見定める助けになることがある。本当の価値があって価値リストなどない組織で働きたいか、それとも立派な価値のリストがあって実際には価値が存在しない組織で働きたいか、どちらだろうか。優れたふるまいの観念があるというのは、それがなければ優れたふるまいをしないということが示唆されている。しかし最終的に、観念では本物の価値の代わりにはならない。社会規範を他者に押しつけても長期的にはうまくいかない。観念を土台に組織をつくるなどというのは砂上の楼閣そのものだからだ。

実存的理想

人がこの世で生きていくには場所代を支払わなくてはならないという考えがある。実存的理想とはそれに関連する。この理想を持った人は、自分の存在を正当化する必要があると思っているのだ。他の人はともかくとして、自分がこの世で生き続けるには善行を積まねばならない、成果を上げなくてはならない、地球に貢献せねばならない、世界にとって有用でなければならない、などと思い込んでいる。

この理想を抱えた人は、毎日自分がどれだけ成し遂げたかで自己評価を下す。十分に成果を上げていれば安心して眠りにつける。もし十分な成果が上がっていなければ、1日を振り返り、明日のための計画を練り、もっと努力しなければ生きていく資格が得られないと考える。

この理想を持つ人たちはたいていとても善良な人たちで、彼らの価値と志をもって世界に貢献したいと思っている。しかし本当の望みが理想に化けてしまい、自分の存在する権利を勝ち取らなければならなくなっている。

ロングショット――神秘の解明

現実のフレームにおいてロングショットというと、私たちはどこから来たのか、死後の世界はあるのか、宇宙はどこにあって空間とは何なのか、などの真の神秘のことだった。これに対し、観念のフレームにおいては、**神秘が解明されてしまっている**。哲学・形而上学・宗教・科学・霊学的に説明されているのである。

人類は、答えのない神秘についてずっと考え続けた挙げ句に答えを出す、という性質を持っていた。しかし**不可知の領域に存在する真の神秘は、どこまで行っても真の神秘なのだ。理解不能だからこそ神秘なのである。**説明できないことを説明してしまおうとするのも人間らしい愚かさではないだろうか。

あれこれと憶測しても、それが憶測とわかっているのなら悪く

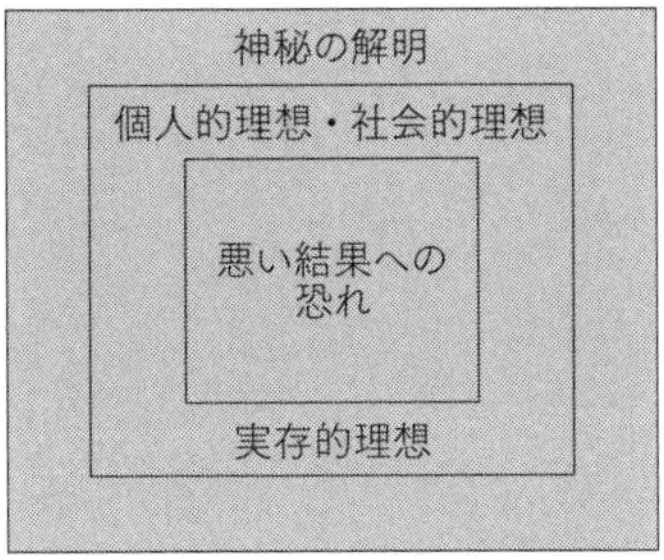

図11-3　観念のフレーム／ロングショット

ない。しかし多くの人たちが、自分の憶測をそれ以上のものと考え始めてしまう。だんだん固定観念になるまで結晶化し、世界観にしてしまい、そのうちにその理論の信奉者となってしまう。

多くの人が、神・宇宙・高次の存在などと出会う体験をする。そういう神秘体験は私たちの力の源泉になりうるものだ。しかし問題なのは、そういう体験をどうするか、である。自分の神秘体験を観念にしてしまい、その観念のほうがもとの体験そのものよりも大事にされてしまう。

神や宗教的教義を信仰しながら、それを観念のフレームにしないことは可能だろうか。可能だ。宇宙についての理想に祭り上げなければいいのである。ここで大事なのは、自分の視点が正しいということに拘泥しているかどうかだ。他者に押しつけようとしていないだろうか。自分の体験を他の人たちと分かち合うのと、自分の信仰を押しつけるのとの違いである。

観念のフレームにはまっている人は、「自分の答えこそが正しい」と言い張る。もし観念のフレームにはまっていなければ、「自分はこう思っている、でも間違っているかもしれない」と言うことができる。

多くの人たちが正しい世界観を知りたがる。もし正しい世界観を見つけさえすれば、人生をどう生きたらいいのか、どちらの方向に進んだらいいのか、人生にどんな意味を持たせたらいいのか、自分が何を為せばいいのかがわかる、と思っている。書籍を読み、講演を聞き、講座を受け、グルとともに学び、リトリートに参加し、答えを探す。偉大な神秘を解く答えを探し続ける。見つけたい気持ちはわかる。しかし観念の解答を蓄えれば蓄えるほど現実からは遠ざかっていく。

この極端な例がカルトである。どんなカルトにも世界観があり、信者に厳格な服従を強いる。どれだけ忠実に従うかで信者は評価される。そうなると観念はリアルに感じられるようになり、現実は夢のように感じられていく。

ロングショットの観念のフレームについて話すことで、私は宗教や形而上学を糾弾しているわけではない。そうではなく、観念を真の神秘から切り離そうとしているだけだ。神の信仰と真の神秘のあいだには何ら矛盾や対立がない。私たち人間には宇宙や生命についてわからないことがたくさんある。言ってみれば、信仰とは、真理の観念を持つのではなく、知ることのできない神秘に対して解明を求めない態度だと言うこともできるだろう。

観念というもの

観念は私たちの人生にどんな影響を与えるのだろうか。これが次の章のテーマだ。私たちの世界には観念があふれている。だから私たち自身の中に観念があふれていても何の不思議もない。世間では観念が理解のために優れた道具だと見なされ、観念を生み出して採用し、学び、論じ、重要視し、論争し、人生を支配させようとしている。テレビ番組で評論家たちが何も知らない事柄について口角泡を飛ばしている様を見ればわかるだろう。観念的世界は実に根が深いのだ。

アートにおいて、観念は観察の敵である。観念はアーティストを盲目にし、作家を骨抜きにし、作曲家や映画製作者を陳腐化し、役者をぼんくらにし、詩人を退屈にしてしまう。

しかしアート以外の領域では、観念はしばしば創造性の兆しとすら思われている。ある創造性の試験では、受験者がテーブルの上に箱が置かれた部屋に通される。何が何だかわからないうちに、箱がテーブルから落ちて開く。そして受験者は、何が起きたかを書けと言われる。「箱が落ちて開いた」とだけ言う受験者は創造性を認められず、なぜ箱が落ちて開いたのかについてあれこれ憶測を言える受験者に創造性が認められる。ある種の教育サークルでは、気の利いた憶測をもって高い思考スキルと認められるのだ。

アートにおいては違う。観念、バイアス、理論、憶測のフィルターなしに、正確に現実を見る能力は、何年もかけて身につける規律なのである。

理解の足りない隙間を何かで埋めるのは簡単だ。どんなに手垢のついた説明でも、もっともらしければいい。信憑性があれば理論を事実の代用にしてしまう。

専門的に言うと、観念でごまかせば緊張構造は弱まる。創り出したい成果のビジョンに対して、いまの現実の明晰さが減るからだ。緊張構造が弱まれば、矢を飛ばす弓の力が弱まる。創造性の試験においては、気の利いた憶測で高い評価を得られるかもしれないが、緊張構造が弱まればゴールに集中する力は弱まり、創り出したい成果を創り出せなくなってしまう。箱が落ちて開いた理由を自由連想で展開しても、創造のフォーカスとはまったくの別物だ。

私たちの人生の力学の中で、観念にフレームが暗い影を落とすことになる。次の章では、観念と化した怖れ・理想・世界観が、どのようにして揺り戻しパターンを引き起こし、成功を台無しにしてしまうかを見ていくことにしよう。

第11章　私たちの人生の構造

私たちの人生の旅は、人生の中の構造によって大きく決定される。では、人生における構造とは何だろうか。

人生における構造は、私たちの志、能力、才能、生活状況、観念や信念、価値観などの要素のあいだの関係性によってできている。ここまでずっと記述してきたように、私たちが創り出したい人生を創り出すために最も基本的な構造は、緊張構造である。このテーマを見ていくと、人生で成果を上げ、それを持続的な成功として積み上げていくのに最も適した構造は、志と価値、そしていまの現実の全体的な形やパターンから生まれている。ダイナミック衝動と、いまの現実の両方をミディアムショットで捉えることが最強の組み合わせである。

ところが、構造の中にもうひとつの要素が入り込んでくることが多い。それが前章で取り上げた観念のフレームである。創造プロセスの最終的な成功や失敗を、観念が左右してしまうのだ。

因果集合

複数の要素が組み合わさったとき、ひとつの構造をつくり上げる。一つひとつの要素は個別の力を持っている。しかし、個々の力の総和よりも全体の総計は大きくなる。それは要素が互いに影響し合うからである。映画『カサブランカ』の例を思い出してほしい。リック、イルザ、ビクターの3人は、ひとつの構造をつくり上げている。物語の中で、一人ひとりは別々のゴールを持っているが、各ゴールは他のキャラクターと結びついている。これから見ていく構造も、まさにそんなふうになっているのだ。ひとつの構造の中に3つの別々の力が働いていて、それぞれ別々に存在していながらも、大いにお互いに影響を与え合っている。この構造の単位を**因果集合**と呼ぶ。

因果集合は、ダイナミック衝動・観念・現実の3つのフレームから成っている（図12－1）。

図12－2は典型的な因果集合の例だ。この人は、志と価値にフォーカスし（本当に達成したい望みがある）、現実を全体的な形やパ

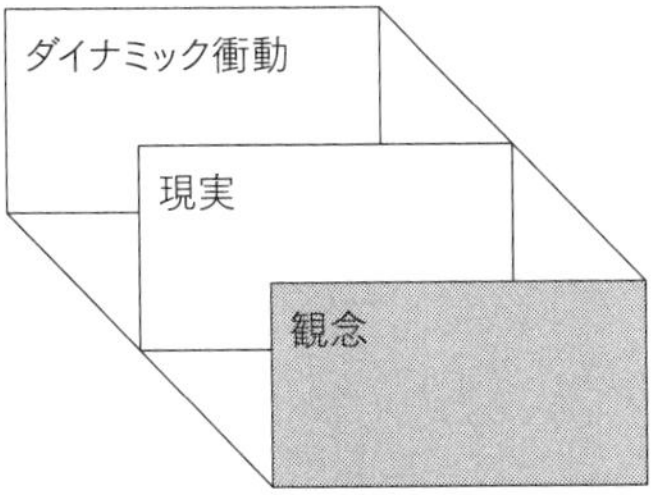

図12-1　因果集合

ターンで認識し（長期的な視野を持って過去の出来事が将来の結果に影響することを把握している）、同時に妄想的な怖れを抱いている（成功すると危ないことになると妄想している）。

因果集合がどう機能するのかを理解するために、この構造例を詳しく見ていこう（図12－3）。

この人は新しいビジネスをやりたいと思っている。事業環境を理解しており、トレンドを読んでチャレンジとチャンスを見てとることができる。自分自身の才能やスキルも自覚している。一方で、成功には危険が伴う、成功しすぎると何か悪いことが起こるに違いない、と潜在意識で怖れている。

こういう構造は、間違いなくおなじみの揺り戻しパターンに陥ってしまう。実際にどんな力が働くのかを理解するために、構造に関するふたつの基本法則を見てみよう。

- 緊張は解消に向かう
- 構造は均衡を求める

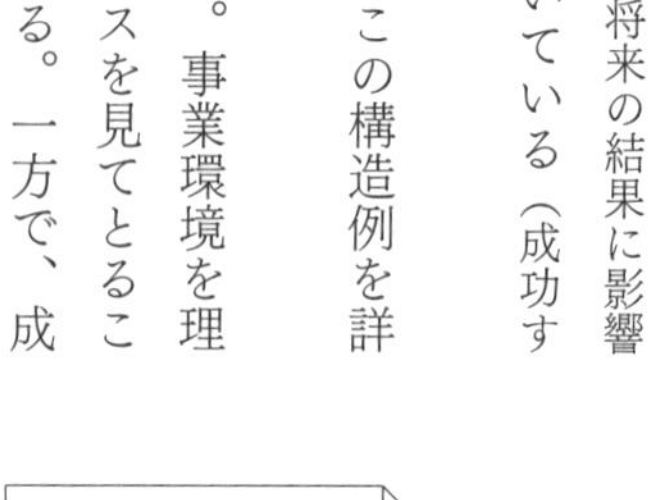

図12-2　典型的な因果集合の例

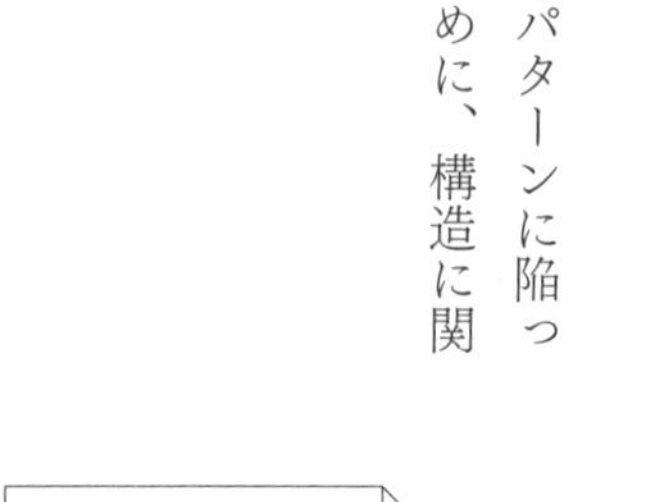

図12-3　典型的な因果集合の詳細

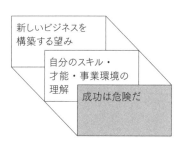

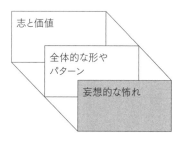

前にも見たように、緊張は構造の要素のあいだの差から生じる。ある要素は一方に、別の要素は反対方向に引っ張ろうとする。図12－3の例では、構造の中に複数の関係性が存在している。

ひとつの関係性は、ダイナミック衝動と現実の状況とのあいだの緊張だ。構築したい新しいビジネスの姿、そしていまのスタート地点である。

開始当初はこの緊張が最強だ。したがって、構造が力を与えるのは、ビジネスの成功という目標を達成しようとする行動である。

ところが、目標に近づいていくと転換が起こる。成功に近づけば近づくほど、「成功は危険だ」という観念がどんどん大きな力を発していく。そうなると、成功と危険のあいだで生まれる緊張が支配的になる。

この構造にいる人は、うまくいっているのにどうして強い不安におびえているのか自分でもわからないかもしれない。そこでうまくいっているビジネスについて「嫌な予感がする」「直観がある」などと言ったりする。

今度は新しい大きな緊張が解消を求め始める。緊張は解消に向かうのだ。この因果集合は均衡を求めている。構造のゴールは、その人自身のゴールと同じではない。この人自身はビジネスの成功を望んでいる。しかし構造は均衡を求めるだけだ。ふたつの緊張解消システムの強さは同じである。

ここでまたゴムのたとえで説明しよう（図13）。

この人は部屋の真ん中にいる。腰にゴムがあって、一方の壁につながっている。もうひとつのゴムは反対の壁につながっている。これがふたつの競合する緊張解消システムだ。

この人が自分のゴールに向かうと、ゴール側のゴムは緩む一方で、背中の側のゴムがきつくなる。そうなると、ゴールから離れて退くほうが楽になる。きついゴムが象徴しているように、観念のほうが支配的になっているからである。

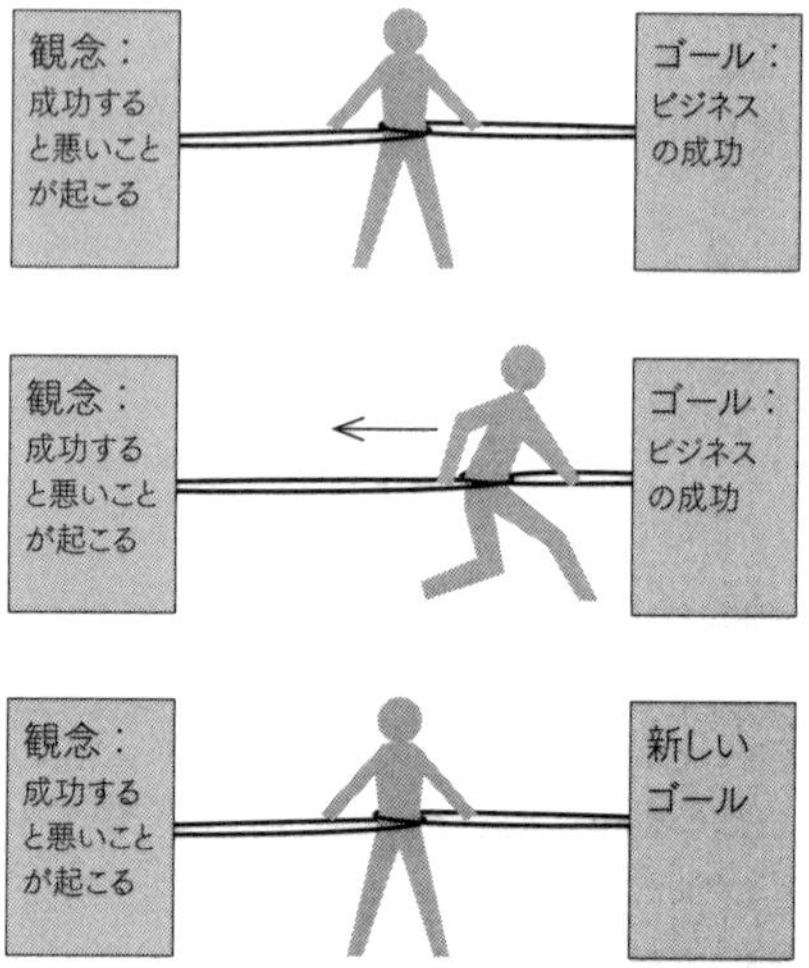

図13　構造の支配力の転換

この人が成功から遠ざかり始めると、観念側のゴムは緩んでいく。

そして反転が落ち着いて観念の緊張が解消されると、この人には新たな達成意欲がこみ上げてきて、新しいビジネスのアイデアが湧いてきたりする。構造の支配力の転換が起き、また同じパターンをくり返すことになる。

人によってパターンの詳細は異なる。成功に近づくと退屈する人もいれば、危機をつくり出す人もいるし、他のことに気が散る人もいれば、不運に見舞われる人もいる。個別パターンの詳細や個別の出来事が生じる理由は関係ない。この構造において、成功は確実に反転するのである。

人間は構造の奴隷だというのではない。ここでのポイントは、この構造では行きたいところにたどり着くことができない、ということだ。この構造にいる限り、成功しても必ず反転する。行きたいところに行くことができないのである。

ではどうしたらいいのか。

まず、別のところに行くことだ。別のところとは、別の構造のことである。人生における根底構造を変えることこそが、劇的に人生を好転させるのだ。反転しない、持続する成功が可能になる。この考えの詳細は次の章で展開しよう。

この構造において均衡を実現するのは不可能だ。にもかかわらず、構造は均衡を実現しようとする。いまこの瞬間に最も強い緊張に反応するのである。その緊張を解消しかかると、もうひとつの緊張がやってきて支配的になり、すると構造はその緊張を解消しようとし始める。不均衡の状態は行動を推進する。その行動とは、いまこの瞬間の支配的な緊張を減らすことである。

均衡サイクル

因果集合においては、不均衡の度合いが移行していく。大きな緊張が支配すると、その緊張を解消する行動が起こる。そして行動によって緊張が実際に解消されると、別の新たな緊張に支配が移行し、新たな不均衡の状態になる。このくり返しによって非常にダイナミックな揺り戻しのサイクルが生まれるのである。因果集合が図14のようなフィードバックシステムを生み出すのだ。

このサイクルが行動を生み出すたびに、緊張解消システムのひとつに変化が生じる。この変化が均衡状態を揺るがし、それがまた新たな行動を生み、サイクルが続いていく。

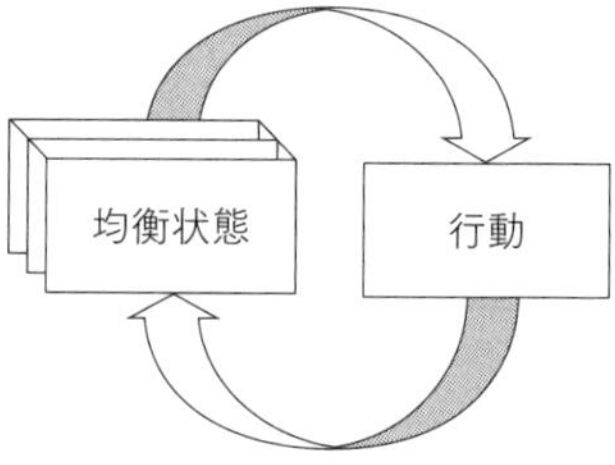

図14　フィードバックシステム

もうひとつの因果集合

では次に別の因果集合を見てみよう（図15）。この人は、望みがあやふやで（ロングショット)、個人的理想があり(ミディアムショット)、執拗に詳細を見ている(クローズアップ)。

この人は世界をよくしたいと思っているが、どんなふうによくしたいのかはっきりしない。これではビジョンが曖昧すぎて役に立たない。この人が誠実でないというのではなく、本当に創り出したいものが何なのかがわからないだけだ。

図15に付け加えて、この人が「自分は悪い人間だ」と思っているとしよう。これはこの人の観念だ。この思い込みを埋め合わせるために、「自分はいい人間になりたい」という理想を打ち立てている。この理想は、世界に貢献し、大きな課題に取り組み、世界をよくする勢力の一端だと思われたいという内容を含んでいる。

さらにこの構造では、この人は現実を非常に短い時間軸で捉え、あまりにも多くの詳細に囚われており、多くの詳細を把握するための前後関係が見えていない。この人と話をすると、世界人口、水資源、汚染問題、技術などについて詳しい統計データが次々と出てくるが、そうしたデータの詳細が全体的動向の理解につながることはない。

この状態だと、どんな構造が生み出されるだろうか。支配的な緊張は、いい人に見られたいという理想と処理しきれないほどの圧倒的な詳細である。世界をよくしたいというようなぼんやりした望み

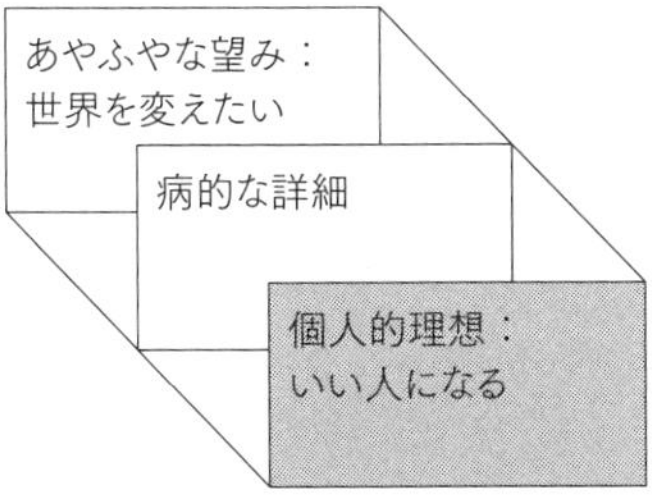

図15　典型的な因果集合の例

では、現状とビジョンのあいだに十分な緊張構造を生み出すに至らない。

　この構造にいる人はいつも空回りしていて、頭の中でばかり暮らしている。自分ではせっせと懸命にやっているつもりでも、膨大な詳細をやりくりするのに精いっぱいで、実際の行動に至っていない。

　この人は途方もない苛立ちを抱えている。重要課題に一生懸命取り組んでいるつもりなのに、ちっとも進んでいない。苛立ちは怒りになり、重要課題に無関心な世界に対して憤慨する。だんだんシニカルになっていくこともある。無力感、自意識過剰、現実の全体が見えないことで、自分の人生がどうなっているのか、目の前のことすらわからなくなっている。

　この人は世界の中での自分の居場所についてよく考える。ある意味で、それがこの構造の中で最強の緊張であり、永遠に解消されることがない。自分は悪い人間だという隠れた思い込みは、誰にも明かすことができない。自分自身に対しては特にだ。自己を内省しても些細なことに取り憑かれて頭を悩ませ、世界をよくしたい自分は善良な人間だと証明しようとする。

　こうした構造はすべてそうだが、根底にある構造を変えたら人生そのものが変容する。この人は、自分の人生を創り出すことに目覚めるチャンスがある。しかし構造を変えなかったら、いつまでも同じパターンを何度も何度もくり返すだけである。

27種類の因果集合

因果集合は全部で27種類ある（3×3×3）。すべての因果集合にはダイナミック衝動、観念、現実のフレームがある。因果集合は次々と移り変わり、最終的な均衡を求めてフィードバックが続いていく。このサイクル（均衡サイクル）について説明しよう。

サイクルのある段階においては、その人は現実の全体像が見えているかもしれない。しかし、次のフェーズでは病的な詳細に囚われたりする。ある段階では志と価値にフォーカスしていた人が、その後の段階では食欲や本能にフォーカスしているかもしれない。こういう変化は理論的な話ではなく、現実にたくさんの事例で発生している。社会的に重要な地位にいる人が信じられないような愚かなことをしてスキャンダルに至るケースである。たとえば、ビル・クリントンのような知的で政治的賢明さを持つ人物が、いったいどうしてインターンの女性と不倫騒動など起こして大統領としてのキャリアに傷をつけたりするのかと多くの人が首を傾げたことがある。評論家や政敵の人たちは、クリントンの傲慢や独善や倫理の欠如をあげつらったが、構造的に観察すると別の理解が可能になる。

ビル・クリントンのダイナミック衝動が、志や価値（ミディアムショット）から食欲や本能（クローズアップ）に移行したとしたら、時間感覚が変わる。ミディアムショットでは、時間は現在・過去・未来にわたってつながって感じられる。しかしクローズアップでは、時間は目の前の瞬間しか感じられない。過去や未来の感覚はほとんど失われる。「爬虫類脳に乗っ取られた」という言い方があるように、まるでヘビやカエルが反応するように反応するようになる。

さて、ビル・クリントンのケースである。彼はティーンエイジ脳に乗っ取られたのだ。突如としてアメリカ大統領らしく考えるのではなく、親の車の後部座席で彼女といちゃついている17歳の少年のように考え始めた。もはや彼の知性や傲慢さなどはまったく関係なくなっている。クリントンは揺り戻し構造に入り、彼の成功は反転した。こういうスキャンダルは何年も前にデイビッド・マラニスがビル・クリントンの伝記『クラスで一番（First in His Class）』（未邦訳）で予言していた。優れた伝記作家の多くは、対象人物のパターンを熟知している。マラニスは、クリントンが実際に不祥事を起こす前に、それを予知できるほどパターンを見抜いていたのである。

このスキャンダルですぐに失脚するだろうと思った評論家たちにとって、一般大衆のビル・クリントンへの強い支持は意外なものだった。評論家よりも一般大衆のほうが実態を理解しており、支持率は下がらなかった。これもビル・クリントンのパターンの一部である。

構造を揺り戻しから前進に変えるにはどうしたらいいか

構造を変えるには、構造の中の要素を変えたらいい。因果集合の中にはダイナミック衝動・観念・現実フレームの3つの組み合わせがあり、その組み合わせの中で構造が均衡を求めている。3つのうちのひとつを取り除けば構造は変わる。たとえばあなたが、何も創り出したくない、何の望みもない、ということになれば、観念と現実のあいだの緊張は消える。何も実現しようとせず、ただ妄想的な危険を怖れて家に閉じこもり、ひたすら安全に過ごすということになる。

ただ、実際には望みがあり、創り出したいわけなので、この作戦は有効とは言えない。では、現実理解を放り出したらどうなるのだろうか。もしそうしたら、いくらでも虚構の観念を抱えることができる。しかしそれが何になるのだろうか。現実を理解していなければゴールを実現したかどうかさえわからない。これもまた有効な作戦とは言えない。私たちには「正気の呪い」があるからだ。

しかし観念を取り除いたらどうなるだろうか。残りはダイナミック衝動と現実だけになる(図16)。

これだ！　これが緊張構造だ！

まず理論的にどうなるかを見てみよう。因果集合に3つの要素があって最終的な均衡に到達できない構造から、因果集合にふたつの要素しかなくて最終的な均衡に到達できる構造に移行したならば、揺り戻し構造から前進構造へと移行したことになる。

この移行のためには、観念を取り除く必要がある。どうやって観念を取り除くのかは次の章で見ることにしよう。この章では、人生を変える本質を確認して終わりにしたい。

- 何を創り出したいのかを理解する。
- 現実を知る。
- 緊張構造を確立する。
- 自分の人生に染みついた観念を取り除く。

以上である。

これさえできれば、もう創り出したいものを創り出すことができる有利なポジションについている。成功を積み重ね、失敗から学

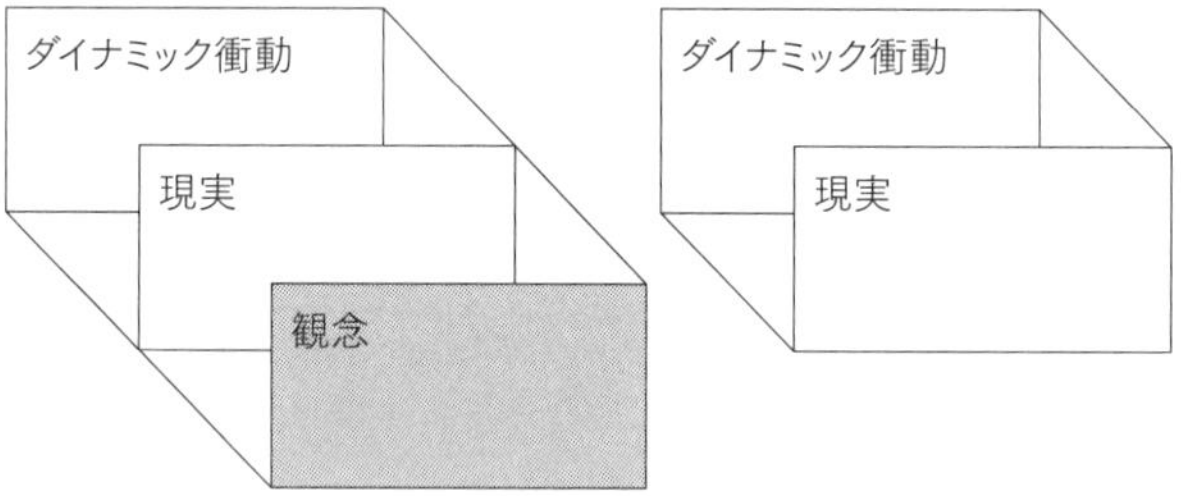

図16　緊張構造のふたつの要素

び、ひとつの創造から次の創造へと人生を前進していくことができる。アーティストの生きる姿勢で生きることができる。創造行為にフォーカスし、人生の真の精神とともに生き生きと創り出し、自分の中の高みと深みに通じて暮らすのである。

第12章 観念のない構造へ

この章では、多くの人たちが自分の人生の因果集合に取り込んでしまっている主要な観念を取り上げ、どうやって取り除くことができるのかを見ていく。観念によって扱い方は異なる。大きな目的は、あなたの人生に揺り戻しを生じさせているかもしれない観念から自分を解き放つことだ。それによって、前進する構造による人生をデザインすることができる。

この内容を最大限有効に活用するためには、まず全体像を読んで理解し、続いて具体的な原則に基づいて実験してみることである。

妄想的な危険への怖れ

観念のフレームのクローズアップには、人生のいろんな場面には危険が潜んでいて、自分や家族に襲いかかるかもしれないという妄想的な怖れがあった。自分以外の人たちは危険に気づいていない、自分の責任で皆に知らせて守らなくてはならない、というものだ。

この怖れを持った人にとっては、未知＝危険である。常に警戒を怠らず、危険を回避しなくてはならない。常に最悪の事態を想定する。あなたがこの構造を持っている場合、あなたの想像力は働きすぎである。

この構造を持っていたら、あなたは少しでも脅威に感じられることをコントロールしようとする。コントロール作戦を展開することになる。

コントロール作戦とは

この構造を持っている人たちは、愛する者たちを守ろうとする優しい人たちだ。そして彼らは、「守ってもらわなくていい」と言って抵抗する人たちのことを理解できない。皮肉なことに、コントロール作戦は権力や支配権の行使ではない。むしろ安全や保護を目的とするものだ。コントロール作戦をとる人たちは常に脅威を感じている。脅威が低いレベルのときはおとなしくしていても、脅威が高まると途端にコントロールが強くなる。

あなたがこの構造を持っている場合は、他の人から何を言われても聞き入れない。「それほど危なくない」などと言われたらなおさらだ。そんなことを言う相手の話は最後まで聞かず、怒鳴って黙らせたりすることすらある。腹を立てたり、部屋から出ていくと言ったり、あるいは子犬が死んだと聞いてショックを受けた子供のような表情を浮かべたりして相手を黙らせる。また、自分が思うほど事態は深刻でないと告げるニュースや記事などに耳を傾けないようにしたりする。

価値の対立

コントロール作戦をとる人たちは、自分自身の中にある自由の価値と対立していることが多い。人は皆それぞれ自由に生きたらいいと心の中では思っている。と同時に、皆を危険から守らなくてはいけないと思っている。

どんな価値の対立も、階層を確立することによって解消する。どちらの価値が上なのか、である。コントロール作戦をとる人たちは、自由とコントロールのどちらが上かと聞かれると、たいてい自由を選ぶ。本当に自由の価値が上回るということになると、彼らはコントロールをやめ、他の人が自由に生きるのをサポートするようになる。

さて、私たちはどのくらいコントロールを有しているのだろうか。

人間は創造する生き物で、チャンスさえあれば創り出したいものを創り出そうとするものだ。しかし人生の中にはコントロールが及ばないこともある。自分の寿命、愛する者たちの運命、予期せぬ事故などだ。コントロール作戦をとる人たちにとって、これは歓迎しがたい事実である。しかし現実に通じるためには、この事実を理解しなくてはならない。

コントロールできないものは、コントロールできない。

コントロールできないことについては、コントロールしようとするのをやめなくてはならない。生きていく中には実際に危険もあるが、それがコントロールできない領域であれば、自分も他人も守ることができない。それなのにできると思ってしまうのが人間である。しかし状況を見直し、現実をありのままに見据え、理解を刷新して自分にできる最善を尽くすのも人間である。

昔のテレビ番組『トワイライトゾーン』がこの点を見事に説明している。ある男性が夢をくり返し見ていた。それは自宅に飛行機が墜落してくる夢だった。来る日も来る日も同じ夢を見て、見るたびに具体的になっていく。そのうち墜落の日時や飛行機の登録番号まではっきりと見えてくる。男性は空港に電話して、この機体が実在することまで確認した。彼は飛行機のオーナーに連絡し、夢で見た日時に飛行機を飛ばさないでくれと警告するが、オーナーは頭のおかしい男だと思って相手にしない。ついにその日がやってきて、男性は自宅から避難してモーテルに宿泊する。ところが、まさにその時刻に飛行機がモーテルの彼の部屋に墜落する。

もちろん『トワイライトゾーン』は気の利いた古典的アイロニーだが、一片の真実を含んでいる。コントロールできないものはコントロールできない、ということだ。

妄想的な危険をどうしたらいいのか

現実には、妄想的な危険を扱うふたつの要素が存在する。

- 実際に存在する危険のレベル
- コントロールできないことをコントロールできないこと

もしあなたに妄想的危険の観念があったなら、行き先はひとつしかない。現実である。実際の危険は何なのか。どうやってそれがわかるのか。わからないことの多い中で自分にできることは何なのか。

自分が空想した危険が、リアルなものだと決めつけないことだ。最悪の事態を自分が想像したからと言って、それが現実だと思うのではなく、実際にどんな危険の可能性があるのかを見ることだ。空想と観察を選り分けなくてはならない。決めつけるのではなく、見ることだ。

現実をもっと正確に観察しても、まだストレスや不安をおぼえるかもしれない。その不安は観念から生じているものだ。直観や第六感やサイキックな知覚によるものではない。直観や霊感は人間なら誰にでもあるが、それとは違い、ただの感情的な反応なのだ。現実を観察し続けることによって感情的反応は減っていく。現実がしっかりと把握できれば感情的反応は消える。

自分がコントロールできない状況を必死でコントロールしようとすることの不毛さを知ることだ。最悪の場合それは健康を害することにもなる。ストレスが増し、無力感が増し、慢性的な苛立ちとなる。

コントロールできないことをコントロールしようとするのをやめて現実の危険を正確に測るようになれば、もう根底構造が大幅に変わっている。いつも揺り戻すパターンを抜け出し、達成し、専念し、創造するパターンへと移行することになる。

個人的理想

自分の理想をつくり上げる人は多い。残念なことに、そういう理想の多くは嫌な思い込みの裏返しにすぎない。

そういう理想は、嫌な思い込みを相殺し、隠蔽するようにできている。そのために自分についての最も嫌な思い込みが巧妙に隠されて見えなくなっていることもある。もしあなたがこの構造になっている場合は、少し時間をかけて探索するといい。嫌な思い込みを見つけ、構造力学の中で扱うことができる。

この構造では、人生は2種類の体験から成り立っている。理想にかなった体験と、理想に届かない体験だ。どちらの体験もヒントをくれる。ここで両者を使った思考実験をしてみよう。

- 何かがうまくいったときのことを思い出し、自分にとってその成功の何が嬉しかったかを自問する。

望んだ成果の目標を達成するのはいいものだ。しかし個人的理想を持っている人は、成果を達成したことではなく、自分がどれだけうまくやれたかに喜びを感じる。自意識《アイデンティティ》、つまり成功によって自分がどう見えるかに囚われているのである。

何かがうまくいったときに自分自身にフォーカスするのは諸刃の剣だ。理想に近づいたと思いきや、その正反対の嫌な思い込みを強化する。もしとてもうまくいったとしたら、自分が無能でないことを証明したことになるのだろうか。自分が愚鈍でないことを示すことになるのだろうか。自分が役立たずでないと言えるのだろうか。自分が臆病者でないことの証明になっただろうか。

●理想に届かなかった体験のあと、自分に何と言い聞かせたかを思い出す。

個人的理想を持っていると、失敗をとても個人的に受け止めてしまう。失敗するたびに強烈に自分を責め、自己批判する。友人たちに「そんなに自分に厳しくしないほうがいい」と言われたりする。あいにく友人たちの言うことを聞くわけにはいかない。どうしてそんなに自分に厳しいのか。それは次に失敗しないようにしたいからだ。失敗すると隠していた嫌な思い込みがハイライトされてしまう。嫌な自分になっては困る。

いつも自意識《アイデンティティ》に囚われている。自分は何者か、誰なのか、自分をどう見ているのか、他人はどう見ているのか、と。「こんなふうにふるまうのはどんな人なんだろうか」「なぜ自分はこんな負け犬なのか」「いつになったらちゃんとできるのだろうか」「自分は何がまずいんだろうか」などと思い悩んだりしているのである。

個人的理想の構造をどうしたらいいか

構造力学の研究で発見したこの構造を扱う一番いい方法は、現代のポピュラー心理学の教えとは著しく異なる。まず、その人に自分の隠れた思い込みを見つけてもらう。次に、その思い込みが人生の中でどんな悪さをしてきたかを見ていく。

構造力学が現代のポピュラー心理学と大きく違うのは、思い込みを変えようと働きかけないことだ。自己肯定感を高めようともしない。ポジティブな思考を植え込もうともしない。嫌な思い込みに根拠がないと言って、それを反証する人生体験を示して説得しようともしない。

前にも見た通り、こういうポピュラーなメソッドは、その人の構造を変えることにつながらない。こういうことをやればやるほど、揺り戻しパターンの幅を広げるばかりだ。最初は効果がある。揺り戻しパターンであっても、望む結果のほうに振れるからである。そして必ず揺り戻しが起こり、最終的には最初よりも悪化してしまう。

個人的理想を持つ人が、失敗したり自己批判したりしているとき、まず尋ねるのは、「どうして失敗したことが重要なんですか？」という質問だ。いろいろな回答が可能な中で、理想・思い込み・現実の葛藤構造にいる人は、失敗が自分をどう見せるかというポイントに行き着く。

たとえばこんな具合である。


「どうして失敗したことが重要なんですか？」

「なぜなら私はそんな失敗をするような人間じゃないからです」

「どんな人間がそんな失敗をするんですか？」

「馬鹿な人間です」

この例では、この人の思い込みは自分が馬鹿だということになるだろう。現代の私たちは、自分について否定的評価をしてはいけないということになっている。そこで私たちは「失敗したからといって自分が馬鹿だということにはならない」と理屈をこねる。馬鹿じゃない証拠に「たくさん賢いことをしている」「ちょっとした馬鹿なことならアインシュタインだってたくさんしている」などと言って。

理想・思い込み・現実の葛藤構造にいる人たちは、何が何でも嫌な思い込みを否定したがる。何があっても自分は馬鹿ではない、と思いたがる。藁《わら》にもすがる思いで反証を受け入れる。

しかし嫌な思い込みを変えようとしても無駄だ。ブーメラン効果である。自分を馬鹿だと思っていない人だったら、どうしてわざわざ自分が賢いなどと証明しようとするだろうか。

思い込みを変えようとする動機は何だろうか。

嫌な思い込みを変えようとすれば、必ず嫌な思い込みに戻ってきてしまうのである。

もちろん人生の中で変わっていく思い込みはたくさんある。自動車の運転ができない人が運転できるようになれば、運転できないという思い込みは変わる。ただし、こういう思い込みは自意識《アイデンティティ》についてのものではない。事実に基づいたものだ。

自分自身についての思い込みは現実に根ざしていない。人を正確に定義する方法はないのだ。誰かが何者だと決定する権威を持つ人間などいるものだろうか。

自分は役立たずだと思い込んでいる人が、私たちの目には非常に有用な人材であったりする。自分は悪人だと思っている人を、私たちはいい人だと思っていたりする。自分は重要じゃないと思っている人が、私たちにはとても重要に思えたりする。最終的に、自分をどう思うかなど関係ないのである。

アファメーションという無益な試み

嫌な思い込みをいい思い込みで置き換えようとして行うアファメーションも無益な試みである。

アファメーションは、潜在意識を再プログラミングしようとして行う人が多い。潜在意識にポジティブな言葉を叩き込み、それに見合った体験が再現されることを狙うのだ。しかし潜在意識はそれほど愚かではなく、なぜそんな試みをしているのかをきちんと理解している。最初から正しいことと思っていれば、アファメーションなどしない。自分の住所、目の色、子供の数、身長などをアファメーションしない。疑わしいことをアファメーションするのだ。本当は事実でないことをアファメーションするのだ。

アファメーションは、たいていリラックスすることから始め、何かポジティブな文章をくり返し読み上げる。たとえば「私は愛情深く、健やかで、有用で、勇敢な人間です」というような文章だ。そうやってくり返し言って聞かせれば、心がそれを信じるようになるということなのだが、実際に心が感じ取ってしまうのは正反対のメッセージだ。嫌な思い込みがあって、それがとても重要だということだ。アファメーションはブーメランのように跳ね返ってきて、ふたつのことを強化する。嫌な思い込みは真実で、その思い込みは強力だ、ということだ。「私は愛情深く、健やかで、有用で、勇敢な人間です」は「私は愛に乏しく、不健全で、役立たずで、臆病な人間です」と受け取られる。

一番いいやり方

現実・思い込み・現実の葛藤という構造を扱うために一番いいのは、まず思い込みを見つけ、それが人生にどんな影響を与えているかを見て、次に構造から思い込みを追い出すことである。

たとえば、その人が「自分はつまらない人間だ」と思い込んでいたとする。そうしたら、その思い込みがその人の人生にどう現れていたかを見る。

その人は、何かというと立派な人物たちに会いたがり、その人たちの立派さが自分にうつることを期待し、嫌な思い込みがなくなるように期待していたかもしれない。

あるいは、その人は立派と思える目標を次々と達成しようとしていたかもしれない。その目標そのものよりも、目標達成によって自分がどれだけ立派になれるかにフォーカスしていたことがわかったりする。その人は何かの分野の世界的権威になり、名声を得ていたとする。しかしその人の思考をたどっていくと、「自分がつまらない人間だ」という思い込みの埋め合わせのために頑張っていたことがわかったりする。

こういう埋め合わせ作戦は非常にありふれている。内的動機をしっかりたどっていくと、嫌な思い込みが火を見るよりも明らかになっていく。

思い込みを思い知る！

この構造にいる人は、自分には嫌な思い込みがあると理解できるようになる。そして思い込みがどんなに悪さをしていたかがわかるのだ。嫌な思い込みを変えようとする代わりに、次のふたつのステップで扱うことができる。

最初のステップは、思い込みをしっかり思い知ることである。たとえば、その人が自分を馬鹿だと思っていたとするなら、その思い込みを本当に思い知るのだ。自分の半生を振り返り、「どうしてそんなことをしたのか？」とよく考えてみる。まず、いろいろなことをして自分の賢さを示そうとしていたことを知る。最近の出来事から、自分のことを馬鹿だと思っていそうな人に自分が賢いということをあの手この手で示していたことを思い出す。また、この思い込みを埋め合わせようとしてやっていた事柄を思い出す。たとえば大きな目標を達成しようとしていたことなどだ。皆にわかるように自分の頭の良さをひけらかしていたり、学位や資格を獲得して知性を証明しようとしたり、気の利いたセリフを口にして皆を感心させようとしたり、豊富な知識を披露して自分が無知でないことを示そうとしたり……。

こういう埋め合わせ作戦は、嫌な思い込みを隠蔽することが狙いだということを思い出してほしい。したがって、思い込みがはっきりしてくれば、この人はどんどん居心地の悪さを感じるようになる。嫌な思い込みが明白になればなるほど、この居心地の悪さが強まる。やがて時を経るごとに違和感は消えていくことになる。

否定のフェーズ

本当の思い込みがはっきりすると次のフェーズに移行する。その人が自分の思い込みを否定するのである。思い込みが大したことないという理屈をこねたりする。「ああ、自分は馬鹿だ。もうわかった。もうこの話はやめよう」などと言う。この時点では根底構造が変わっておらず、この人は感情的な葛藤に反応しているだけだ。嫌な思い込みに気づいてしまい、その嫌な感じをなくしたいのである。

しかし嫌な感じをなくすことと、現実と真実を追求することは両立しない。このケースでは、思い込みが真実であるかどうかを確定できない。というのも、自分についての意見はどこまで行っても意見でしかなく、事実ではないからだ。したがって、ここでの現実は、その人が実際に馬鹿（役立たず、負け犬、等々）かどうかではなく、その人が自分の思い込みを正しいと思っているということだ。

実際のところ、その人が自分の本当の思い込みを避けようとすれば避けようとするほど、思い込みは構造の中で重要性を増していく。思い込みを変えようとすれば、思い込みはますます重要性を増す。思い込みが間違いだと証明しようとしても同じだ。体験を積み上げて思い込みを反証しようとなどすれば、どれだけその思い込みが決定的に重要なのかを強調することになる。

多くの場合、ある時点で人は選択を迫られる。居心地の悪さを減らすのか、それとも本当に起こっている現実を知るのか、の二者択一である。

この時点で、その人は価値を選択せねばならない。

どちらを選ぶのか。現実を見ることか。それとも気分をよくすることか。

ほとんどの場合、ほとんどの人が現実を選ぶ。したがって感情はなるように任せることになる。

このポイントを過ぎれば、あとは楽になる。現実を見ればいいのだ。実際に存在しているパターンや全体の形を見ることになる。自分について思い込んでいたことがどれだけ嫌だったかを思い知り、それがどれだけ悪さをしていたかを思い知る。

この人と一緒に現実を見ていくと、自分が自分自身についてどんな思い込みを持っていたかが明らかになっていく。そしてある段階で不思議なことが起こる。思い込みそのものは変わらないのに、嫌な思い込みにまつわるすべての嫌な感情が消えるのである。それまでは、嫌な思い込みを隠そうとすることによって手の込んだ埋め合わせ作戦をとっていた。ところが内緒にしていた思い込みが一度明るみに出てしまうと、もう隠す必要が一切なくなる。つまり、この観念が因果集合から外れたのだ。自分がどんなふうなのか、誰なのか、何者なのか、こういった自意識《アイデンティティ》の問題が創造プロセスからすっかり外れたのである。

この思考プロセスを経た人たちは、ほとんど一瞬にして人生が変わってしまう。突如として仕事ができるようになり、学べるようになり、人生を楽しめるようになり、自分の本当の志や価値や現実にフォーカスできるようになる。

これは嫌な思い込みの中身が好きになるというわけではない。そうはならない。ただ、自分がどれだけ賢いか、善良か、立派か、有用か、価値があるか、などの問いが一気に関係なくなるということだ。それどころか皮肉な面白さが加わることにさえなる。自分が馬鹿だと思い込んでいる人なら、「馬鹿にしてはなかなかやるもんだな、自分は」と笑えるのである。

この探求の結果生じる根底構造の変化は、本物の変容だ。人生が新たな可能性に満ち、新たなチャンスが生まれ、新たな輝きをもたらすようになるのである。

社会的理想

あなたに社会的理想があった場合は、観念よりも価値を優先することでそれを扱うことができる。ここで役に立つのは「人は自由に自分の生きたい人生を生きようとしてもいいか」という問いである。

価値としての自由はしょっちゅう権利と混同されている。「うちの庭に他人がゴミを捨てる自由はない」などという言い方がそれだ。これは価値としての自由ではなく、権利の問題だ。権利とは所有権や権限のことである。「うちの庭」であれば、持ち主に所有権や権限がある。持ち主の許可なしにゴミを捨てることは許されない。

権利と混同することによって、本当の自由の価値は見えなくなる。人は好き勝手に生きる自由はないのだろうか。ないとしたら、どうしてないのだろうか。もし彫刻の才能に乏しい人が彫刻家になろうと決心したら、それはその人の自由なのだろうか。さらにいうと、その人が彫刻家として成功するチャンスがわずかしかなくても、自由なのだろうか。

「自由だ」とたいていの人は答える。そう、それがポイントだ。人にルールを課して特定の生き方を強いるとき、その人には好きなように生きる自由がないと決めつけているのである。いったい誰の権限でそんな決めつけができるというのだろうか。

社会的理想に囚われた人たちは、事実が理想にそぐわないときに現実を歪めてしまう。理想に従って現実と志が測られることになる。理想という観念によって現実認識が歪み、本当の志が見えなくなる。この観念が構造から取り除かれれば、本当の望みがはっきりし、現実を客観視できるようになる。前章で見たように、構造から観念を抜き去れば、新しい構造は緊張構造だ。それが人生の新たな支配力になる。自分が創り出したい人生を創り出す用意ができるのである。

実存的理想

自分の存在を正当化しなくてはならない、というのが実存的理想である。この理想の間違いは、次の問いに答えようとすればわかる。「何をしたら自分の存在を正当化できるのだろうか」「何かをしたら正当化できるのだろうか」「どうやって正当化できるのだろうか」

あなたは、事実として存在している。その事実に正当化など存在しない。人助けをし、コミュニティに奉仕し、病気を治す薬を開発し、新しい技術を発明しても、それは存在の正当化にはならない。もしそういうことをするのが本当の望みだったなら、それは存在の正当化とは関係ないし、正当化が動機づけにもならない。

自分の存在を正当化したいと思ったところで、それはできない相談だ。この事実がわかれば実存的理想から解放される。

このポイントはすぐには腑に落ちないかもしれない。それなら腑に落ちるまで何度も同じ問いに答えてみるといい。自問自答をくり返すことで観念が浮き彫りとなって構造から外れ、緊張構造が人生に姿を現すだろう。

神秘の解明

この観念を持つ人は、人生のすべてを束ねる統一理論を探している。しかし真の神秘は不可知の領域にあって、知ることができないのだ。答えを探し続けるよりも、どんな観念も人生の神秘を解き明かさないのだと悟るほうがいいだろう。もう、問うのはやめて、神秘を謎のままにしておくことだ。

観念から自由な人生

観念的な恐怖がなく、理想に従う必要もなく、いろんなルールに縛られず、自己存在を正当化する必要もなく、人生の神秘を解き明かすことも不要だったとしたら、あなたは人生をどんなふうに過ごすだろうか。たぶん、答えは「好きなように過ごす」になるだろう。

創造プロセスから観念を追い出したら、自分の望みだけにフォーカスできる。目標を達成するために特別なあり方など不要になる。ルールを理解したり、世界を理解したりすることも必要ない。ただ自分の人生にひたすら好きなように打ち込むだけでいい。構造が創造プロセスを支えてくれるだけでなく、あなたの人生そのものがアートとして生まれ、育ち、発展していく。

私が最も深遠な助言をひとつだけ授けるなら、**「人生から観念を追い出せ」**である。観念から自由になってほしい。そうすれば本当の自由を体験することになる。人生パターンは前進し、成功に成功を積み重ね、失敗体験の上にさえ成功を重ねることができる。緊張構造を自分のものにして、頭は次の創造物に向かっていく。いまの現実に生き、目標を実現するための作戦を実行している。

創造行為は現実の中で起こる。だから現実の中で生きれば生きるほど、創造プロセスと自分自身の本質にもっと触れることができるのだ。そうすれば、人生はもっともっと創り出したいアート作品になっていく。

第4部

アートが動き出す

Artistry in Action

第13章　人生の乗り物

国際的ロックスターであるマドンナは、自分自身をつくり変えるということを発明してしまった。一般の人たちがマドンナを理解したと思った途端に、マドンナは変わってしまう。ヘアスタイルを変え、服装を変え、音楽スタイルを変え、ペルソナを変え、音楽の中身を変え、新しいマドンナになる。パンクなロックスター、マテリアルガール、黒髪の謎の女、カウガール、と次から次へとキャラクターを変える。だが、そのあいだずっとマドンナ自身はマドンナ自身で変わらない。新しいキャラクターは、マドンナの創り出すアートのためのプラットフォームであり、乗り物にすぎない。

この短い章では、人生で表現をするための乗り物を創り出すことについて述べる。乗り物とは、文字通り、どこかへ旅するための乗り物である。自動車が乗り物であり、あなたの身体も乗り物だ。あなたのパーソナリティも乗り物なら、ファッションスタイルも乗り物だ。私たちは世界を旅するためにいろいろな乗り物を開発するのである。

たくさんの乗り物

私たちはたいてい4～5くらいの主な「乗り物」に乗っている。親、職業人、友人、家族、地域のリーダー、息子、娘、などだ。

職場では職場にふさわしい服装をして、職場にふさわしい喋り方をして、その場にふさわしいマナーや習慣に従う。だが仕事を終えて自宅に帰ったら、服装も喋り方もマナーも雰囲気も変わるかもしれない。

もしいろいろな乗り物をもっと自覚的に定義して創り出せたら、もっと人生を効果的に旅することができるだろう。

人生に必要な乗り物を創り出す前に、一つひとつの乗り物が自分自身を本当に表現しているということを理解しなくてはならない。世間の人の目をあざむくためにいかさまのキャラクターをこしらえるのではない。たくさんのありようを持っているからといってそれがニセモノだということではない。ただ、いずれにしてもやっていることを、どうせならもっとうまくやろうということだ。

どんなにたくさんの乗り物があっても、あなたの価値と志は一貫してついてくる。あなたの才能・知性・感性・個人的なリズムなども常についてくる。乗り物を創り出すことで誰か別の人間のふりをするのではない。本物のあなた自身を表現できるレンジを広げているのだ。あなたにはもともとたくさんの面があって、いろんな乗り物はいろんな面を必要とするのである。

旅をするときに特別な乗り物に乗る人は多い。いつ空港に行って、いつチェックインして、いつ雑誌を買って、いつ搭乗して、いつ機内飲食したらいいかを知っている。さらに、ひとり旅のときのありようもわかっている。家族旅行のときは別の乗り物に乗っていたりする。トレーニングジムに行くときの乗り物、銀行融資を受けるときの乗り物もあるかもしれない。自覚的に乗り物を乗りこなすのがいい。そうやって人生をより巧みに創り出すことができる。

乗り物をマッピングする

紙を1枚取り出して、いま自分が乗っている乗り物を書き出してみよう。少し考える必要があるかもしれない。いくつかの乗り物はすぐに思い浮かぶ。ワークショップでこれをやると、仕事関係の乗り物、人間関係の乗り物、趣味や関心の乗り物などが必ず出てくる。そして必ず何か発見がある。ある女性は、自分が仕事の分野で主要なリーダーのひとりだという事実に気づいた。それまでその考えを回避していたのだが、演習をやってみると、職業的な成功からそういう立場になっていることがはっきりしたのである。彼女は第一人者になりたかったわけでもなく、自分に影響力があるなどと考えたくなかった。しかし一度そうだとわかってしまうと、それならもっといい乗り物にしようと考え、指導的立場にふさわしいスキル、フォーカス、気質、アートをデザインした。この演習によって、彼女は自分自身を乗り物から切り離し、もっと効果的にリーダーシップを発揮する能力を育むことになったのだ。

また別の人は、自分がディールメーカーでいるのが悪くないということを発見した。それまでそんなふうに考えたことがなかったのだが、考えてみると、不動産取引をまとめたり、商品取引をまとめたり、商談をまとめたり、契約をまとめたりするのが大好きだった。そこで彼はディールメーカーの乗り物を仕上げることに決めた。

いろんな乗り物の特徴は、何をやってもそれがあなたらしさを持つ乗り物だということだ。スケートリンクで楽しんでいても、経営会議にいても、劇場にいても、子供の先生といても、買い物していても、芝刈りをしていても、製品チームのマネジメントをしていても、ロマンティックなディナーの席でも、トランプをやっていても、全部あなた自身である。

さあ、もしまだ書いていなかったら、あなたの大切な乗り物を片っ端から書き出してみよう。

もっといい乗り物を創り出す

次に、一つひとつの乗り物についてスキルや特徴を書き足していこう。それによってもっと優れた乗り物を創り出すことができる。もっと向上したい能力、獲得したいスキル、磨きたい才能、拡大したい適性などがある。乗り物をもっと優れたものにしていくために役立ちそうなら何でも付け加えることだ。

いまやってみよう。

実践、実践、実践。

そして乗っている乗り物をもっと開発する練習と実践を重ねるのである。それによって、ますます効果的な創造ができるばかりでなく、自分が人生の中でどんなクリエイターであるかがもっと見えるようになるのだ。すべての乗り物のクリエイターはあなたで、その乗り物に乗って自分が創り出したいものをさらに効果的に創り出せるようになるのである。

第14章 学び続ける人生

アーティストの共通点をひとつあげると、ひたすら学んでいることである。発見し、習熟し、発展させ、発明し、到達し、理解する対象が常に存在している。学ぶ姿勢は生きる姿勢に織り込まれている。何かを学ぼうとしているときは、すでに知っていると決めつけない。まだ知らないことがあると思って学ぶのである。知っていることと知らないことのあいだの緊張構造が私たちの学びを前進させてくれる。

創造プロセスとは、すなわち学びのプロセスである。人生をアートとして創り出そうとするなら、学ぶ者になる必要がある。

学ぶという生き方

学び続けるというのは、生き方である。多くの人が学ぶ喜びを楽しむという一方で、学ぶのは楽しいことばかりではなく、難しい局面を含むものだ。学びが娯楽的なレクリエーションとして体験できるときは楽だが、困惑・不快・苦痛に向き合うのは楽ではない。新しい料理をつくったり、有機野菜を育てたり、ヨットを操縦したり、スノーボードをしたりということなら、楽しい時間帯が多いだろう。その活動への興味関心と、学んでいる最中の喜びが動機づけになる。

一方、別の種類の学びもある。これは多くの場合、歓迎されない。人生が突きつけてくる学びである。苦難・落胆・挫折・悲運などは、厳しい教師となりうる。そして私たちは、しばしば逆境から最も多くを学ぶのである。

困難をくぐり抜けることで、私たちは自分の奥深くを見つめ、自分の思考を根底から見直し、価値観を問い直し、自分自身の中にある強さを見出すことになる。

事故を生き延びた人たちが「ひどい出来事だったが、自分にとって最高の出来事だった」と述懐することがある。これは、もし事故がなかったら向き合うこともなかった自分自身の側面に向き合わざるを得なかったことから来る発言だ。

失恋体験によって人の自由についての価値観を考え直すことを強いられることがある。自分が恋している人に自分を好きになってもらいたいのに、そうはならない。それでどうしただろうか。誘惑したり、拗ねてみたり、いろんなやり方で相手の気をひこうとする。ある日に花を贈ったと思ったら、次の日には「付き合ってくれなかったら出家する」と言ってみたりするが、何をやっても効果がない。とことんうまくいかずに絶望して自分の価値観を見直すことになる。多くの人たちが、失恋こそが成熟と寛容に到達するための優れた教師だと証言する。

先日、私は引退したパイロットが自分の解雇された経験について語るのを聞いた。彼はアルコール依存症になり、酒気帯びの状態で飛行機を操縦していた。解雇されたあと、しばらくは解雇されたことに腹を立てていたが、やがて自分のしたことをしっかり見つめて考え直す契機になったという。

こうした経験は、大いなる変容のきっかけになりうる。パイロットの彼は、自分にとって何が大切かを発見することになった。飲酒をやめ、自分の中の力を見出し、行いを改めて、少しずつキャリアを回復し、何年もあとに自分を解雇した会社から再雇用されるまでになった。そして定年退職するまでの何年ものあいだしっかりと働き、会社で尊敬される一員となった。学ぶべき教訓を学ぶのは愉快なことではなかったが、人生を好転させることになった。

こう考えてみたらどうだろうか。「苦難や災害に見舞われることなしに重要な教訓を学ぶことはできないのか」と。

答えは、条件付きのイエスだ。これは大きな条件だ。もしあなたが自分の中に深い真理と知恵を見出そうとするのなら、可能かもしれない。意識・魂・精神の深いところに根を下ろした知恵の源泉に触れることができれば、である。

このパイロットの例で、解雇される前に十分な自己探求をしていたなら、アルコール依存をやめ、力の源を見出し、時間をかけて人生を立て直して仕事をまっとうしただろう。会社をクビになることなしに教訓を学ぶこともできたはずである。

しっかり教訓を学びさえすれば苦難や災害を避けられると言っているわけではない。それよりも、もし不本意な出来事に遭遇したら、自分の中にある力を使って厳しい体験を乗り切り、向こう岸にたどり着くことができるということなのだ。

学ぶプロセス

こういう学びは、魂・精神・高次の自己・高次の意識によって届けられるのだろうか。もしそうだったとしたら、教えを受け入れるために、あなたはどれだけオープンになれるだろうか。

私たちはたいてい、いざこざを起こしたくない。波風を立てたくない。しかし表面上は穏やかに見えても、水の奥底にある何かを見ようとする素晴らしい本能は持ち合わせているものだ。そう、私たちには両極端の傾向がある。となれば、どちらがより大切かを自分で選ばなくてはならない。

もし人生が教えてくれる大事な教訓を学ぼうとするなら、どうしたらいいのだろうか。いくつか提案がある。

●オープンになること

手元にＣＢ無線があって、ボタンが「送信」に固定されていたとしたらどうなるだろうか。放送はできるが、受信ができない。オープンになるためには、まず受信モードになることだ。たとえば「自分は何を学ぶ必要があるのだろうか」「自分はどうやって成長できるのだろうか」「自分の次のステップは何だろうか」「自分のどこを変える必要があるのだろうか」などと自問し、答えが訪れるのを待つのである。

こういう問いは、質問であると同時に宣言でもある。問いの中身ははっきりしている。つまり、「私は聞く耳を持っています、学ぶ必要のあることを学ぶつもりです」という宣言なのだ。

●緊張を確立すること

こうした問いを発し、自分の見解で安易に回答しないようにすると、緊張が生まれる。頭の中に検索エンジンを設定したようなものだ。こういう問いが発せられると、あなたの頭はあらゆるデータベースを検索して答えを見つけようとする。あなたの仕事は緊張を確立することだ。そうすれば頭が残りの仕事をやってくれる。

学ぶための最も強力な動機づけの仕掛けは、緊張構造である。学ぶ目的は、創り出したい成果を実現することだ。そして学ぶプロセスは、成果実現計画の戦略パートである。緊張構造によって学ぶことに特別な任務が課せられる。成果実現という緊張解消の任務である。学ぶというセカンダリー選択が、成果実現というプライマリー選択にとっての手段となるのだ。さらに、学ぶ目標を定義することによって緊張構造を生み出すことができる。何を学び、習熟し、内在化し、獲得したいのか。学ぶ目標を理解したら、それに対するいまの現実を把握することだ。こうして緊張構造を確立してしまえば、途中にどんな困難が待ち受けていても、私たちは学ぶ目標に向かって突き進んでいけるようになる。

●無知におもむくこと

もう答えを知っていると思っている人には何も教えることができない。問いへの答えを「もう知っている」と思っていたとしても、もう一度「学校に戻る」ことで学び直すのである。もう一度学生に戻るのだ。人生が教えてくれようとしていることに対して、いま自分がどこに立っているかを決めるのだ。「もう知っている」というところを離れ、「まだ知らない」というところ、無知におもむくのだ。それで学ぶことがたやすくなる。

●やめないこと

こういう学びは一生継続していく性格のものだ。最初の教えをいくつか学んだところでやめてはいけない。学び続ける覚悟を決めるのだ。教えを受け取り続けるのだ。死ぬまで生徒でいることによって人生を豊かにするのである。

学びのスタイル

誰もが同じスタイルで学ぶわけではない。いきなり何かをやりながら学ぶのが得意な人もいれば、動き出す前に手順書を読破してから始める人もいる。準備が得意な人もいれば、実験が得意な人もいる。自分の得意なスタイルを見つけることだ。

自分の学び方になじんだら、自分に合ったリズムやパターンを使うといい。学びのスタイルを知るために次のようなことを自問してみよう。

- 学ぶのが好きな事柄に対しては、どんなパターンがあるか。
- 学ぶのが苦手な事柄に対しては、どんなパターンがあるか。
- 他人の様子から学ぶのはどのくらい得意か。
- 自分が打ち込むことで学ぶのはどのくらい得意か。
- 期限が決まった状況で学ぶのはどのくらい得意か。
- 期限が決まっていない状況で学ぶのはどのくらい得意か。

●自分の失敗から学ぶのはどのくらい得意か。
●自分の成功から学ぶのはどのくらい得意か。
●他人の失敗や成功から学ぶのはどのくらい得意か。

誰にでも一定の得意なスタイルがある一方で、状況によって異なるスタイルを採用するのもいい。たとえば、新しいソフトウェアを使うために講習を受けていて、講師の教えるスタイルは自分の得意なスタイルとはかなり違うとする。その状況で自分の得意なスタイルを使って学べるなら、それでいい。しかし講師のスタイルに従ったほうがソフトウェアを学びやすいのかもしれない。もしそうなら、ギアを入れ替え、スタイルをシフトするのだ。そのほうが講習を受けながら学びのスタイルのことで悪戦苦闘するよりもずっといい。

アートとして人生を生きるのは、学び続ける世界である。発見、失敗、成功、実験、教育、実践、探求、研究、分析、打開によって学ぶ世界だ。自分の直接体験で学び、他人の代理体験で学ぶのである。

自分の学べるポテンシャルを高め、アートとしての人生をもっと創り出せるようにしてほしい。

第15章 健康戦略を創造する

人生をアートとして創り出すことは、自分自身を人生構築プロセスにおけるクリエイターにすることだ。そのためには十分なスタミナを要する。体力の維持向上のための戦略について考えよう。

あなた次第だ

現代はおかしな時代である。たくさんの人たちがエクササイズをし、健康な食事を心がけ、ワークライフバランスに気をつけ、定期検診を受け、休暇やリラックスを大切にしている。その一方で、たくさんの人たちが糖尿病にかかり、肥満になり、不健康な生活習慣になり、食生活が乱れ、座りっぱなしの生活を送り、ストレスや重圧を抱え、無力感にさいなまれている。どんな時代でも最高であり、同時に最悪だと言えるのだろう。いまがまさにそういう時代だ。

先日、同年代の友人とお喋りしていた。私たちの記憶では、子供の頃に肥満の人はあまりいなかった。太った大人は少しはいたが、太った子供はほとんどいなかった。いまではすべての年齢層に肥満が蔓延している。これは記憶が誤っているのか、それとも時代が変わったのか、どちらだろうか。

太っていること自体は別に問題ない。サンタクロースも太っていて、世界中の人々から愛されている。しかし肥満には健康上の問題がある。肥満だと病気の確率が高くなる。サンタクロースは不死なので健康の心配はない。私たち人間は、食事に気を遣ったほうがいい。

健康には肉体的な次元がある。何をやっても健康になれないケースもある。その場合に応じてベストを尽くすしかない。車椅子の物理学者スティーブン・ホーキングはALS（筋萎縮性側索硬化症）という難病のために、全身が麻痺して自由に動かないにもかかわらず、最新技術の助けを借りて、自分の仕事を中心に人生を構築した。強靭な、気骨ある人のなせるわざである。

クリストファー・リーブもまた悲劇的な落馬事故のために肉体が麻痺し、半身不随となっていた。事故のあとには自殺も考えたという。しかし彼は生きることを選択した。そして生きると言っても、引退して悲嘆に暮れる余生を送る選択もあったはずだ。

彼は引退などせず、真のクリエイターとして再出発した。世界中の神経学者をサポートして脳や中枢系の難病克服に尽力したのである。そして映画の監督をし、本を書き、俳優に返り咲き、自分の非営利財団の会長を務め、National Organization on Disability（NOD）の副会長を務め、ジム・ジェフォーズ上院議員が「就労インセンティブ改善法」という法案を通すのをバックアップしている。人生をあきらめたりせず、アーティストのキャリアにアクティビスト（活動家）としての新しいキャリアを加えているのである。

ホーキングやリーブ以外にも、多くの人たちが肉体的な制限を抱えている。しかしハンディキャップをものともせず、自分の人生を創り出す道を見つけているのである。

もし自分で身体条件を向上するチャンスがあるのなら、そのチャンスを無駄にせずに人生を創り出すといい。アーティスト、ミュージシャン、俳優、ダンサーの多くはスポーツ選手さながらに肉体を鍛えている。そうすることによって自分たちの創造行為をトータルで支えているのである。

ダイエット

肉体的な健康管理は食事管理を含む。ファストフードやジャンクフードが現れる以前に育った人たちは、子供の頃にダイエットなど考える必要がなかった。私は子供の頃ひょろっとしたやせっぽっちだったが、何でも好きなものを好きなだけ食べていた。30代になったときに驚愕した。代謝が悪くなり、食事制限が必要になっていたのだ。そういう体験をしている人は少なくない。

本書はダイエットに関する書物ではないが、食習慣を見直す契機にしてもらえるといい。優れた書物はたくさんある。もちろん本によって言っていることは違う。自分に向いていると思うものを選んで、試行錯誤することだ。私と妻のロザリンドはいろいろ試している。バリー・シアーズのゾーンダイエット、ディーン・オーニッシュ博士の低脂肪ダイエット法、スチュアート、ベセア、アンドリュース、バラートによるシュガーバスターズダイエットなどである。アトキンズダイエットにはあまり惹かれなかったが、ファンはたくさんいる。

3年ほど前にスザンヌ・サマーズダイエットを試してみて、サマーズのアプローチに影響を与えたらしいミシェル・モンティニャックのダイエットについて知った。サマーズとモンティニャックのダイエットが私たちふたりには最もよかった。ふたりとも10キロ以上も体重を落とし、3年以上もその体重を維持している。

もちろんダイエットについてはいろいろな見解があるし、時代によって常識も変わる。どうやって自分のやり方を決めたらいいのだろうか。自分が納得する方法を採用したらいい。信頼できる医療的助言は基本である。医者に相談するのがいい。医師によって言うことは異なる。栄養学の最新知識に疎い医師もいる。

健康的な習慣で、なおかつ自分が実行できるものを選ぶといい。やれたらいいと思っても、生活に支障をきたすようであればやめたほうがいい。実行が簡単であるほど実際にやれることが多い。

私とロザリンドが気に入っているダイエットは、効果があって、健康が増進していて、家でも旅行中でも簡単に実行できる。旅行や出張が多いので、出先でも実行できることが私たちには重要だ。モンティニャックの洞察は素晴らしく、サマーズのレシピは最高だ。

眠って、夢見ること

眠りは回復をもたらす。肉体的なメリットがある。そして夢を見ることから来る構造的メリットもある。

朝から晩まであなたの頭は情報を受け取ることに忙しい。意識的に処理する情報もあれば、サブリミナルに潜在意識が処理する情報もある。

視覚、聴覚、触覚、嗅覚、味覚のすべての五感からいろいろな情報が入ってきて、感覚が複合する。考え、気持ち、直観、観念などが入り混じり、自分特有のレンズで世界を覗く。過去の記憶や未来の想像も一役買う。

こういう何万という要素が絡み合ってひとつの複合体になる。この複合体が頭に住みついて頭を縛り始める。複合体は矛盾のない全体にはならず、ピースが最後まで揃わない出来損ないのパズルのようになる。それなのに頭はパズルを解こうとしたがるのだ。

あなたの頭は、すべてを勘定して、混沌に秩序をもたらしたがる。そこで、あなたが眠りにつくと、夢を見ることによって混沌にケリをつけようとするのである。

夢というのは、折り合いの悪い複数の役柄がやりとりする映画のようなものだ。この映画は現実に即していなくても構わない。奇妙な人間関係、馬鹿げた出来事、物理的にありえない事象、途方もない展開が次々と繰り広げられる。この映画の筋書きは一貫していなくていい。ただ一時的にカオスを落ち着かせてくれたらいいのだ。

夢見はいろいろな形をとる。予知夢は将来の備えになる。現実に起こる出来事を予言する夢もある。不安を表現する夢もある。性的な夢もある。

どんな夢であっても、たいていは頭が緊張を解消しようとしているものだ。緊張には情緒的な要素もある。しかし重要なのは、構造的要素があることだ。構造とは何だったか思い出してほしい。部分が互いに影響し合っている全体のことだ。互いの折り合いが悪ければ戦いになって摩擦を起こす。頭は戦闘を鎮めて平和をもたらし、秩序を生み出そうとする。

緊張を解消したがる頭脳の特性こそが、緊張構造によって創造性が生まれる理由である。あなたが自分の目的のために頭脳を動員し、緊張構造を解消するために独自のアイデアを生み出すように仕向けたのだ。

しかし人生の中には「欲しいもの」と「持っているもの」へのフォーカス以上のことが起

こっている。刺激に囲まれているのだ。ＭＴＶはいつだって大量の多次元データ・カット・同時感覚刺激・並列知覚をもたらしている。しばらくしたら頭も休まなくてはならない。夢によって毎日の膨大なドラム入力からの一時的休息が与えられるのである。

最悪の出来事の悪夢を見たあとは、朝起きてむしろリフレッシュしている。最悪の恐怖を悪夢が取り上げて扱ってくれたのである。悪夢の脚本は不本意な筋書きかもしれないが、それでも解消は解消である。悪夢の中身ではない。中身はたいてい最悪で、解消されていない。解消されるのは構造だ。恐怖のパーツが取り込まれ、リズムと方向性が生まれ、衝突が起こり、新しい動きがつくり出される。頭が取り組んだ映画製作の過程で、競合する緊張が解消されたのだ。悪夢を見るとすっきりしてリフレッシュすることが多いのはそのためなのである。

もちろん私たち自身は悪夢を嫌う。しかし幸いなことに頭は悪夢を嫌わない。混沌のノイズが高くなりすぎると頭が悪夢を生み出すのである。悪夢だけではなく、もっといい夢の場合も、頭がコレクションした材料をもとに緊張が解消される。

夢を見ないときはどうなるのだろうか。だんだんストレスを感じるようになる。疲弊し、消耗し、枯渇し、ぐったりする。夢見のない睡眠では足りない。頭が中身を整理整頓するために夢見が必要なのだ。

もしあなたが睡眠にトラブルを抱えていたら、早く解消する術を見つけたほうがいい。クリニック、書物、ウェブサイト、医療など、現代では睡眠障害の対策がたくさんある。睡眠薬は夢見を妨げるのであまりよくない。夢を見る方法を見つけることだ。それが健康で回復的な睡眠に備わった役割のひとつなのである。

メンタルヘルス

精神を健やかにするためには、本当に興味のあることを見つけ、知的なチャレンジをして、精神的規律を持ち、活動と休息のバランスを保ち、生きることへの真摯さとユーモアを忘れないようにすることだ。

これですべてではないが、優れた土台となる。メンタルヘルスも行動によって前進するのである。頭を使い、あらゆることを考え直し、自分が同意しない内容の書物を読むことだ。ひとつのテーマについて見解が一致しない複数の書物を読むことだ。

最近、私はダライ・ラマの著書とサルトルの著書を同じ時期に読んだ。ダライ・ラマは仏教徒、サルトルは実存主義者、興味深い組み合わせだ。どちらが正しくてどちらが間違っているかを知ろうとして読んでいるわけではない。ふたつの相容れない見事な視点を並べて楽しんでいたのである。サルトルは無神論者、ダライ・ラマは違う。両者ともに非常に説得力がある。彼らの頭脳が着想を組み立てて、豊かなアプローチを生み出しているのを素晴らしいと思う。

私にとってこの読書は、ふたりの偉人たちと時を過ごしているようなものだ。ふたりの世界観を自分の中に取り込もうというわけではない。ただ気楽にゆっくり書物の世界に遊んでいるのである。こんなことができるのは活字のおかげだ。

気分が沈んでいるときは世界に興味を持てない。興味関心を持ち始めれば、まだ気分は沈んだままかもしれないが、それでも少しはマシな時間の過ごし方を知ることになる。深刻な鬱病なら専門医の助けが要るだろうが、気分が沈むくらいのことは誰だってときどき経験することだ。そのおかげでブルースという音楽ジャンルが生まれた。「あの人はいってしまった、もう帰らない」という沈んだ気分のことだ。

興味関心を見つけるというのは押したり引いたりする効果を生む。最初は自分でどんどん押していって興味を推し進めていく。ところがそのうちに興味関心から引っ張られるようになっていく。

最高の趣味は、自分がふだんやっていることとかけ離れているものになることもある。たとえば、あなたがフィジカルなタイプだったら、芸術や知的な趣味がいいかもしれない。あなたが知的・芸術的タイプだったら、フィジカルなことをやるのもいい。

私自身は芸術的・知的タイプである。写真撮影をし、自分のスタジオで何時間も作曲に没頭し、映画を製作し、本を書き、詩を読み、美術展に行く。書物や気に入った雑誌『ザ・ニューヨーカー』を読むのも好きだ。だから冬はスキー、夏はスイミングをする。スイミングとスキーは、私を頭の世界から連れ出してくれる。旅に出ることによって、アート生活に帰ってきたときにはすっかりリフレッシュしている。

活気を取り戻すには変化が大切だ。もしデスクワークをしている人なら、冒険的な休暇がいい。サファリに行ったり、ドルフィンスイムをしたり、登山したり、田園地方のサイクリングをしたりするといい。もし活動的な毎日を送っている人なら、ハワイのビーチでのんびりしたり、スパに行ったり、瞑想リトリートに行ったり、１〜２週間ぶっ続けでテレビを観たりするのもいい。何をやっても構わない。大切なのは、日常と異なる状況に身を置いて充電することだ。私たちにはときどき充電が必要だ。放置せずに、充電期間を設けなくてはならない。

ユーモアについて

ユーモアは必須アイテムだ。いくつか重要な基本がある。まず、視点を変えること。私たちの固定観念、思い込み、信条などをひっくり返すのがユーモアだ。次に、アイロニーだ。自分自身を笑い飛ばし、完璧でなければならないという間違った思い込みによる重圧を吹き飛ばすのだ。

メンタルヘルスの点から最高のユーモアは、自分自身を笑い、人間的なものとして受け入れることだ。メンタルヘルスの点から言うと、あまりよくないユーモアは、他人を笑うものだ。他者の弱点を馬鹿にして優越感に浸ろうとするのはよくない。

ジョークを言うのは緊張解消システムである。ジョークの設定で期待が生み出される。これが緊張構造だ。そしてジョークのオチは期待を裏切る。それが解消になる。

ところが調査によると、ジョークを聞いた人の多くはオチが予想できていて、それでも笑うのだ。なぜかというと、ジョークは優れた構造を持っているからである。もうすでにオチを知っているジョークでも私たちは笑う。もちろんオチを聞いて驚いたからではない。笑うのは、ジョークの構造を楽しんでいて、その醸し出す世界のおかしさが楽しいからなのだ。よくできたジョークは、もう何年も昔からおなじみのジョークであっても、まるでモーツァルトを聴くかのように楽しめる。構造的に優れているので何度も何度も楽しめるのである。

自分でジョークを飛ばすのはとても健全なことだ。ジョークを飛ばすのは危険で敵対的な世界から自分を防衛する心理だという説がある。そういうこともあるが、それよりも人生のちぐはぐさを言葉にして笑う方法なのである。

私とロザリンドはいつもお互いにジョークを言い合っている。それがふたりのあいだ柄で最高なことのひとつだ。ふたりのジョークが通じるのはふたりだけだということもよくある。お互いにジョークが通じる相手がいてよかった！

さんざんジョークを飛ばすと、世界が少しいい場所に思えてきて、ふたりで一緒にいるのがもっと楽しくなり、なんとも説明しがたい親密な感じになる。お互いの親近感が増し、世界との親近感が増す。

誰でもひとつくらい気に入ったジョークがある。私の祖母にもあった。家族が集まると年に3回か4回はそのジョークを言っていた。祖母がそのジョークを言うときの嬉しそうな表情をいまでも思い出す。そのジョークとはこういうものだった。

ふたりの兄弟が毎週土曜日になると釣りに出かけていた。1日中釣りをしていて、兄がいつも魚をたくさん釣り上げ、弟はまったく釣れなかった。何年もそれが続いたあと、ある土曜日に、いつも魚を釣り上げていた兄が病気で釣りに行けなかった。弟はチャンスだと思って、いつもの釣り場に漕いでいき、釣り糸を垂れて、釣りを始めた。朝から晩まで釣りを続けたが、まったく釣れない。がっかりして、釣り竿を上げ、岸に戻ってきた。帰ろうとすると、1匹の魚が顔を出して言った。「おい、兄貴はどうした?」と。

このジョークを言った祖母は本当におかしそうに笑い続け、私たちも一緒に笑った。オチはわかっている。それでも何度も聞いては笑い、ジョークを言う祖母の喜びを分かち合っていたのだ。

健康戦略を創り出す

健康分野の人たちの多くが構造アプローチを採用するようになっている。ピーター・ボッグス博士はその最たる例で、喘息の国際的権威である。ボッグス博士は患者の診断時に緊張構造チャートを使い、健康目標を定義し、いまの現実を把握し、目標達成のための行動計画を決めている。目覚ましい成果を上げ、喘息の分野で大きな影響力を持っている。

ジュディス・ボイス博士は、自然療法の医師・鍼灸師であり、『健康長寿の秘訣（But My Doctor Never Told Me That!）』（未邦訳）という本の著者である。博士は患者に「なぜ健康になりたいのか」と考えて自分の健康のビジョンを定義するように促している。診療において緊張構造を患者に紹介し、健康のビジョンの実現を助けている。博士は巧みに健康を創造プロセスに結びつけている。ボイス博士は説明する。

患者に最初にする質問のひとつは、「健康になることに関心ありますか？」というものだ。多くの患者は不思議そうに見返してくる。「もちろんですよ。そうじゃなかったらここに来てませんよ」と言うのである。

たいていの人にとって、大事なビジョンを実現しようと思ったら、健康は必須要件のひとつだ。健康でなければビジョンを実現できない。ところが、誰もが健康に関心を持っているわけではない。ただ症状が治まればいいという人もいる。嫌な病気になりたくないという人もいる。配偶者や親を安心させるために健康を求める人もいる。

健康を求める動機によって、健康になる能力が左右される。病気を避けたり、問題解決したり、まわりの人を喜ばせたりするのと、人生のビジョンのために健康になるのとでは、基本的に違うのである。

患者が健康を求めているのなら、私からの次の質問は、「完全な健康はあなたにとってどんな状態でしょうか」というものになる。誰にでも当てはまるお仕着せの健康の定義などない。ある患者の場合は、毎年2回アイアンマンコンテストに出場することだ。別の患者の場合は、人生を前向きに生きられること（何年も鬱病で苦しんでいた）と、仕事から帰宅したときにガーデニングをする元気があることだった。どちらのビジョンも本人にとってパワーがあり、他人にとってパワーがあるとは限らない。

患者には十分に詳しく健康のビジョンを描写してもらうようにしている。それによって、ビジョンを実現したときに健康状態を正確に測定できるようにするのである。「血圧を下げたい」というのは曖昧で悪い例だ。「週に5回は血圧が125／80で測定されること」は明確な目標の定義である。

次のステップは、いまの健康状態を定義することだ。ビジョンから見て十分な詳細を把握するのである。たいていの医師の診断はここからスタートする。ビジョンを聞くことなく、いまの症状を診るのである。従来の方法は悪い症状をなくそうとするもので、健康を創り出そうとしていない。

本当に健康を求めるなら、自分の求める健康をしっかりと選ぶことを勧めている。健康のビジョンなしにあらゆる養生法を追い求める人たちが多い。多くの人が自分にとって健康が何を意味しているかさえわかっていない。明確な健康のビジョンがなかったら、いまやっていることが十分か不十分か、養生法が役に立っているか悪さをしているか、どうやってわかるというのだろうか。

ビジョンを明確に選択するプロセスによって努力をフォーカスすることができる。また、効果を正確に測定することができる。ダイエットやエクササイズによって筋肉を犠牲にせずに脂肪を落とすことに成功しているのか。食生活を変えることでコレステロールレベルを200以下に下げられたか。バイオフィードバックセッションによって頭痛がなくなるか、または減ったか。あなたの健康の定義次第で具体的な問いは変わってくる。

まず健康の目標を決め、健康状態を全体的に把握して、緊張構造を確立することができる。

続いて健康の目標を達成するための行動を選ぶことができる。緊張構造を土台にすることによって、必要な行動を長期間にわたって維持することがたやすくなるのである。

健康の土台

ビタミン、ミネラル、ハーブ、ホメオパシーなどによって健康を改善しようと思う人たちが多い。サプリメントが健康の回復や維持に役立ちうるのは間違いない。しかしサプリメントは優れた生活習慣の代わりにはならない。日々の習慣こそが健康の土台を築くのである。何を食べるか、エクササイズやリラックスの時間、どんな環境で暮らし、どんな環境で働くのか。ボイス博士は次のような要素を役に立つ例としてあげている。

栄養

- 自然にできるだけ近い食物を選ぶ。人工的な食品を避ける。
- 地元で生産された旬の食材を選ぶ。食物には旬があり、季節ごとの身体のニーズに応えている。たとえば、寒くなる冬の時季に食事の量が増え、脂質の多い食べ物が増えると、肝臓に負担がかかる。そこで、春を告げるルッコラやタンポポのような苦い青菜をとることによって肝臓のクレンジングが可能になり、肝機能をサポートすることができる。
- できるだけ有機食品を選ぶ。研究によると、有機食品は従来の食品よりも70パーセント栄養価が高い。有機農法は土壌にも優しく、環境被害を最小化する（後述の健康的環境のコーナー参照）。
- 果物と他の食べ物を摂るあいだを1時間以上あける。果物は消化が早く、1〜2時間で消化される。他の食品を一緒に食べると果物の消化が遅れ、消化管で腐敗し始めてガスが生じて鼓腸症となり、腹痛を生じることもある。メロンは消化が早く、メロンだけで食するのがいい。夏のピクニックでのハンバーガー、コールスロー、ポテトサラダにスイカという昔ながらの組み合わせはひどい消化不良を約束するレシピである。
- 自分の身体を強くする食品を食べる。あなたの特定のニーズに応える食事をデザインしてくれるエキスパートに相談するのがいい。たとえば高タンパクダイエットが向いている人もいれば、最悪の結果をもたらす人もいる。

エクササイズ

- 有酸素運動、筋力トレーニング、ストレッチ、敏捷性《アジリティ》トレーニングでフルセットになる。
- エクササイズを始めるときは、常に自分ができると思うよりも少なめにする。あまりに飛ばしすぎて筋肉を痛めたり、痛みで何週間も動けなくなったりする人が多い。そうなると

「もう二度とエクササイズなんかするものか」と反動が来る。自分に優しく、ゆっくり始めることだ。もし何年も運動していない人だったら、まず1日5分歩くことだ。そう、たった5分である。そして1週間ごとに2～3分ずつ増やしていく。そのくらい用心深くやったほうが長続きして効果が上がる。

●有酸素運動は心臓血管系に働きかけて持久力を高める。有酸素コンディションを維持するための有酸素運動は最低20分、週に3回だ。

●柔軟運動や軽いウェイトリフティングなどの筋力トレーニングは筋肉量を増強する。デスクワークなどの座り仕事の人の場合、35～40歳以降は年に450グラム筋肉が減り、680グラム脂肪が増える。1日じっとしていると450グラムの筋肉は32カロリー燃焼し、450グラムの脂肪は2カロリー燃焼する。毎年筋肉が落ちて脂肪が増えていくと、どんどん代謝機能（カロリー燃焼スピード）が劣化する。日常習慣に筋力トレーニングを取り入れることでこの傾向を逆転することができる。10分間のトレーニングを週に3～4回でいい。歳を重ねるほど筋力トレーニングは重要になっていく。

●ストレッチは筋肉を柔軟にし、関節を滑らかにする。また、筋肉痛や筋組織のダメージを治す効果もある。ストレッチをしないと、筋肉は瘢痕《はんこん》組織《そしき》がもつれたままで修復して固着してしまい、柔軟性と可動域を減らすことになる。

●片足で立ったり、丸太の上を歩いたりする敏捷性《アジリティ》トレーニングは、身体のバランスとコーディネーションを調整する。

- 好きなことにフォーカスする。どんな運動が好きかと聞かれた患者が、踊るのが好きだと告白したことがある。エクササイズの一環としてダンスを勧めた。「ダンスもエクササイズに入るの？」と彼女は驚いていた。好きでやることができる運動もエクササイズに数えていいのである。

リラックス

- 身体には交感神経系と副交感神経系が同時に働いている。交感神経系は、ストレス下にあったり、闘ったり逃げたりする準備段階で支配的になる。副交感神経系は、リラックスして穏やかなときに支配的になる。癒しと回復が起こるのは副交感神経系が支配的なときだけだ。
- 1日の中で何回かリラックスのための短い休憩をとる。3〜5分間深呼吸したり、シャワーを浴びたりする（頭から足先までの全筋肉をリリースする）ことによって副交感神経系が活性化し、癒しと回復が起こるようになる。

健康的な環境

- 健康に生きるには健康的な環境が要る。有毒ガスを吸い、汚染水を飲み1日中蛍光灯のもとで働きながら健康を保つことなどできない。

● キセノエストロゲンを避ける。キセノエストロゲンとは、身体の中でエストロゲンのように作用する化学物質だ。エストロゲンは細胞に分裂せよとメッセージを送る。通常の量ならエストロゲンは成長を促す。過剰になると、エストロゲンは腫瘍を形成させてしまう。乳がん・子宮がん・卵巣がん・精巣がん・前立腺がんなどはキセノエストロゲンの影響によるものだ。体内でエストロゲンの真似をするキセノエストロゲンは、塩素・塩化物含有化学物質で、たとえば殺虫剤やプラスチックのガス放出などである。ダイオキシンという紙パルプ漂白に使われる塩化物は最悪の発がん物質として知られている。

● 優れた浄水器を使う。塩化物・溶剤・重金属を除去できるものだ。

● １日20分以上は太陽を浴びる。正常なセロトニン生成のためには松果体が全波長域の光露出（眼鏡やコンタクトレンズなしに）を必要とする。セロトニンによって気分が安定し、炭水化物代謝が調節され、睡眠サイクルが安定する。季節性情動障害（ＳＡＤ：Seasonal Affective Disorder 秋から冬にかけて鬱状態になる）は露光不足によるセロトニン分泌低下と関連している。短時間太陽光に当たると身体にいい。過剰だと皮膚がんの原因となる。顔・首・両手など露出部分に日焼け止めローションを塗ること。サンスクリーン剤は現在ＳＰＦ（ソーラープロテクションファクター）という指数で紫外線防御の度合いが表示されている。日焼けしない日射時間（日焼けに慣れていない肌の白い人の場合は通常10～15分）にＳＰＦ指数をかけて2で割ると、どのくらい紫外線防御可能かわかる。たとえば、SPF8のローションなら、10分×8÷2＝40分が安全な時間となる。40分経過してローションを再度塗っても安全時間は延びない。唇にも防御が必要になる。SPF表示のついたリップクリームを入手することだ。

●慢性的な呼吸障害があるなら（花粉症・枯草熱、副鼻腔炎、喘息など）、エアフィルターの設置を検討するといい。症状の原因を解消しなくても、空気中の花粉や塵などの刺激物を減らすことができる。

●高圧線、テレビ・ラジオ放送局、無線中継伝送タワーなどから少なくとも800メートルは離れたところに住む。身体の電磁場を乱すからである。電気毛布も有害な電磁波を発し、特に子供の白血病発症率と関連づけられている。

●あなたの身体は直接責任を持つべき地球の一部である。身体は地球なのだ。身体というこの素晴らしい乗り物は、いろいろな意味で地球の小宇宙である。地球が健全であるほど身体は健康になりうる。ここで紹介している情報は、水を浄化したり化学物質を避けたりして身体を環境の外から保護するものだが、究極の対策は地球環境を健全にするサポートである。それは環境のためでもあり、私たち自身のためでもある。

健康を守る責任

私たちは、身体を自動車のように思っていることが多い。調子が悪かったら修理に出して直してもらう。身体を治すことを自分の責任ではなく、医者の責任にしてしまう。どういうわけか、不調になるまで放置しても平気だと思っている。自動車を修理工場に持っていくかのように、身体を病院に持っていき、「さあ直してくれ」と言うわけだ。なんとも無責任な態度と言うほかない。

元カリフォルニア州知事で無所属の政治家ジェリー・ブラウンは、公衆衛生問題について、私の知る限り前代未聞のコメントをしたことがある。公的資金によるヘルスケアについて意見を聞かれたブラウンは、「タバコを吸って、身体に悪い食べ物を食べ、エクササイズをせず、不健全な生活を送っている人に州の予算を使えと言うのか」と答えた。本書は公共政策について述べるものではないし、私は高額の医療費を支払えない人々を社会が支援するのは悪くないと思っているが、ジェリー・ブラウンは興味深い論点を提示している。自分の健康に責任を持つのは誰なのか。健康を創り出すうえで私たちの役割は何なのか。健康状態を保つ努力を惜しんだら何が起こるのか。医療行為が必要になったとき、私たちは自分の蒔いた種の結果を目にしているのかもしれないのである。

病気を治すよりも、健康を創り出すほうがいい。高度な治療を可能にする医学の進歩を否定するものではない。ただ、もっと健やかで豊かな人生につながる生き方を最初からしたほうがいいんじゃないか、ということだ。

第16章 まわりの人々

人生をアートとして創り出すには、与えられた状況から独立する必要がある。一方、自分をサポートしてくれる雰囲気を創り出せたら、それに越したことはない。仕事をするのにふさわしい道具が揃っていたり、気の散らない仕事環境があったり、快適な雰囲気があったりすることだ。

そして、優れた雰囲気をつくるうえで最も重要なことのひとつが、どういう人たちがまわりにいるかである。私たち皆がお互いに皆の環境になっているのだ。

では、まわりにはどんな人々がいるのだろうか。味方してくれる人たちか、中立的な人たちか。それとも私たちがやりたいことに反対しているのか、または人として敵対しているのか。

環境が中立的だったり、ときには敵対的だったりしても、私たちは創り出したいものを創り出すことができる。歴史を見れば歴然としている。誰に邪魔されようと自分の創り出したい成果を創り出している人たちがたくさんいる。

ベートーヴェンは、傑作《大フーガ》変ロ長調を作曲し、当時の演奏家たちにとても演奏できる曲ではないと拒絶されたとき、「この曲は将来のために書いた」と言ったという。いまではベートーヴェンの弦楽四重奏曲の中で最も人気のある作品のひとつになっている。

バックミンスター・フラーは、この世代の偉大な天才だが、生涯のほとんどを世間から孤立して仕事に費やした。晩年には先見の明のある独創的な仕事が注目を集め始めた。だが、それまでのあいだは、フラーの仕事が理解されない時代の中で、ひたすら革新的な仕事に打ち込み、自立して独学で独創することを学ぶ必要があった。

デッカ・レコードはビートルズを不採用にした。

ロバート・フロストは40代になるまでアメリカで出版できず、最初の本を出版するためにイギリスに行かなくてはならなかった。

ガリレオは教会に異端審問され、自説を放棄させられた。

経営学の巨人、W・エドワーズ・デミングもまた自国では認められず、日本企業がデミングに学んで品質を製造過程に組み込んで世界的な成功を収めるまで本国では無視された存在だった。

のちに認知されて名声を得た男女の多くが、当初は無視され、却下されていた。

あなたが創り出そうとしているものを理解できる人がほとんどいないということもあるかもしれない。そういう場合には、他人が見向きもしなくても自分自身をサポートしてくれる自分のための基盤を構築することを学ぶ必要がある。

経験則

多くのクリエイターが学んだ経験則がある。「あなたをサポートしてくれ、あなたのやっていることをサポートしてくれ、あなたの成功を応援してくれる人と一緒に仕事すること。あなたをサポートしてくれず、あなたを理解してくれず、あなたを嫌っていて、あなたが失敗するのを手ぐすね引いて待っている人は遠ざけること」

世界にはあなたの側にいる人と、中立している人と、あなたの側にいない人とがいる。どの人たちを呼びたいだろうか。

映画を創る人たちと、映画を批評する人たちとがいる。批評家は製作者の駄目出しをするものだ。映画製作者は、決して批評家を現場に呼ばない。映画を創るのは製作者であって、批評家ではない。かつてヒューマンポテンシャル運動の際は、多くの人たちがこの原則を「試合《ゲーム》をするのは選手《プレイヤー》だ。観客はフィールドの外にいてもらえ」と表現していたものである。

このイメージは鮮明だ。試合をしていない観客は、フィールドの中では邪魔にしかならない。誰が選手で、誰が観客か、はっきりしておくといいだろう。

私たちの成功に興味のない人たちにフィールドに入られると邪魔にしかならない。試合でプレイしている私たちの精神的・情緒的空間を汚染するだけだ。

だからといって、私たちの作品を批判する人たちがすべてサポートにならないというわけではない。友人からの辛辣な批判こそが最高のサポートになることだってある。ただし、批判役をしてもらう役者は慎重に選ばなくてはならない。本当に私たちの成功を応援してくれる人でなければならない。

スティーブン・キングが自著『書くことについて』（小学館）でそのことを述べている。著作に取り掛かるときは、妻と友人数名にしか原稿を読ませないというのだ。自分の仕事を理解もサポートもしていない人には、原稿を見せないほうがいいということを学んだのである。第三者の意見は聞きたいが、それは著作の目標達成の助けになり、創造プロセスをサポートする意見に限る。

自分の創造プロセスに誰を含めるかは慎重に決めることが大切だ。誠実であることはもちろん、役に立つ洞察を持っていることだ。創造プロセスを調整し、改善し、発展させ、効果的にする助けが必要だ。そしてあなたの味方でなければならない。

あなたをそのままで完全に認めてくれている人たちと一緒に仕事をすることほど素晴らしいことはない。あなたを変えようとか良くしようとか操ろうとか救ってやろうなどとしない人たちである。

一線があって、その線のこちら側には、良いことでも悪いことでもその中間のことでも、あなたに知らせてくれる人たちがいる。あなたの成功を応援してくれている。

一線の向こう側の人たちは、あなたを大事に思うどころか、むしろ悪意を抱いている。あなたの成功によって、自分の至らなさを思い知るのかもしれない。あなたが成功すると、彼らの世界観や人生経験などの観念が否定されたかのように感じていたりする。

この一線はよく見ないと細すぎてわかりにくいかもしれないが、よく見れば十分太くてはっきりしたものだ。線の両側の人たちのふるまいだけを見ていると、ほとんど区別がつかないことがある。そう、ほとんど、である。線の向こう側の人たちと一緒にいたあとは、どこか虚しい感じになるのだ。勢いや活力、元気、成長、バイタリティを感じない。何だかぐったりしてしまう。一方、線のこちら側の人たちと一緒にいるときは、どんなにこき下ろされたとしても前に進む力を感じる。味方になってくれている人の言葉にはサポートしてくれるインパクトがある。それが厳しい批判であっても、あなたの取り組みを応援する言葉だからである。

タフな選択

自分の人生に誰を入れるかについて、ときどき考え直す必要がある。あなたの失敗を望むような人を仲間に加えておく義理はない。

どんな人間関係にもこの法則が当てはまる。「イエスと言うにはふたり必要だが、ノーと言うにはひとりでいい」、つまり関係が続くには両者の同意が必要なのだ。もしかしたらノーと言う必要のある人があなたの人間関係にいるかもしれない。自分の創り出したい人生（プライマリー選択）のためには、そういう人たちに退出してもらうこと（セカンダリー選択）が必要である。

これは厳しい助言だとわかっている。感情的な葛藤を感じる場合もあるだろう。その人はいい人で、大事な友だちで、成功してほしくて、サポートしたい気持ちかもしれない。だが、もしその人が非常に基本的なレベルであなたをサポートしていないなら、距離を置く必要があるかもしれない。

その人たちを嫌うから距離を置くのではない。自分の人生構築プロセスのほうが大切だからそうするのだ。

自分中心にスタンスをとるべきときもある。自分のまわりの役者たちのキャスティングをやり直すべきときがある。これは自分自身の健康と成功のために必要となる戦略的選択のひとつである。

出たり入ったり

私たちの人生にはたくさんの人々が出たり入ったりしている。ちょうどいいタイミングで現れたと思ったら、いなくなる人もいる。短い時間でもとても大切な存在になる。もう二度と会わなかったとしても、その人は私たちの人生の思い出にきらりと残るのだ。

アメリカとカナダをキャンピングして旅行していたときにたくさんの人たちに出会ったことを思い出す。大自然の真ん中でキャンプファイアを囲みながら会った人たちだ。リタイヤした夫婦で、まだ世間にRV車がたくさんなかった頃に、自分たちでキャンピングカーをつくり、当時一番安価に登録できるということでフロリダに車を登録していた人たちがいた。キャンピングカーの中にはテレビやバスタブもあった（シャワーではなく、本物のバスタブだ）。テントを張って泊まっていた私たちからすると最高の贅沢をしている人たちだった。半日を一緒に過ごして話を聞いた。ウィスコンシン出身で仕事をしていたが、もう年金生活に入り、働かなくてもよくなって、国中を旅行してみようということになったという。まるで風のように自由な現代の遊牧民《ノマド》だ。幸せな夫婦で、当時20代の私たちにもよくわかるような人生の知恵を気前よく話してくれた。ワイオミングの涼しい秋のキャンプファイアの夜のことである。そこには世代間ギャップなど存在せず、年齢の離れた2組の放浪者のカップルが、お互いの人生の一端に触れ合う豊かな瞬間だった。そしてそれぞれの人生が続いていく。

不思議な人間関係

もうひとつ別の形でできる人間関係がある。それは緊張構造によるものだ。私たちが創り出したい成果のビジョンを持ち、いまの現実を見て、両者のあいだの緊張構造をしっかり持っていると、なんとも不思議な人間関係が生まれ始める。私たちの人生にとって大切な役割を演じる人々が現れ始めるのである。

第2章で話したように、創造プロセスを実行していると不思議な偶然に恵まれることがよくある。魔法のような幸運の出会いが起こり、超自然的な力で物事が動き出したりする。そのひとつが、突然あなたの人生に現れる人たちだ。創造行為に打ち込んでいるクリエイターなら誰でも何度も経験している。ある日ちょうどいいタイミングで、ちょうどいい人が現れ、創造プロセスを推し進めてくれるのだ。プロのクリエイターにはそういう幸運を頼っている人も多い。いつ誰が来て、何をしてくれるのか、どのくらいの付き合いになるのか、などはわからないが、誰かがタイムリーに現れると思っている。そして実際に現れるのである。

ジョセフ・ジャウォースキーは自著『シンクロニシティ』（英治出版）の中でこう語っている。

あなたの前に現れる人たちは、あなたの目的にぴったりかなった人たちである。ドアが開き、流れの感覚が起こって、自然とつながった人たちのいる場で仕事をしている。そこにいる人たちはお互いのことに気づいてすらいないこともある。もはやひとりで別々に仕事しているのではなく、創造的な秩序が展開していく中で仕事しているのだ。一つひとつの出来事は別々でも、お互いに結びついた絶妙な因果の連鎖の輪が分かちがたく全体に作用している。ここまで来るとあなたの人生は予測可能な奇跡の連続となっていく。

奇跡が起こるのを受け入れたらいい。創造プロセスと人生には、説明もつかないことが立ち現れる。ただし奇跡は指をくわえて待っていても起こらない。奇跡が起こるのは、ただ手放すだけでなく、創造プロセスを拡大し、自分がコントロールできることだけでなく、影響を及ぼせるだけでコントロールできないことまで含めることによるのである。シンクロニシティという現象は行動と無関係ではなく、行動の間接的な影響なのだ。きちんとやるべきことをやるからこそ、奇跡も起こるのだ。創造プロセスを動かすとき、コントロールできないが影響を与えることならできるという次元まで含めることによって、驚くほど規則的に奇跡が起こるようになる。創造の瞬間のために力を合わせる人たちが次々と現れる。そういう人たちは一生を通じて友人になることもあるし、終わったらまた次の場所に向かう人たちもいる。

私たちの人生にはたくさんの人々が現れては去っていく。私たちも、たくさんの人たちの人生に現れては去っていく。大事な人たちとはつながっていないといけないと思うことも多い。しかし、時が経つうちにだんだん疎遠になることも多い。それはしかたのないことなのだ。一緒にいるべき時期が終わったのである。与えられた特別な瞬間を超えて一緒にいようと努力すると不自然なことになる。

手放していいとは思えないかもしれない。「それほど親しい関係なら長続きすべきだ」と思うかもしれない。「長続きしなかったら親しさは勘違いだったんじゃないか」と思うかもしれない。これは思考の錯覚なのだ。一緒に過ごした素晴らしい時間は現実で、真実で、素晴らしい時間だった。そしてその時間は終わった。終わったからといってその瞬間の関係性の深い価値はなくならないのである。

私の人生もまた特別な人たちに囲まれている。短い期間の関係もあれば、何年も何年も続く関係もある。

何ヵ月も何年も、ときには何十年も会わなくても、親しさが常に変わらない人たちもいる。久しぶりに再会したときに何の違和感もなく、まるで前の日に会っていたかのように感じる。それぞれの人生を生きてきた一方で、変わることのない絆があるのを感じるのだ。こういう関係は、音信が途絶えているときでも、ずっと続いて発展していく。

私たちは助け、助けられる存在である。本物の奇跡は、私たちが出会って縁を結び、お互いの人生に密接に関わることそれ自体なのである。

選択の自由

ここまで話している現象は、私たちの選択の自由と関係している。私たちは自分の選択で創作に打ち込む。その選択によってプロセスが稼働し、現れるべき人たちが人生に現れるのだ。そして人が現れたら、私たちの選択で彼らを巻き込み、一緒に仕事をして役割を持ったりするのである。巻き込まない選択もありうる。それも選択である。巻き込む選択もある。それも選択だ。どちらにしても私たちが選択するのである。

私が好きな昔話に、神を絶対的に信仰していた男の話がある。洪水が起こってどんどん水位が上がり、自宅の屋根に避難していた男のところに、レスキュー隊がボートで駆けつけた。彼は、「自分は神を信じていて神が救ってくれる」と言って救助を断る。次にヘリコプターが救助に来たが、男は救助を断る。水位が上がってしまい、ついに屋根にいられなくなった。救助隊は潜水艦を送って男を救助しようとする。男は潜水艦に手を振り、「大丈夫、俺は神を信じている」と言って救助を断る。ほとんど聞き取れないその言葉を最後に男は溺れ死んでしまう。死んだ男は天国の門にたどり着く。そこがどこだかわかった男は怒り狂う。「俺は神を信じていたのに神は救ってくれず、溺れ死んだなんて！」と言う。門番の聖ペテロは首を振って微笑み、こう言う。「神はボートを送り、ヘリコプターを送り、潜水艦を送ったぞ。これ以上どうしろと言うのだ？」

現れた人たちの助けを借りることも借りないことも私たちの選択の自由なのだ。ハワード・ホークス監督の映画『脱出』の中の古典的セリフを思い出す。ローレン・バコールがボガートに初めてキスするときだ。「どうしてキスしたんだ？」とボガートが尋ねるとバコールが「どんな感じか知りたかったの」と嬉しそうに答える。「それでどうだった？」とボガートが訊くとバコールは「まだわからないわ」と答えてもう一度キスし、「あなたが助けてくれるともっといいわ」と言う。

人生でも、誰かが助けてくれるともっといい。ただし、誰もがいつも助けたいというわけではない。

私たちが何かを創り出したいとき、サポートしてくれる人たちばかりに囲まれるようにすると、奇跡の空間が生まれる。逆に、サポートしたくない人たちばかりに取り囲まれていたら、助けてもらえる空間がなくなる。誰を仲間に入れるかが大切なのはこれが理由だ。一緒に創り出したい人たちと一緒に仕事するのがいい。製作者《クリエイター》のほうが批評家《クリティック》よりもいい。創造プロセスに何かを持ち寄ってくれる人たちがいい。創造プロセスから何かを持っていこうとする人たちはよくない。元気や活力を与えてくれる人がいい。エネルギーを奪っていく人はやめたほうがいい。こういう選択によってどういう人たちが自分の人生に現れるかが決まっていく。

一緒に創り出そうと決めると、本物のコミュニティが生まれる。トーマス・ジェファソンが教えてくれたように、コミュニティとは強く自由で独立した個人が集まって、個々人だけでは構築不可能なものを構築するものだ。しかしその根本には自由な選択がある。私たちは無理やり集められたのではない。共通の目的のために力を合わせたいと思って集まったのである。この原則は、私たちが自分の人生のために築くコミュニティにも通じる。人生をアートとして創り出すには、力を合わせてお互いの志をサポートし合おうという人たちが集まることができる。お互いの創造プロセスの中で、私たちは中心的な役割を果たすことができるのである。

大切なポイントがふたつある。まず、本当にあなたの目的をサポートしてくれる人たちを選ぶこと。次に、創造プロセスを拡大して、重要な役割を果たす人物を迎え入れること。このふたつである。

このふたつの原則は関連している。あなたをサポートしてくれる人たちと一緒にやると決めることによって、あなたを助けたい人たちに向かって世界を開き、ちょうどいいタイミングで彼らを迎え入れることができるのである。

第17章 人生をアートとして創り出す

私の友人デイヴィッド・ベネロは、歩くアート作品だ。デイヴィッドはヘアスタイリスト、モントリオールでとても興味深いサロンをやっている。サロンとともに欧風カフェを開いているのである。小さな椅子やテーブルが配置されており、おいしいクロワッサン、エスプレッソ、カプチーノを出している。フェリーニの映画『甘い生活』や『カサブランカ』、クラウディア・カルディナーレ、マルチェロ・マストロヤンニ、ソフィア・ローレンなどの写真が飾られていて、劇場の魅力が醸し出されている。クラシック、ジャズ、ロック、ニューウェイブなど、どんな音楽がかかっていてもとても感じがよくてしゃれている。何かを狙っているわけではなく、ただデイヴィッドが音楽を愛していて、音楽を知っているからだ。

サロンに入った途端、デイヴィッドの創り出す宇宙に入ったことを感じる。国際的なスピリットがあり、世界中の人々が集う文化のるつぼなのだ。いろんな人が同じときに同じ場所に来て、歓喜あふれる出会いになることを皆が知っている。国連の人たちがデイヴィッドのサロンに来て時間を過ごしたら、学ぶことがあるはずだ。

デイヴィッドのヘアスタイリングには、ただ髪を扱う以上の素晴らしさがある。暖かさと明るさと、楽しさと知恵がある、特別な時間なのである。

モロッコ系ユダヤ人ということで、デイヴィッドと家族は1960年代に度重なる差別や迫害を受けてきた。カナダに移住したデイヴィッドは、ヘアスタイリングの世界をあっと言わせるサロンを開き、モントリオールで流行の先端を切り開いていった。そしてデイヴィッドはモロッコにいる家族を迫害から守るべく、カナダに呼び寄せることができた。

私たちのテレビ番組『クリエイティング』にデイヴィッドをゲストで呼んだことがあった。デイヴィッドのサロンに撮影機材を持ち込み、ロザリンドが髪を切ってもらいながらデイヴィッドにインタビューしたのである。撮影中に電話が鳴ると、デイヴィッドは、ロザリンドの髪を熟達した腕でカットしながら電話に出て、フランス語で受け答えしていた。何度も「ウイ、ウイ」と返事をしてからデイヴィッドは電話を切った。

そのあとのロザリンドとデイヴィッドの会話だ。

ロザリンド あなたは電話のとき誰にでもイエスと言うのね。

デイヴィッド イエスと言うほうがノーと言うより簡単なんですよ。イエスと言ったら何かをする理由になる。ノーと言ったら打ち切り。打ち切ったら続きがなくなる。イエスと言ったら何かが起こるチャンスになるんです。

ロザリンド ヘアスタイリングと人生に関わるあなたの創造プロセスはどんなものな

の？

デイヴィッド　スタイリングはフォローするんじゃなく、クリエイトするんです。このふたつは違うんですよ。お客さんを見たら、こんなヘアスタイルがいい、と提案する。彼女にはもともと別のビジョンがあったかもしれない。僕は自分のビジョンを言葉で説明して、お客さんがそれを想像できるようにするんです。

ロザリンド　じゃあお客さんがイエスと言ったら、どんなヘアスタイルをクリエイトしたいかあなたははっきりわかってるのね。

デイヴィッド　もしイエスと言ってもらえば、99パーセント気に入ってもらえる自信があります。僕の仕事の最高の褒美は、いままでと違う何かを提供できること、ただ髪のことだけじゃなく、人生について何か気づきがあることなんです。

　お客さんが座ったまま何も喋らずにいることがたくさんあります。僕はそういうお客さんの様子をずっとフォローしていきます。その様子をそのまま尊重して、その方がどんな人なのか知ろうと、ときどき少し言葉をかけてみます。そうすると、面白いことに、髪を切っているだけで突然その人が自分に満足していないってことがわかったりするんです。それでその人の中にこれがあったらハッピーなんじゃないかってことを投げ込んでみたりするんです。

　髪を切るだけじゃなく、髪を切ったお客さんがハッピーになる、幸せな気分で店を出るっていうのが最高です。ヘアカットを通じてお客さんと一緒に何を創り出せるかが楽しみなんです。

それがこの仕事の最高に素敵なところですね。何か必ず通じるものがあるんですよ。人は一人ひとりそれぞれです。たいてい何かお互いに通じるものがあります。人の中にそのスピリチュアルな感じがあって、それが素晴らしい笑顔となって現れるんです。

この日の番組はデイヴィッドの笑顔のクローズアップで締めくくった。

ある日、私が映画を撮っていたときに、役者のひとりが自分のヘアスタイルが役に合っていないと言い出した。日曜日のことで、翌日から撮影開始予定だった。私はデイヴィッドに電話した。デイヴィッドは妻のシルヴァナ、シルヴァナの母、友人ふたりを乗せて車で5時間かかるバーモントのロケ地まで駆けつけてくれた。デイヴィッドは、役者の役にぴったりのヘアスタイリングをしてくれたのはもちろん、それ以外にふたりの女性の主役、男性の主役役者たちにも素晴らしいヘアスタイリングをしてくれた。

仕事を終えたデイヴィッドに「いくらでもゆっくりしていってくれ」と言ったが、デイヴィッドは家族を乗せてまた5時間かけてモントリオールに帰っていった。デイヴィッドが要らないという報酬をなんとか受け取ってもらったが、デイヴィッドは全額を寄付してしまった。デイヴィッドはこうしてどんなことも冒険にしてしまう。モントリオールからバーモント往復の旅もさぞ楽しいものだったに違いない。

デイヴィッドは自分の人生そのものをアート作品にしている典型例だ。非常に困難な人生状況から自分の人生を築き上げている。自分にとって意義ある仕事をしている。愛する家族と友人、愛する顧客と知人に取り囲まれて暮らしている。いつも何かに没頭している。新しい音楽、新しい映画、新しい瞑想法、読んだばかりの本、新しいレストラン、新しいヘアスタイリングアプローチなどだ。自分独自の環境を創り出し、独自の世界を創り出す。その世界は本物のコミュニティ、楽しさ、主体性、元気、気楽さ、希望、つながり、そして何よりも創造プロセスが生きていて、息づいていて、人生を創り出す活力となっている。

デイヴィッドは祝福された人だと思うかもしれない。ある意味その通りだ。祝福とはその状況から最高のポテンシャルを引き出せることとも言える。

あなたの人生は祝福されている。**人生のどんな状況からも最高のポテンシャルを引き出すチャンスがあるのだ。**祝福は決して完成された形で与えられるわけではない。あくまでも原材料として与えられるのである。私たちは何を創り出したいのか。与えられた状況から、どんな創意工夫をしてビジョンを実現できるのか。どんなチャンスを活かして人生に打ち込めるのか。この人生に与えられた時間こそが祝福である。

時間のカウンターポイント

私たちは時間のカウンターポイント（対位法）で動いている。どういうことか説明しよう。私がいまこの言葉を書いているとき、私はいまこの瞬間に存在している。読者のあなたがいまこの言葉を読むとき、私の書いている瞬間は過去になっている。つまり、私にとっての現在（あなたにとっての過去）、私はあなたの未来に生きている（あなたにとってのいまこの瞬間だ）。もしわかりにくかったらすまない。とてもはっきりしたアイデアなのだが、言葉で説明するのはちょっと難しい。まとめてみよう。いまここで書いている言葉は、将来読まれることが私にはわかっている。と同時に私はいまこの瞬間に生み出されているこの言葉を体験しているということだ。

私たちはいまこの瞬間に創り出している。しかし創り出した作品が実を結ぶのは将来のことだ。いまこの瞬間に囚われているのではない。私たちは何かを創り出すときに、未来を忘れて衝動的に現在に囚われているのではない。いまこの瞬間に創造しつつ、創造プロセスの対象はいまこの瞬間をはるかに超えて、時間をかけて未来に結実するのだ。

したがって何かを創り出すとき、私たちは少なくともふたつの時間を生きている。いまここ

（いまの現実）に生きながら同時に将来のどこか（ビジョン）に生きているのだ。現在の創造行為が将来の作品につながっているのだ。いまという時間が私たちを将来に結びつけているのである。そして自分の将来を創造プロセスの成果にしたければ、いまこそがそれに取り組むときなのだ。いまこそが緊張構造を生み出し、その力によって将来を創り出すときなのである。

時間が橋渡ししてくれる。そのことを説明するために例をあげよう。

ある企業の戦略プランニングのミーティングに参加していたときのことだ。午前中は専門的な話し合いが繰り広げられていた。市場の動向、事業戦略に沿った組織開発、部門の責任分担などだ。実を言うと私が大好きなトピックである。経営幹部のグループが最高の力を発揮して将来の地図を描くのは途方もなく爽快で創造的な作業になる。集中したワークのあとで短いコーヒーブレイクをとった。

このミーティングはサンフランシスコのホテルの2階の、歩道を見下ろす部屋で行われた。窓の外には素晴らしい光景があった。歩道を歩く人々に明るい日光が当たり、長い紫の影が歩道を動いていた。見事な抽象的デザイン、フォーム、動作、劇場のダンスだったのである。

ところで私はもともと銀塩カメラや暗室に興味が持てず、デジタルカメラが出てきたらすぐに飛びついた。機械や化学はあまり好きではなく、デジタルや電子のほうが好みだ。ロザリンドとふたりで自分たちへのクリスマスプレゼントとしてキャノンの PowerShot G1、13×19インチまでプリントできるエプソンのプリンター、そしてフォトショップを購入した。撮影イメージを自由自在に加工できる素晴らしいソフトウェアである。

サンフランシスコ出張にはカメラ機材を持参していたから、その場ですぐに取り出した。最初の数枚はタイミングが悪くて撮り損ねだった。そのカメラはシャッターを切れば写真が撮れるというタイプではなく、ボタンを押してフォーカスするのを待ち、10分も待ったかと思った頃に写真が撮れるというものだった。もちろん10分もかかるわけはなく、少し遅れるだけなのだが、その遅れのためにタイミングが合わず、最初の数枚は何もない遊歩道ばかりが写っていた。

私はタイミングをどうつかむか試行錯誤し始めた。人がフレームに現れる前にボタンを押すのだ。二十数枚も撮るとタイミングがつかめてきた。15枚ほど面白い写真が撮れた。ちょうど自分がこう撮りたいと思った通りの写真が撮れた。動作、抽象デザイン、紫の影と明るい陽光、どこかへ行こうと急ぐ足取りの人々、いちゃつくカップル、買い物帰りの主婦、タバコを吸うホームレスの男、アタッシュケースを持ったビジネスマン、だぶだぶのズボンとアロハシャツの若者。1枚1枚の写真が、時を止めたその瞬間を捉えている。1枚1枚の写真が、最も劇的に構成された、エキサイティングなその瞬間を捉えている。

この即興的な撮影作業によって私は別の時間帯に放り込まれた。私がボタンを押した瞬間と、しばらくしてカメラが起動した瞬間。すべての写真はふたつの瞬間に同時に存在したのである。撮影の目的を達成するために私は同時に複数の時間帯にいる必要があったのだ。

創造行為に及ぶとき、しばしば私たちは少なくともふたつの時間を生きている。現在と将来である。現在を通して将来にアクセスしているのだ。そうでなければ将来にアクセスすることはできない。緊張構造があれば現在と将来の時間を戦略的に結ぶことができる。緊張構造にいるとき、私たちはふたつの時間帯にいるのである。

神秘的な時間の次元

創造プロセスの真っ只中にいるときは、また別の時間感覚を体験することも多い。果てしなく、ひたすら続く、時間の止まった時間帯のことだ。完全にフォーカスし、すっかり没頭していて、時間が止まっているかのようだ。時計を見ると何時間も経っている。それなのに、ちょっと前に始めたばかりに思える。

果てしなく、ひたすら続く、時間の止まった時間帯は、人生の別次元に行く体験である。多くの人にとってこの体験は、プラーナ（生命の息吹）、聖なる存在、高次の存在の広がりと親しむことになる。また別の人にとっては、完全な集中、完全な没頭、完全な精神、エネルギー、意図の体験だ。神秘的だが難解ではなく、スピリチュアルだが宗教ではなく、当たり前でありながら驚異的な体験なのである。

こういう体験は起こそうと思って起こせるものではない。それを目標にしてはいけない。あくまでも副産物なのだ。ただ、創造プロセスに打ち込んでいくと、こういう時間の止まった瞬間をたくさん体験するようになり、それによって私たち自身が変わり、人生が変わっていく。現在から将来へ、時間の止まった扉を抜けて、私たちはほんのわずかなときに、時間の偉大なる神秘に触れるのである。

アートフルな人生

「アートをアートたらしめているものは何か」という昔からの問いがある。マルセル・デュシャンは自転車の車輪をデザインして彫刻作品にすることでこの問いに答えた。彼は他のありきたりのオブジェをアートと定義し、「レディーメイド」(既製品)と呼んだ。デュシャンは絵画と彫刻の達人だ。悪名高い絵画「階段を降りる裸体」は20世紀初頭の大ヒット作だった。

では、なぜデュシャンのような、絵も描けて彫刻も彫れるアーティストが、ゴミ捨て場からゴミのようなものを拾ってきて展示してアートと呼ぶのだろうか。それはこの自転車の車輪がアートだったからだ。デュシャンのビジョンは日常の当たり前を超えて物の本質を見抜いていたのである。私たちは、ふだんどこかへ行こうとしているときに日常の当たり前の風景をあっさり見過ごしている。しかし観察眼は訓練できる。ビジュアルアーティストなら誰でも訓練している。もっと重要なのは、私たちは自分の知覚を鍛えてそこにあるものを見ることができることだ。アートは私たちの住める宇宙を創り出す。素晴らしい映画を見た私たちは、映画の宇宙に住んでいる。素晴らしいロックソングを聴いた私たちは、その宇宙に住んでいる。自転車の車輪を見た私たちは、その宇宙に住めるのである。

一つひとつの宇宙はそれぞれ固有の存在だ。それぞれ固有の法則があり、固有のリズムがあり、固有の感性があり、固有の雰囲気がある。私たちは人生の中でたくさんの宇宙に住んでいる。自分で創造する宇宙もあれば、訪問する宇宙もある。身動きがとれない宇宙もあれば、喜び・解放・平穏・興奮をおぼえる宇宙もある。いろいろな宇宙に住む私たちは誰なのだろうか。アートを創り出すアーティストでいることもできる。デュシャンがありふれたものの中に驚異を見出したように。

ただ、デュシャンは自転車の車輪をアートと呼んだだけではない。アーティストとは何かという概念を変えてしまったのだ。あるときデュシャンは中古アートショップでダ・ヴィンチのモナリザの安価な複製画を購入し、モナリザに口ひげを書き足して署名した。そして後日デュシャンは複製画をもう1枚購入し、署名して「ひげを剃ったモナリザ」と呼んだ。そう、デュシャンは「アーティストとは物に署名する人間のことだ」という型破りな発言でも有名である。

もちろんデュシャンの一連の言動はコミカルな演出だ。しかしそれ以上の深い洞察がある。どう見るかによってアートが創られるということだ。私たちは自分たちの定義によってアートを創り出す。絵を描き、本を書き、作曲し、ダンスの振付をするだけではなく、もっとたくさんの創り方がある。人生をどう生きるかでアートを創り出すのである。

ただし、ただ見た物をアートと呼べばいいわけではない。デュシャンは気ままに適当なことを言っていたのではない。周到に意図を実行していたのだ。物を別の場所に移すことでアートを再定義していたのである。どこを見てもアートがあるというのではない。デュシャンは視覚的・計画的な興味をひく対象を丁寧に選び、他の人なら見過ごす場所にアートを見出している。アートは哲学ではない。創造プロセスの成果である。人間的なものの表現、何かを生み出そうとするダイナミック衝動の賜物である。

生み出そうとしている「何か」こそ、私たちの人生である。人生をアートと呼ぶだけでは足りない。デュシャンはゴミ捨て場から自転車の車輪をとってきて展示し、作品のステージを創り出したのだ。ゴミをアートにしたのは、車輪、ステージ、それとも創造プロセスなのか。その３つすべてである。３つは密接に結びついているからだ。

本書は、人生をアートと呼ぶことでビジョンが実現するという本ではない。本書はアーティストがアートを創り出すときに使う原則についての本だ。あなたが行動し、学び、想像し、望みを持ち、試行錯誤し、観察し、規律を持ち、明晰さを持ち、仕事をすることによってこそ人生は変わっていく。人生が自分の創作になることによってのみ、人生をアート作品として、自分をアーティストとして体験することができる。

正しい生き方というのがあるのだろうか。答えはノーである。どう生きるかは自分で創り出すしかない。無意識に、でたらめに、自分の選択によらずに創り出すこともできる。その場合は創り出した人生を気に入らなくても無理はない。

一方、アートの世界で実践されている創造プロセスの原則を取り入れたら、もっと自在に人生を創り出すことができるようになる。彫刻家が石を彫り、作曲家が主題を展開し、建築家が機能・スタイル・土地・気候・原材料・資金・建築法のバランスをとって設計するように、人生を創り出すことができる。

経験を積むうちにアートに熟達する。アーティストが自分の技をどんどん磨いていくのと同じだ。達成すべき目標はあるが、それは全体の中の一部でしかない。大きなアートは、自分自身との関係、他人との関係、コミュニティとの関係、あなたの世界・あなたの宇宙との関係にある。自分の人生との関わりは、アーティストの自作品との関わりと同じだ。画家の絵画、作曲家の楽譜、建築家の建築物、あなたの人生という関係である。

創造プロセスの手順・姿勢・精神が三位一体となって創造的な力を生み出す。それによって人生が変わり、豊かになり、充実し、健やかになり、打ち込むことができ、魂・心・精神が喜ぶ深い望みが実現する。それがアートとしてのあなたの人生である。

訳者あとがき

アートとしてのあなたの人生。アーティストが作品をつくり上げるように、誰もが自分の人生をつくり上げることができる。その方法をこれまでになく明らかに示した実践ガイドである本書を私が初めて読んだのはいまから18年前のことである。

この本から私が受けた影響は計り知れない。そして影響はいまもまだ続いている。その一端をここで紹介してみたい。

私はロバート・フリッツの構造思考を知り、その斬新さと単純明快さに衝撃を受けていた。斬新さというのは、ロバートの構造思考が世間に流布しているほとんどの思考法と一線を画することである。

まず、世間の思考法の大半は、問題解決と状況対応に終始している。困った状況や解決すべき問題があり、それに対していかに巧みに応じるか、どれだけ効果的に行動するか、どうやって課題を解決するか、というのが世間のアプローチである。「問題解決ではなく問題発見が先だ」というのも問題中心アプローチである点で同じだ。

ロバートのアプローチはまったく違う。「どんなに問題解決しても、どれほど見事に状況対応しても、自分の創り出したい成果を創り出しているとは限らない」とロバートは言う。アーティストは状況に対応して問題を解決しているのではない。自分が創り出したい作品を創り出している。人生においても同じことができる。問題を見つけて解決するのではなく、自分にとって大切な価値や志に基づいて人生そのものを創り出したらいい。

つまり、人生の状況に主導権を与えるのではなく、自分が創り出したい人生に主導権を与えるのだ。いままでビジネスや生活で問題解決や状況対応に明け暮れていた人にとってはコペルニクス的転回と言っていい。ロバートは、対応モードから創造モードへと転換するための手順・姿勢・精神を本書の中で具体的に解き明かしている。

斬新さのもうひとつは、現実を観察するアーティストの方法である。

ロバートは一切の仮説思考を否定している。物事を観察するのに仮説をもって見てはいけないというのである。本物の科学や芸術を実践する者は仮説を持たない。自分の偏見や先入観を排除し、何も探そうとせず、ただ現実そのものを見るのだ。

これは、言うは易く行うは難しである。相応の規律と訓練と経験が必要となる。

「現実は大人の味（acquired taste）、良さがわかるまでに時間や経験を必要とするものだ」とロバートは言う。私たちは慣れ親しんだ世界を「こういうものだ」と思い込んで受け入れている。ところが現実は常に新しく、いつも揺れ動いている。ロバートの教える構造思考は、表面に現れるふるまいだけでなく、あらゆるふるまいを引き起こす根底にある構造を見ることを可能にする。仮説や先入観から解き放たれると、現実の見え方が変わってくる。初めて自由な創造ができるようになるのである。

そしてロバートの方法は単純明快である。複雑に見える現実をありのままに観察することによって、人生は驚くほどシンプルになる。自分は何を創り出したいのか。自分のいる現実はどうなっているのか。創り出したい人生を創り出すために何をするのか。基本的にはこれですべてだ。それ以外のややこしい観念は必要ない。必要ないばかりか悪さをする。せっかくうまくいっていることをわざわざ台無しにしてしまう。成功を妨げる複雑な構造に原因がある。現実をしっかり観察し、自分の邪魔をしている構造を解体し、すっきりとシンプルな構造に変えたらいいのだ。

ロバート・フリッツの構造思考に出会った私は、それまで学んでいたことのすべてを見直し、自分の人生を見直し、シンプルに自分の価値観に従って生き直すことになった。原著の『Your Life as Art』が出版された２００２年に独立起業し、企業における人材教育・組織変革・リーダーシップ開発を事業にした。同時に企業組織以外における社会人教育にも携わり、コーチングやコンサルティング、トレーニングやファシリテーションといった専門技術に基づいて多くのクライアントをサポートする仕事に関わっている。

本書は、自分の人生を生き生きと生きたいすべての人に読んでもらいたい。本当に大切なことや好きなことのために人生の時間を捧げる喜びを忘れている人には特に読んでもらいたい。ただ読むだけでなく、本書の方法を実際に試してもらいたい。少し試しただけで効果が感じられる。効果を感じることができたら、もっと試してもらいたい。小さなことから新しい習慣が始まる。新しい習慣から新しい人生が始まる。

私自身は、ロバートの構造思考を自分の仕事や生活に活用することからスタートし、それを企業の経営に活かすことに発展させ、少しずついろいろな領域に応用してきた。構造思考は発表されてから数十年も経つ現在も未だに斬新で、一般には知られておらず、特にビジネス界では革命的と言えるほど知る人の少ない方法である。

本書の中で自己観念（アイデンティティ）に関する内容は『自意識（アイデンティティ）と創り出す思考』（２０１８年）に、組織経営に関する内容は『偉大な組織の最小抵抗経路 リーダーのための組織デザイン法則』（２０１９年）に詳述されている。関心を持った読者はぜひ手に取ってもらいたい。

今回の翻訳は著者のロバート・フリッツの協力によって極めて創造的に行われた。原著に忠実であると同時に、「ロバートが日本語で話したら何と言うか」という基準で大胆な日本語訳も採用した。いつも丁寧な編集で知られる糸賀氏をはじめとして多くの方に助けていただいた。ここに深くお礼を申し上げたい。

田村　洋一

プライマリー選択(primary choice)
自分が創り出したい主たる成果のこと。

セカンダリー選択(secondary choice)
自分が創り出したい成果(プライマリー選択)を創り出すための手段として選択する事柄。目的がなければ選択しないことが多い。たとえば健康のために必要なら苦手な運動もする、という場合、運動することはセカンダリー選択となる。

階層の原則
自分にとって何がより重要であり、何がより重要でないか、を知る必要がある。すべての対象に均等の価値を置いてしまえば自ずと葛藤が始まり、行ったり来たりの揺り戻しや創造行為の中断が起こる。価値の高いものを優先して構造化しなくてはならない。

フレーム(ロングショット、ミディアムショット、クローズアップ)
いまの現実や将来のビジョンを観察するときの枠の大きさをカメラ技術のフレームを使って説明している。ロングショットでは遠すぎ、クローズアップでは近すぎる。創造プロセスのためにはダイナミック衝動と現実のフレームのそれぞれにミディアムショットが必要となる。緊張構造をつくるには観念のフレームを外すこと。

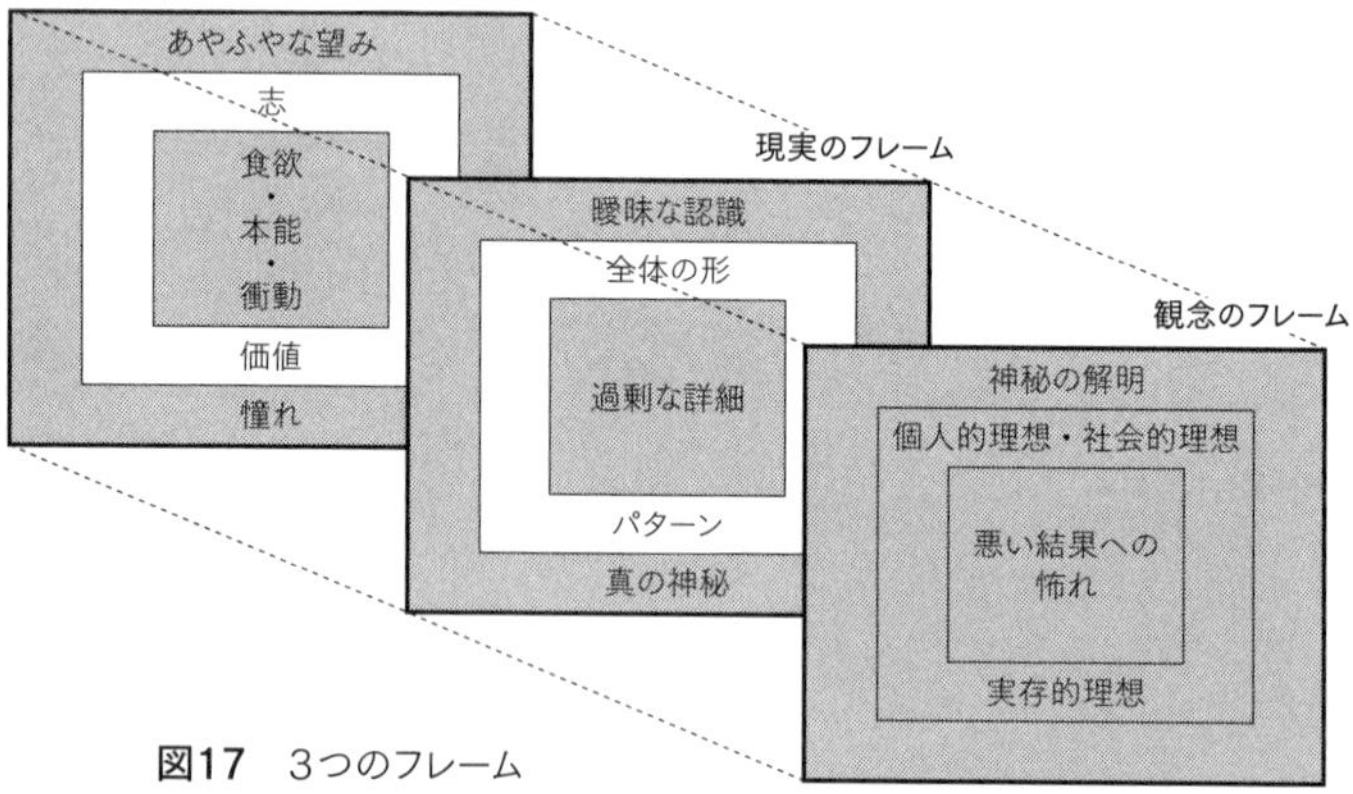

図17　3つのフレーム

用語集

創造プロセスの３要素
手順・姿勢・精神の３つが揃うことで創造プロセスはうまくいく。手順は「どうやって自分の望むことがわかるのか」「どうやっていまの自分の現実を知るのか」「どういう作戦で行動するのか」などの問いを含む。手順（mechanics）が合っていても姿勢（orientation）が伴わないと揺り戻しを起こしたりすることがある。そして精神（spirit）とは自分自身の内面深くに存在する創造の源泉である。

緊張構造（structural tension）
創り出したい成果と、それに対応するいまの現実のあいだに生じる物理的な緊張のことを「緊張構造」と呼び、何かを創り出すときのエネルギー源となる。弓矢で的を狙うとき、弓を引き絞ると物理的な緊張が生じ、矢を前に飛ばす力となる。緊張構造は物理的な力であり、心理的な緊張や肉体的な緊張とは別のものである。

葛藤構造（structural conflict）
複数の緊張解消システムがあって、一方の緊張解消が他の緊張になるとき、構造的な葛藤が起こる。葛藤構造の中では努力して生み出した成功も揺り戻して台無しになってしまう。この揺り戻しをもたらす葛藤を「葛藤構造」と呼び、成功が長続きしない根本的な理由である。多くの場合に観念が葛藤を生み出している。

前進パターン（advancing pattern）
ひとつの成功が次の成功のためのプラットフォームになり、失敗や挫折は次の成功のための学びになる。一つひとつの行動と成果が目標に向かって前進していくパターンで、緊張構造によって生み出される。

揺り戻しパターン（oscillating pattern）
せっかく成果を上げても長続きせず、逆転して振り出しに戻ってしまうパターン。ロッキングチェアのように、前に向かったり後ろに戻ったりを繰り返す。葛藤構造によってもたらされる。観念をはじめとする概念が生み出すパターン。ダイエットにおけるリバウンド（せっかく減量しても元の体重に戻ったり、それ以上に太ってしまったりする現象）は典型的な揺り戻しパターン。

［著者］

ロバート・フリッツ（Robert Fritz）

ロバート・フリッツ・インク社の創立者。ロバート・フリッツは、30年以上にわたる研究を通じて構造力学を発展させてきた。創り出すプロセスの領域から始まった取り組みは、やがて組織、ビジネス、マネジメントの領域へと広がった。ピーター・センゲ、チャーリー・キーファー、デイヴィッド・ピーター・ストローとともに、イノベーション・アソシエイツ社の共同創立者でもある。1970年代半ばに創り出すプロセスを個人の生産性向上のために役立てるトレーニングコースを開始。これまでにフリッツのコースを受講した人は、世界中で8万人を超えている。構造がいかに人間の行動に影響を及ぼすのかについて記した最初の著書「The Path of Least Resistance」（未邦訳）は世界的ベストセラーとなった。邦訳書には『偉大な組織の最小抵抗経路 リーダーのための組織デザイン法則』、ウェイン・S・アンダーセンとの共著『自意識（アイデンティティ）と創り出す思考』（ともにEvolving）、ブルース・ボダケンとの共著『最強リーダーシップの法則―正確に原因を知れば、組織は強くなる』（徳間書店）がある。コンサルタントとしても多くの組織が構造思考を実践できるように支援しており、顧客企業はフォーチュン500企業から多数の中規模企業、政府団体や非営利組織にまで及ぶ。フリッツは映像作家でもある。監督として、また脚本家として、映画やドキュメンタリー、ショートドラマを製作しており、その映像作品は世界各地の映画祭でこれまでに90以上の賞を受けている。

［訳者］

田村　洋一（Tamura Yoichi）

組織コンサルタント。メタノイア・リミテッド代表。ピープルフォーカス・コンサルティング顧問。主な著書に『組織の「当たり前」を変える』（ファーストプレス）、『プロファシリテーターのどんな話もまとまる技術』（クロスメディア・パブリッシング）、『ディベート道場―思考と対話の稽古』（Evolving）、『組織開発ハンドブック』（共著、東洋経済新報社）、『不確実な世界を確実に生きる―カネヴィンフレームワークへの招待』（共著、Evolving）など多数。ロバート・フリッツの翻訳書に『自意識（アイデンティティ）と創り出す思考』（監訳）、『偉大な組織の最小抵抗経路 リーダーのための組織デザイン法則』（ともにEvolving）がある。

Your Life as Art
自分の人生を創り出すレッスン

2020年7月21日　第1刷発行

著　　者　ロバート・フリッツ
訳　　者　田村 洋一
翻訳協力　田村 美由紀
発 行 者　糸賀 祐二
発 行 所　Evolving
〒300-1155　茨城県稲敷郡阿見町吉原572-17
http://evolving.asia
e-mail info@evolving.asia

DTP　マーリンクレイン
装丁　遠藤 陽一（デザインワークショップジン）
印刷・製本　中央精版印刷株式会社

ISBN978-4-908148-21-7